信托理财轻松学

手握百万如何投资&怎样避开雷区陷阱

武跃强　著

北京航空航天大学出版社

内 容 简 介

投资理财的光怪陆离正如迷宫一般：有时难以抉择，有时眼花缭乱，有时深陷绝望，有时柳暗花明。其实这一切都有章可循，并非凌乱无序，《信托理财轻松学》围绕主题"手握百万如何投资 & 怎样避开雷区陷阱"，从作者多年的金融实战经验中，总结简单易学的方式方法，结合生动有趣的热点案例，带读者领略百万级投资常见的机会、陷阱和误区。

图书在版编目(CIP)数据

信托理财轻松学 / 武跃强著. -- 北京 ：北京航空航天大学出版社，2019.1

ISBN 978-7-5124-2881-2

Ⅰ. ①信… Ⅱ. ①武… Ⅲ. ①信托投资—通俗读物 Ⅳ. ①F830.59-49

中国版本图书馆 CIP 数据核字(2018)第 261524 号

信托理财轻松学

手握百万如何投资 & 怎样避开雷区陷阱

武跃强 著

责任编辑 胡晓柏 剧艳婕

*

北京航空航天大学出版社出版发行

北京市海淀区学院路 37 号(邮编 100191) http://www.buaapress.com.cn

发行部电话：(010)82317024 传真：(010)82328026

读者信箱：emsbook@buaacm.com.cn 邮购电话：(010)82316936

艺堂印刷（天津）有限公司印装 各地书店经销

*

开本：710×1 000 1/16 印张：16 字数：229 千字

2019 年 1 月第 1 版 2019 年 1 月第 1 次印刷 印数：3 000 册

ISBN 978-7-5124-2881-2 定价：59.00 元

若本书有倒页、脱页、缺页等印装质量问题，请与本社发行部联系调换。联系电话：(010)82317024

序一 拥抱“立体化价值投资时代”

国内经济新常态的特征愈益明显，资本市场投资正进入一个更加规范和理性的“新常态”，而“立体化价值投资时代”已然来临。与此同时，伴随着资管新规等一系列政策的变化，打破刚性兑付预期，鼓励标准化、净值化资管产品的发展，成为理财市场的主旋律。“房住不炒”方针确立后，房产投资的流动性越来越差，其作为投资品的属性日益衰减。

种种迹象表明，传统金融市场将成为投资者未来必须面对的选择。然而，很多朋友还没有做好准备。一方面是由于理财知识的缺乏，因为目前的教育并不重视“财商”的培养。对于年龄稍大的朋友来说，更是一片空白。另一方面，我们面对着大量信息资讯的冲击。在互联网时代，获取信息毫不费力，难的是如何分辨真假，这在普通投资者看来几乎毫无头绪。在如此快节奏的生活中，让大家挤出时间从头学起并不现实。

武跃强先生的书总结了理财投资一线大量的实践案例，将常见的投资品种以浅显的语言描述出来，减免枯燥的产品说明，可读性强。同时，结合时下投资热点、市场行情变化、投资者普遍疑问等案例进行剖析，针对性强，投资者可以现学现用，节约时间。

作为国内成立时间最长和规模最大的阳光私募之一，重阳投资多年来为很多客户取得长期稳健的投资回报，成为唯一一家连续九年摘得“金牛奖”的私募管理公司。然而，令人遗憾的是，在市场的波动起伏中，有些客户中途选择“割肉赎回”，没有最终从管理人的专业投资能力上获益。究其原因，一方面源于客户并未正确认识和处理市场波动带来的风险，另一方面来自于私募投顾与客户沟通不畅，造成误解。财富管理机构的理财师正是打开此症结的钥匙，他们将专业化的报告以通俗的语言描述出来，及时交流投顾运作的变化，在市场的癫狂与悲观中判断风险和机会，实现理财师的价值。

身边拥有靠谱的理财师固然幸运，但是作为投资者，也需要适应国内理财市场的变化，尽快掌握基本的投资知识，从实际案例中汲取经验教训，形成自己的投资逻辑，这也是我推荐这本书的用意所在。

重阳投资合伙人、总裁兼首席经济学家　王　庆

序二　理财也能轻松学

恰逢其时真问题。

当下的中国中产焦虑重重：父母的健康、子女的教育、自己的职场、财产的保值。如果说健康、教育问题是一直以来不变的需求，那么资产、财产以及随之而来的理财需求，应该是最近几年愈加攀升的新问题。这一问题的产生，无疑是近二十年来中国超高速的经济增长，以及与之伴随而来的房产、股权、各类投资品的快速增长和普及。截止 2017 年末，中国金融机构需要打理的资产总规模已超过百万亿元人民币，这其中还不包括近 70 万亿的居民储蓄存款。然而，与之不相匹配的却是靠谱渠道的严重供给不足，大量良莠不齐的投资机构和产品充斥市场，频繁变化的货币政策又会让收益率上下波动。

怎么办？焦虑的本质其实是失控！而失控的原因是信息和相关基础知识的缺乏，“识不足则多虑”。幸好，我们有了这本《信托理财轻松学》。

通俗易懂看得懂。

目前市面上已有的理财书，大致有两类，一类大多属于生活理财，基本快要接近心灵鸡汤的感性劝导；另一类又过于严肃，板起脸来讲模型，动辄就讲“有效市场理论”，新潮点的谈谈“损失厌恶”。对于不去参加考试的广大读者而言，买了这些书，也就是摆在书架上落灰。

这本《信托理财轻松学》最大的优点应该就是“轻松”。从真实案例入手，以解决问题为宗旨，将专业靠谱的建议融入嬉笑怒骂之中。有一章内容为“看电影轻松学理财”，讲的全是从最近一年来比较火的影视剧中，引申出金融理财的专业问题。在今天这样一个资讯爆炸，过剩到无从下手的时刻，能让你有兴趣读下去一定是最为重要的。

勤奋的“小武”& 专业的“小武”。

2016 年的暑假，偶然在朋友圈中看到小武的原创，觉得很是契合“耿强公众号”的读者，马上邀请他给我们投稿，并希望能够用专栏的形式持续下去，专门聊聊中产理财的那些事，唯一的要求就是——原创。三年过去了，没想到小武如此勤奋，基本上保持每周一篇的频率，而且质量越来越好。

“小武”真名武跃强，是南京大学商学院毕业的硕士研究生，在保险、银行、信托从事多年一线工作。所以，无论是专业的经济学、金融学理论，还是信托、资管的法规政策，尤其每天都会遇到最真实的鲜活案例，“小武”同学都可以专业驾驭，也正是因为以上的理由，我才有足够的信心向大家推荐这本好书。

南京大学商学院教授　耿　强

前　言

信托、私募等大额理财因其一百万的认购起点，被称为理财产品中的“高富帅”，限于监管要求，这类理财产品不宜公开传播、推介，投资者往往知之甚少，也很难有系统学习的机会。市场上讲解普通理财的书籍不少，但是涉及大额理财的却少之又少。

随着人们生活水平的提高，特别是城市新中产的壮大，能达到一百万门槛的投资者越来越多，大家也越来越不满足于4%的传统理财，对信托计划、私募基金、私募股权投资、海外基金、家族信托等新兴理财和服务显示出浓厚的兴趣。略显尴尬的是，大多数投资者并非金融科班出身，学校教育接触的理财知识更是一片空白。而随着生活节奏的加快，人们很难有时间和精力从金融基础学起。大家更需要的是通俗易懂、贴合实际、可操作性强的内容，并且涵盖常见的理财类型、误区和陷阱、具体评判标准、操作思路和方法等，类似于指导手册，使其更好地选择心仪的理财产品。书中所写内容，一方面源于金融理论，更多的是我常年在投资一线的点滴积累，有经验教训、分析框架和鲜活案例。这不是一本枯燥的教科书，而是汇集了很多朋友的理财故事，有悲有喜、有笑有泪，是一段段生活的纪录片。

每个人都有认知的局限，我也毫不例外，在每篇文章开头，我标注了初创日期。随着金融市场和监管政策等因素的影响，目前面对的理财市场也在变化，希望读者能体会行文之时的逻辑和思路，对比后期的实际变化，感受这种偏差。这是理财的必修课，所谓料事如神的“先知”并不存在，我们总要在不确定的境遇中下注加码。

感谢南京大学商学院耿强教授和李笑雯同学。曾经，我只是通过邮件、微信等把一些财经热点的个人解读发给朋友。耿老师看了觉得不错，鼓励我在公众号中尝试，因此，也就有了“耿强的公众平台号”中《小武翻账本》的专栏。文稿一直由李笑雯同学排版和推送，已三年，累计十余万字。感谢王庆博士、耿强教授为本书作序，文稿经过多次修订，力求不辜负前辈的认可和支持；感谢我的爱人程程，她是所有文章的第一读者，是衡量文章是否通俗易通的最佳标准；感谢我的父母、亲友；感谢曾经给予无私支持和帮助的朋友，令本书得以不断完善，最终问世。

谨以此书献给我的两位女儿——蓉蓉和凌凌，她们是我最大的快乐，也是支撑我前进的最大动力。

目　　录

第一章　大额理财常见难题

您买的理财保本吗

友情提示：本文约 3 800 字，需占用您 4 分钟时间，初创于 2017 年 2 月 16 日

关键词：信息查询　跟着大猪跑

春节一过，压岁钱、年终奖该怎么办成了很多家长头疼的问题，所谓"保本保息"的理财方式自然是选择之一。当然，不少朋友看到标题会心一笑，那些超越同期银行定期存款利率的理财产品，合同上哪有什么保本的呢，只不过被认定为事实上的"保本保息"而已，为什么过往的财富公司跑路总会波及一批人？他们买的的确是固定收益理财，是冲着"保本保息"买的，可依然血本无归。年前新街口又跑了一家，风传卷了百亿闪人，特警围了一圈，想闹事没门，想索赔没戏，不一样的配方，相同的味道。大家应仔细分析，所谓"保本"的理财是怎么来的，买的时候要分清哪些条件是套路，哪些条件是干货。

按照不同收益来源对理财产品分类：赚借贷的钱、赚成长的钱、赚交易的钱、赚时间的钱。这类固定收益理财就是赚借贷的钱，您买的每一笔理财产品背后都对应着借款人，借款人付出的成本，就是您获取的收益。借款人靠不靠谱，借了钱干的事能不能成，是非常重要的两个维度。

1. "国"字背景走下神坛

对"国"字号企业的崇拜，成了很多老百姓的图腾，因此，怎样攀上"国"

字号的高枝就成了江湖骗子的首要目标。当然，是不是真的攀上并不重要，只要让老百姓以为“咱”也姓“国”就够了。这里面套路可多了：有狠吹牛的，打开网页就能看到鲜红的国企担保字样，其实与国企毫无关系；有狐假虎威的，其与某“国”字头的社会组织，类似××省投资促进会搭上关系，其实这类组织就是名字有“国”而已；有拿项目说事的，标榜只投资政府重点项目，要真是重点项目，国家开放银行的低息贷款早已送上，有便宜的贷款为啥还要高利率的钱呢？

信息不对称是投资者阴沟里翻船的原因之一，推荐两款工具，可以查到相对真实的信息，避免上当受骗。

A. 国家企业信用信息公示系统，网址：http://www.gsxt.gov.cn，经常被银行、信托公司等金融机构用来查询合作方的资质，如图 1.1 所示。

图 1.1　国家企业信用信息公示系统

通过这家网站能够查询到企业的开设时间、法人代表，看其是否被列入经营异常名录，有没有被行政处罚，有没有被列入严重违法失信的企业名单（黑名单）等，以“中国平安”示意，如图 1.2 所示。

这些信息非常重要，比如，您买的固定收益理财是三年期的，但是发售理财产品的财富公司成立才一年，八成是骗局。再比如，在经营范围一栏中，注明这家企业是做文化用品的，但是竟然要发行理财产品，同样不靠谱。

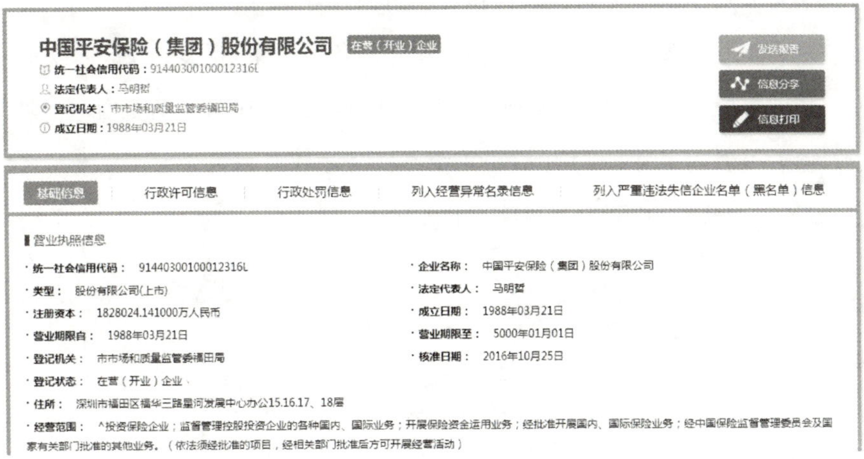

图 1.2 网站查询结果示例

B. 启信宝，网址：http://www.qixin.com，这是一款三方软件，从全国企业信用信息公示系统、中国法院裁判文书网、中国执行信息公开网等一百多家网站提取官方数据，可信度很高，现在有 APP 版本，在手机上看很方便，如图 1.3 所示。

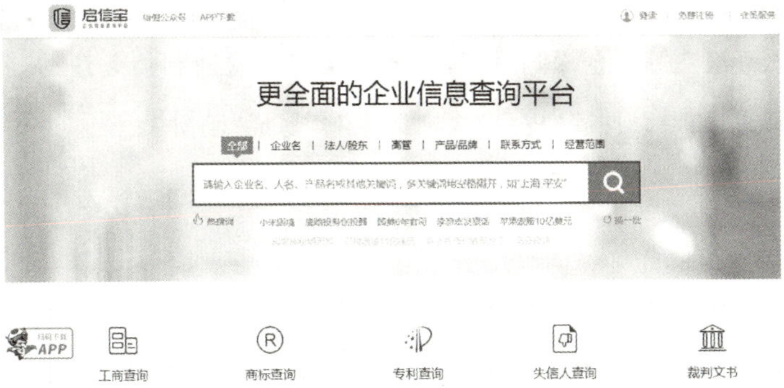

图 1.3 启信宝官网示意图

这款软件中，法院判决内容是很有价值的信息，从公司案件的多少，可以看出这家公司是不是“爱惜羽毛”，诉讼很多的公司明显是是非之地不宜久留。从案件的类型也能看出端倪，如果母公司有房地产背景，有不少次因拖欠工人工资被告上法庭，说明其信用差，不值得托付。您可以通过这款软件把财富公司及其母公司、项目借款人、担保人等信息“一网打尽”。

之前跑路的公司中，不少实际控制人是老牌骗子，反复行骗，可以把某家公司的控股股东找出来，再利用百度等搜索软件，在名字后面加一个“骗子”，然后查看内容，图 1.4 中这位王维奇就是连环诈骗犯。现在技术这么发达，骗子更名换姓后，要想不留痕迹也不容易。

图 1.4　百度查询示例

当渤海钢铁等国企深陷重围，发生多次贷款逾期和债务违约，就应该清醒地认识到，如果只冲着“皮囊”去，“馅饼”容易成“陷阱”。

2. 借了钱干点啥

很多朋友在看理财产品资料时被绕得七荤八素，找不着方向。由于出现的关联企业很多，相互之间关系也比较复杂，这就需要借助交易结构图来说明，图 1.5 为示例。

一家企业需要从某家金融机构中贷款，通过信托计划的方式募集资金，拿来的钱就用于某个房地产项目（比如住宅楼盘建设）。当住宅盖好了就开始卖钱回款，资金又回到了原来的信托计划中，紧接着，这家金融机构就把回款连本带息地分配给出资的客户。房地产企业融资，利用土地、在建工程等做抵押比较常见，另外担保方也少不了。这类角色通常由企业的母公司

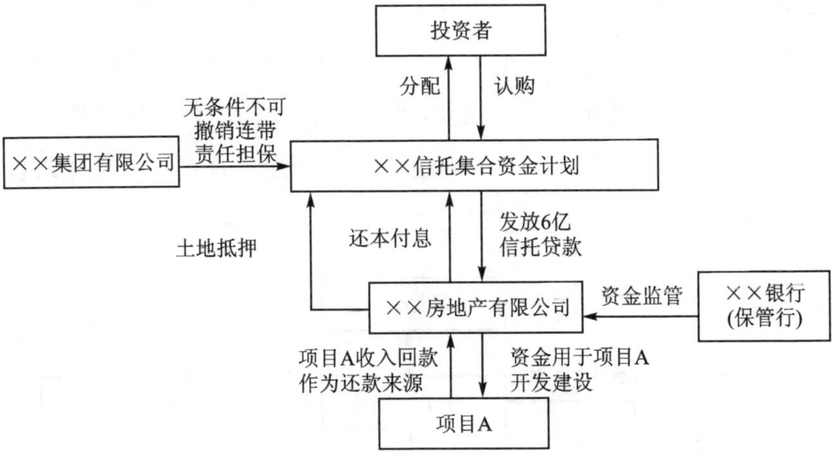

图 1.5　交易结构图

或集团公司来担任，万一项目玩砸了还不上钱，那担保方就要承担还款的责任。我们国家的民营企业融资难，不少民企在融资中会增加“特色条款”，比如公司实际控制人要承担无限连带责任。这条很具有威慑力，理论上实际控制人可以赔得很惨，当然，欠钱跑路的也有，正所谓“防君子不防小人”。

市场上几乎所有的理财产品都能通过交易结构图来展示，对于固定收益产品来说，房地产和政信项目是两大主力，只不过一个用来盖房子，一个用来修路架桥，融资方、担保方、资金用途等要素缺一不可。当然，现在政信项目稍微时髦点都在做 PPP（Public - Private - Partnership，公共私营合作制），努力降低融资成本，发挥社会资本的优势，再加上发行债券，政府已经越来越没有动力去借高利率的钱了。因此，如果您看到一款号称“政府项目”的理财能给您 10%以上的收益，那就要擦亮眼睛了。

除了传统行业的玩法，固定收益理财还有很多变种，比如伞形信托。在股灾之前，有很多投资股市的结构化产品，若产品资金 10 亿元，8 亿元是固定收益，获取年化收益 6%的回报，一般称为优先级，剩下的 2 亿元，通俗点说要亏就先亏它，称为劣后级，虽然干劣后风险大，但 6%以上的收益都是劣后的，所以动力也很强，甚至有不少个人客户，只愿意买劣后级的理财产品，对固定收益的优先级不屑一顾。怎样保证优先级的资金安全呢？其中一条就是设置预警线和平仓线，若预警线是 0.9，当 10 亿元亏成 9 亿元的时候，操盘的老王就得悠着点，不能那么激进了，这时优先级的 8 亿元资金还在，但是劣后级的 2 亿元已经亏了 1 亿元，平仓线是 0.85，当 10 亿元继续亏到 8.5 亿元的时候，老王就只能选择清盘，按照 6% 连本带息地给优先级投资者，劣后级投资者只能哭晕了。图 1.6 是伞形信托交易结构。

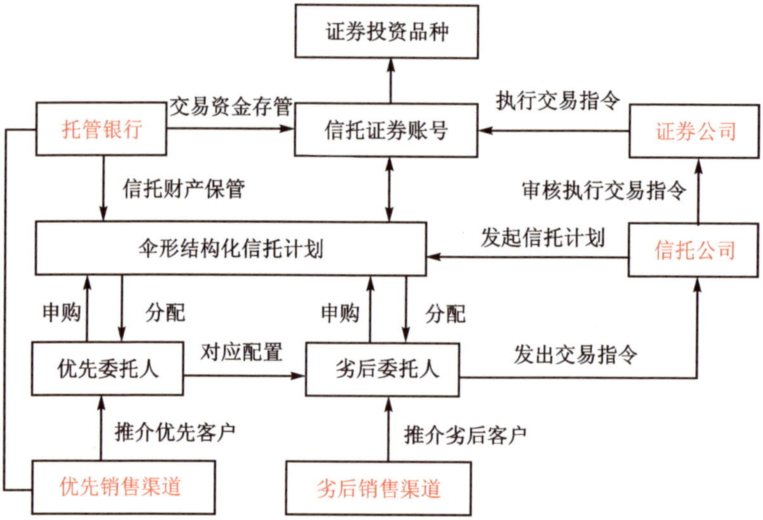

图 1.6　伞形信托交易结构

在正常股市环境中看，优先级的本息收益是有保障的，然而，这类伞形信托曾经大行其道的背景就是股市的疯狂。在股票走向灭亡的时候，千股跌停的奇观让操盘老王持有的股票根本卖不出去，当他卖完股票，发现平仓线早已跌穿。这个时候劣后级已经亏光了，优先级自然受损，当然达不到固定收益理财的效果。投向资本市场的所谓固定收益理财，其实充当了杠杆的角色，不论用来炒股还是做股权基金，都能让操盘者用很小的力度翘起猎物。宝万大战中，前海人寿发行的万能险保险产品也干过杠杆的营生，差点上演蛇吞象。阿基米德曾说，“给我一个支点，我就能撬起整个地球。”就凭这句话，他就是所有投机家的祖师爷。

在当前的理财市场中，有两类固定收益理财要谨慎对待：商业体项目的融资和股权抵押的融资。之前住宅市场的火爆，让很多老百姓以为所有的房子都能买，将商场、写字楼等商业体混同于住宅，其实这是完全不同的概念。商业体项目更重视运营能力，如果运营不好，即使在市中心也是一潭死水，没有租户怎么挣钱呢？如果某家 Shopping Mall 商场借了很多债好不容易建起来了，却发现没人来消费，只能歇菜。等到了 AMC（资产管理公司）手里，即使原来估值 10 亿元，也可能以一折成交，投资者的钱更难收回来。股权抵押对企业资质要求很高，看起来高大上的公司，股权未必就值钱，而企业融资一旦涉及拿股权来借钱的行为，也就反映出它的资金链可能很紧张了，正所谓抵无可抵。股权抵押借款与股票抵押借款的区别在于缺乏股票方便处置的流动性优势，而且有股票在手至少说明公司上市了，不少被抵押的股权是非上市的小公司，有些股权凭证和废纸差不多，很难获得机构投资者的“加持”，如果一家看似非常美好的企业，却以 10 万甚至几万元的门槛向散户借钱，八成是给了您做“烈士”的机会，千万不要上当。

3. 跟着“大猪”跑

在博弈论中，“智猪博弈”是著名的纳什均衡案例。假设猪圈里有一头大猪、一头小猪，猪圈的一头有猪食槽，另一头安装着控制猪食供应的按钮，按一下按钮会有 10 个单位的猪食进槽，但是谁按按钮就会先付出 2 个单位的成本，若大猪先到槽边按按钮，大小猪吃到食物的收益比是 9∶1（即大猪吃到 9 份，小猪吃到 1 份）；大小猪同时跑到槽边按按钮，收益比是 7∶3；若小猪先到槽边按按钮，收益比是 6∶4。由此看来，小猪的理性决策是选择等待，无论如何自己都会有饭吃，不必急着去拍按钮。

不少投资者认为，自己买的固定收益理财都是经过精心比较的，怎么会出问题呢？然而，隔行如隔山，“城市”套路多，金融的玩法眼花缭乱，想唬住大妈级经验的投资者太容易了。作为缺乏经验的“小猪”，理性的选择并非主动出击，而是耐心等待，看看那些“大猪”是怎么做的。

上市公司就是一只“大猪”，很多上市公司都会公布自己购买的理财产品。作为上市公司，对购买的理财产品有相对严格的审核，至少财务总监、董事长等经验丰富的老手会把关。如果您怀疑一家上市公司的智商太低、不太靠谱，也可以综合两、三家甚至更多来交叉比较，它们共同选择的那些固定收益理财产品就是您购买的目标。以恒生电子理财季报示例，如图 1.7 所示。

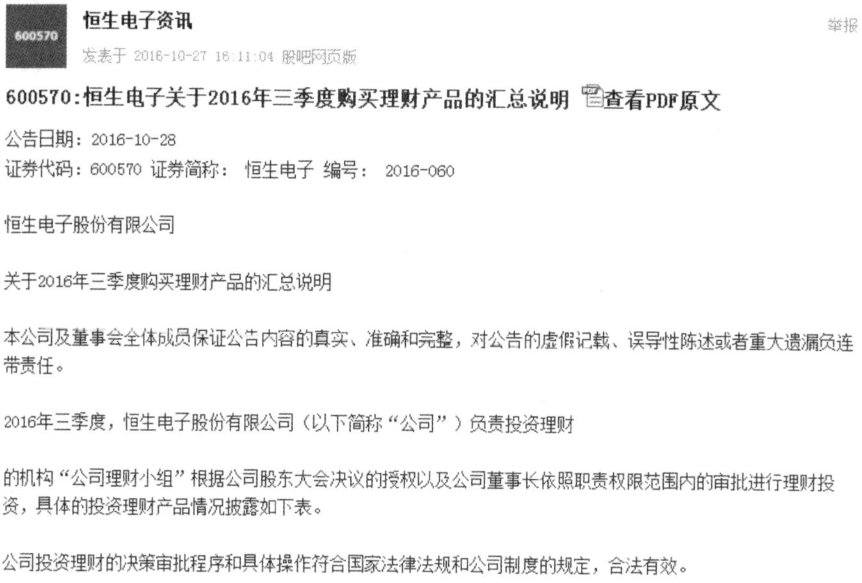
600570
恒生电子资讯
举报
发表于 2016-10-27 16:11:04 股吧网页版

600570:恒生电子关于2016年三季度购买理财产品的汇总说明 查看PDF原文

公告日期：2016-10-28
证券代码：600570 证券简称： 恒生电子 编号： 2016-060

恒生电子股份有限公司

关于2016年三季度购买理财产品的汇总说明

本公司及董事会全体成员保证公告内容的真实、准确和完整，对公告的虚假记载、误导性陈述或者重大遗漏负连带责任。

2016年三季度，恒生电子股份有限公司（以下简称“公司”）负责投资理财

的机构“公司理财小组”根据公司股东大会决议的授权以及公司董事长依照职责权限范围内的审批进行理财投资，具体的投资理财产品情况披露如下表。

公司投资理财的决策审批程序和具体操作符合国家法律法规和公司制度的规定，合法有效。

图 1.7　恒生电子理财季报

当然，还有一只“大猪”，那就是发行理财产品的信托公司、银行、券商等金融机构，作为生产产品的“工厂”或是挑选产品的“买手”，经验越丰富，实力越强，越爱惜自己的羽毛。原因很简单，那么多客户都在买，只要有一笔违约，后面的理财产品就很难再卖出去了，这个代价太大了。虽然经常看到很多金融机构都有不良资产，或是种种风险事件，但是让客户承担亏损的其实并不多，正所谓背靠大树好乘凉。

跟着“大猪”跑，还要区分直销和代销的概念。顾名思义，直销就是自产自销理财产品，代销是代理其他机构的理财产品进行销售。如果您选择了一家很棒的金融机构，但买到的是代销理财，就要仔细掂量产品实际管理人的管理水平了。万一发生违约，作为代销方的金融机构很少有动力直接承

担赔偿责任，就像在超市买了瓶保质期内的正品酱油，发现里面有虫子，这时顾客和超市都会找酱油生产厂商的麻烦了。

在实际生活中，“表见代理”也不鲜见（见图1.8），它是指行为人虽无代理权，但由于本人的行为，造成了足以使善意第三人相信其有代理权的表象，而与善意第三人进行的、由本人承担法律后果的代理行为，实质上是无权代理。比如，深圳某银行客户经理销售外部基金公司的产品导致无法兑付，而投资人是基于这家银行的信用才买的，有理由相信是银行的理财产品，签约也在银行，如果举证充分，基于“表见代理”，银行会被索赔。

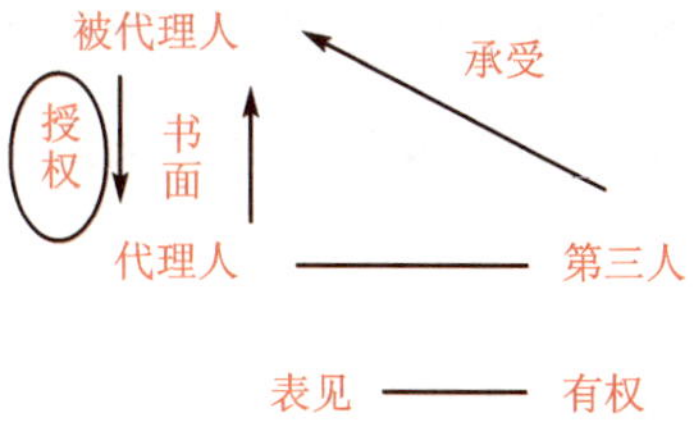

图1.8　“表见代理”示意图

当然，在现实中，举证是一大难题。对投资者来说，要远离高息诱惑，这类理财收益比银行普通理财高不少；对金融从业者来说，洁身自好，信用是立足之本。

每个人最终的职业都是理财师，无论您做什么工作，退休之后，都要考虑养老钱的打理，之前那么多投资者被骗，理财常识的缺乏是重要一环。金融正如一位善变的少女，可别表对了情，却会错了意。

跌落神坛的政信理财和硬不起来的刚性兑付

友情提示：本文约 2 018 字，需占用您 3 分钟时间，初创于 2018 年 2 月 1 日

关键词：政信理财　违约　刚性兑付

近些年的金融市场，风云诡谲，颠覆了许多过往形成的投资理念，一点点建立的信仰逐渐崩塌，等待重塑。2018 年将是新的起点，新的投资哲学、评判标准将在一次又一次争议中拨云见日，正所谓沉舟侧畔千帆过，病树前头万木春。作为投资者而言，及时发现风险苗头更为重要，别跟着破船一起沉了。

1. 狐假虎威显威风

在很多人心目中，如果买了政信理财（即所谓政府项目融资），就认为把钱锁进了保险柜，等着到期收取本息，认为有政府担着，有国企出力，有啥可怕的？这对 50 后、60 后来说几乎是金科玉律。

这就像隔壁老王跟村长借十万块钱，村长问："我凭什么借给你啊？"

老王回道："前首富王健林是我们家亲戚，村长不是想修路么？等我去了京城找王大爷，分分钟搞定。"

看着老王言之凿凿，甚至拿出和王首富的合影，想想还是信了。

村长不知道，合影照片是电脑合成的，隔壁老王和前首富的关系十八根杆子都打不着，全是没影的事。

为什么村长就信了呢？

因为隔壁老王和前首富都姓"王"！

中央政府、地方政府和地方政府平台看似都打着政府旗号，都姓"王"，但是"含赵量（指权力的大小）"不可同日而语。如果你把地方政府平台错认成中央政府，那就和借钱给老王的村长一样，钱能不能回来得看运气。

地方政府要搞建设，会通过财政拨款或注入土地、股权等，并成立职能不同的企业，比如污水处理厂、路桥公司之类，它们就被称为地方政府平台。GDP 要搞上去离不开投资，钱从哪儿来是头疼的问题。在过去基建腾飞的日子里，通过地方政府平台从银行、信托公司等渠道取得大量资金，不仅支持了地方建设，同步诞生的政信理财也为投资者带来了丰厚的回报，多方共赢，优势显而易见，但是随着债务负担日益沉重，劣势逐渐突显。

2. 点石成金的诱惑

地方政府平台融资和房地产大不一样，房地产企业融资通常会将土地、在建楼盘抵押给金融机构，万一还不了，反正手里有地、有房子，不至于太被动，当然，烂楼盘的融资项目金融机构也不愿接。

地方政府平台融资靠的是牌子，是信仰，毕竟难得有抵押物给金融机构，尤其对落后地区的政府来说，值钱的物件都很难找出来，往往是应收账款质押的方式。这时，金融机构会要求地方政府出具还款承诺函，有人大决议，并将拟还款资金列入财政预算，毕竟政府每年都有税收收入，可以寅吃卯粮。对地方政府来说，官员升迁，GDP 是重要指标，自然热衷于基础设施建设等大笔投资。但是，对中央政府来说需要警醒，如果每个市县政府，甚至区一级政府，都能凭“承诺函”这类文书融资，就有了点石成金的功能，因为可以透支未来三五年甚至十年的财政收入，以后一定是无底洞，这口大黑锅谁来背呢？

财政部官员表态：地方借了钱，想中央买单、政府兜底连门都没有(见图 1.9)。

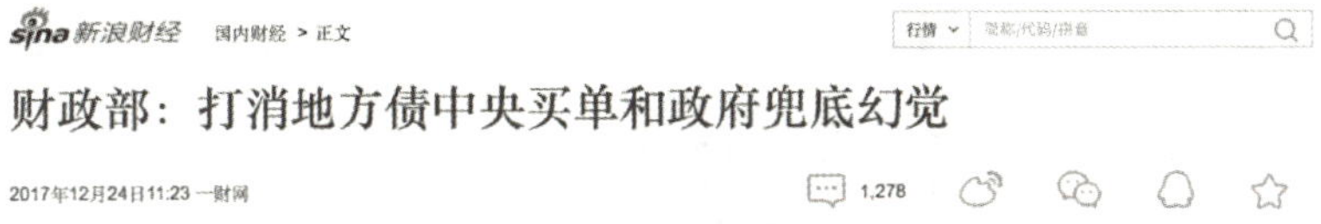

图 1.9　财政部新闻

正如“皇帝的新衣”这一现象并不存在。当投资者购买政信类项目的理财时，看中的是政府信用。然而，可以发现，地方政府未必会为地方政府平台兜底，中央政府就更无指望了。

3. 别套近乎了

如果说近些年发生的“国”字头违约案例慢慢动摇了投资人的“军心”，那么财政部接连发出的“大招”就有点“雪上加霜”的味道。《关于坚决制止地方政府违法违规举债 遏制隐性债务增量情况的报告》中透露，将研究出台地方债终身问责、倒查责任制度，坚决查处问责违法违规行为。

俗话说光说不练假把式，继重庆、山东、河南、湖北、江苏、贵州之后，开年伊始，云南出手，15 人遭到严重警告、行政记大过等处分，其中对违法违规举债担保负有直接责任的 5 名负责人被直接撤职（见图 1.10），拿着“文书”就能轻松融资的日子一去不返。

新浪财经 滚动新闻 > 正文
行情 简称/代码/拼音
云南1市3县违法举债担保被罚：15名官员被点名问责
2018年01月13日 18:30 一财网

图 1.10　违法举债担保被罚新闻

没过多久，云南省国有资本运营有限公司及其旗下子公司，未能按时足额偿还信托贷款本息，导致两款集合资金信托计划延期兑付，投资者不得不捏一把汗。

最近，刷爆金融民工群朋友圈的还不只是平台风险，而是地方政府平台企业越来越难获得银行资金，即使是传统信托融资，AA 级企业的融资利率已经飙升到 9%以上，更悲催的是，这类融资项目的监管报备并不容易通过。

当然，关上门的同时，没忘了打开窗，地方政府发债逐步规范化，更多融资渠道也在打通。不过这些新的融资方式以机构参与为主，与普通个人投资者无缘，看着五年债券仅有 4%左右的收益，估计不少朋友也看不上。

结合“资管新规”的要求，以政信项目为代表的固定收益理财也会逐步退出历史舞台。以前融资项目还不了款，导致理财不能按时兑付，金融机构甚至会先垫钱给投资者，自己再去要账，这类行为被称为“刚性兑付”，已被明令禁止。以后您如果发现有金融机构敢“刚性兑付”，尽管去举报，说不定还有奖励。发动群众一起干，有无数双眼睛盯着，“刚性兑付”就像端着保温杯的油腻大爷，硬气不起来了，只能在某个黄昏，摇着大蒲扇，翘着二郎腿，唾沫横飞地诉说着当年之勇。

4. 做一条鲫鱼

鲫鱼不大，也没有强健的体魄，如果它想要环游世界，会找机会依附在鲨鱼的底部，“免费旅行”。

每个人心中都有星辰大海，然而，到达的方式却千差万别。

如今的金融市场就像千变万化的海底世界，个人投资者正如鲫鱼般柔弱，哪里养料更多，哪里更为安全，其实很难判断。但是，凶悍的鲨鱼却有更灵敏的嗅觉，也有力量应付大多数风险，跟着鲨鱼跑，更不会饿惨。

那些实力强悍的金融机构就是鲨鱼，观察它的投资品种，追随它的投资方式，犯大错的概率要小很多。在金融风险不断暴露的日子里，这类保守的被动式投资，往往更为奏效。

书看到这儿，很多朋友难掩伤感，熟悉了这么多年的理财套路要变了，一时难以适应，连政府项目类理财都不省心，实在心力交瘁。

流动性和资产配置之锚

友情提示:本文约 2 800 字,需占用您 3 分钟时间,初创于 2018 年 2 月 28 日

关键词:流动性　资产配置　国运

2018 年伊始,我们在大 A 股经历了过山车行情,霸气侧漏的十一连阳刚勾起了牛市来临的小确幸,迅速被情人节前的接连暴跌击碎,郁闷的是万千散户,刚披上"价值投资"的战袍杀进股市,忽然关灯吃面;当数字货币成为大热门,并且形成了庞大的产业链,卖"矿机"的乐开了花,买币的投资者拾起了大心脏,某数字货币兑美元从 19664 自由翱翔到 11361(最低点是 5920.7);回头看看热点地区"限购限卖"的房市,聆听"房产税"时远时近的脚步声,五味杂陈。心头一紧,掐指一算,今年是 8 字头,2008、1998……貌似都看着脑壳疼,世事纷扰,变化莫测。与其追逐,不如坚守。流动性将是开启、调整今年资产配置的钥匙。

1."8"字魅影和崩溃阴影

今年烦心事多,地球也不老实,台湾省地震、墨西哥地震接连发生,《卫报》在去年 11 月报道,2018 年全球范围内的强地震可能会大幅增加,尤其在人口稠密的赤道附近,起码出去游玩得留心避开了。

2018 年年初,南京的天空飘起大雪,那一瞬间,恍如 2008 年,有大雪、地震,还有惨烈的金融危机,至今心有余悸。

当然,比起金融危机,更惊悚的"中国崩溃论"风行数十年,这类书籍曾长期霸占各家书店排行榜,我们一度以为要崩了,奇迹已近黄昏,但这段黄昏持续了这么久都未见黑暗。

五年前,有幸参加某位"中国崩溃论"经济学家的沙龙,在答疑环节中,隔壁老王起身问道:"作为个人,应对经济危机的最佳方式是什么?您有什

么建议?”

嘉宾微微一笑,说道:“你现在就回农村老家,买几亩地,盖好瓦房,包一个池塘,挖几口深窖,囤好粮食和水,等危机发生了,咱们种地养鸭,自给自足,天塌了都无所谓。”现场笑声一片。

很多朋友都是农村出来的,谁家还没块地呢,不过要隔三差五往老家囤米囤面,挖井挖洞,等着、盼着危机发生,那哪能受得了呢。“8”字魅影挥之不去,历史确有相似之处,谁看了心里都有疙瘩、有担心,但是总不能天天活在阴影之下吧! 危机还没来,人先抑郁而终就悲剧了。

2. 流动性和扣动危机的扳机

回顾2008年的金融危机,不少企业倒闭是源于流动性问题、资金链断裂。印象很深的是沿海一带的外贸企业,不少欧美客户自己扛不住倒闭了,结果该给的钱也给不了,市场需求大幅萎缩,实力差点的外贸企业经营难以为继,进而波及关联行业。很多农民工丢了工作,大批返乡,就业问题突显;银行发现放出去的贷款收不回来,形成连锁反应、恶性循环,出口熄火,消费难当重任,只好付诸投资。

正所谓“解铃还须系铃人”,流动性是危机的导火索,也是着力点,政府救市最直接的一招就是努力撒钱,注入“流动性”。当享誉世界的花旗银行奄奄一息时,美国政府又是注资,又是贷款,救市救成了最大的单一股东。至于无关“国计民生”的中小企业则是自生自灭,失去工作、没了经济来源的老百姓也只能先自己硬扛。

如果说2008年的伤痕已近愈合,那么2015年的股灾仍然让人痛彻心扉,在恐慌下跌中,投资者都忙着卖出,市场没有流动性,很多股票像是被“凌迟处死”,每天跌10%,连着跌,一块块割散户的肉,想卖都卖不掉。在这种情绪的渲染下,跌破多少点都不奇怪,直到国家队砸钱入市,强力部门出手干预,才逐渐恢复了市场信心。

3. 手有余粮和心里不慌

俗话说得好：手有余粮，心里不慌。粗浅理解，对个人来说的流动性就是排除所有必要开支之后，剩下的能自由支配的“余粮”。

是不是“余粮”有两条标准：

（1）余粮是不是真攥在自己手里：隔壁老王卖腊肉，卖面条的小黄赊账买了两万块的肉，老王拿着欠条没收到钱，这两万块就不是老王的“余粮”。如果哪天小黄破产没钱还了，老王只能对着欠条空悲切，这笔钱对老王来说就是应收账款，我们看那些牛皮吹得轰轰的上市公司，如果有高额应收账款，直觉就是离它远点。

（2）“余粮”很容易变成现金：所有群体中，对流动性要求最高的是企业老板，很多做企业的朋友经常账上趴着上千万现金，根本不做理财，全是活期存款。对老板来说，商机更重要，真要筹钱的时候就那么几天，稍纵即逝。隔壁老王出自官宦之后，家里好几套千万以上的别墅，碰到急事要用钱的时候才发现，别墅太坑爹了，卖又卖不掉，银行又很难接受别墅抵押贷款，看起来“高大上”的别墅原来并不是“余粮”。

去年底开始，我帮很多朋友、客户盘点家里的“余粮”，评估在极端情况下，有多强的资金动员能力。这直接决定了危机发生时，客户有没有能力去捡别人“割肉”留下的“血筹”，而不是自己“失血而亡”。

4. 是不是等着 ALL IN

隔壁老王灵机一动：“我们要不要把所有家产都卖掉，换成现金，等危机发生时，拿着大把钞票去抄底。”

老王的问题让我想起了那位炒股一把梭的大爷，换成现金容易，难的是什么时候换成现金。既然危机发生时，流动性往往会出问题，那么更加可行的办法是以此为锚，先对财产变现能力做好评估和提升。

财产变现存在不少误区和盲区，需要提前了解。

误区：别墅、珠宝字画一类乍看价值很高，况且投入也不少，像别墅装修百万以上并不稀奇，但是一旦牵涉出售，周期会比较长，想卖个好价钱更难。机械厂房更令人痛惜，曾有朋友开印刷厂，几百万的进口设备用了没一年，拿去抵债却不到三十万元。一般厂房做抵押，银行之类的传统金融机构是不容易放贷款的，就算房子盖得再漂亮也没用。

盲区：现在融资方式多元化了，可接收的抵押品也越来越多。房屋（主要是刚需类住宅）还有车子，贷款模式已经标准化了。寿险保单，不少理财型保险可以贷出现金价值部分的80%，利率在5%左右，半年还息即可；即使是保障类保单，在交满三年后，也可以贷出年交保费的20倍（需要指定保险公司保单）。就公积金方面，南京交满两年市/省公积金，可以贷缴存基数的四十倍到六十倍；只要收入还行，工作靠谱，没有任何抵押，也可以从银行、小贷公司等获得数额不等的信用贷。这些知识不光可用于自己的流动性管理，如果有人欠您钱，可以委婉地试探这些内容，或多或少能要回来点。

5. 资产配置不是空谈

资管新规出台后，随着不少固定收益理财的违约、钱宝之类的骗局崩盘，大家突然发现，全买固定收益理财也不安全，一旦违约，钱就没了。从收益来看，以前信托理财能轻松获取10%以上的收益，而现在有7%就很不错了，其吸引力在下降。一方面想提升财产安全性，另一方面想获取更高的收益，多元配置在所难免。

标准普尔家庭资产象限图非常经典（见图1.11），从功能到比例相对科学，大家可以作为打理“余粮”的参照，再根据各自的家庭情况微调。

从流动性角度看，“要花的钱”可以选择错期买，比如买一款期限为3个月的理财A，一款期限为6个月的理财B，方便周转；“保命的钱”要优先保障家庭经济支柱，比如老公挣钱老婆带娃，要优先给老公买，毕竟老公得了重病，家庭现金流瞬间就断了，家里“余粮”怕是会坐吃山空；“保本升值的钱”注重选择大型金融机构，最好是直销理财，而非代销，毕竟代理销售的理财

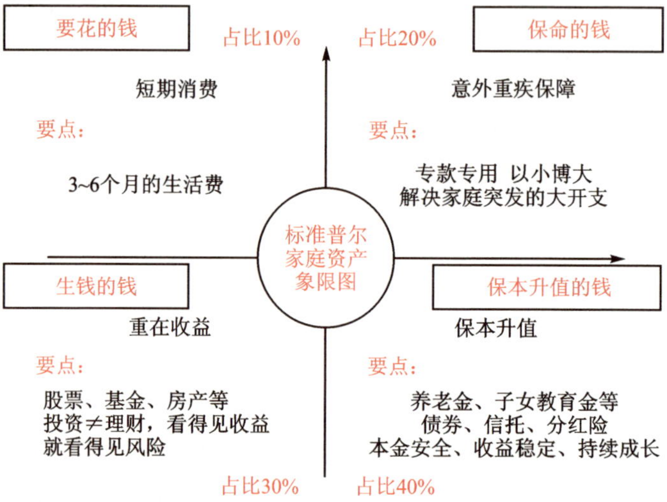

图 1.11 标准普尔家庭资产象限图

产品若违约了，代销金融机构承担的责任并不大；“生钱的钱”考验的是投资能力，若自己炒股不行，就交给专业机构操盘，阳光私募就不错，很多是每月开放申购、赎回的，万一要用钱也不会等太久，当然，这类权益性投资，建议做好长期持有准备。

其实，能喝着茶，听着音乐，思考危机应对之策，是一种幸运。我们并非身在和平的年代，却有幸身处和平的国家。大年初一上映的《红海行动》带我们领略了另一个国度的战火纷飞，相比战乱，金融危机并不可怕，2008 年又不是没经历过。

唯愿天佑中华，国运不衰！

理财没有保温杯而只有凉水壶

友情提示:本文约 3 000 字,需占用您 3 分钟时间,初创于 2017 年 9 月 12 日

关键词:P2P　高收益理财

三年前,年化收益 10%以上的信托产品很多,加上"本息刚性兑付"的"隐性承诺"吸引了大批投资者的关注,大家要做的就是努力筹钱,买到信托产品就像把钱放进了保温杯,丰厚的收益恰如杯中的枸杞般香甜,以每年10%的收益测算,七年多就能翻倍。可惜好景不长,随后开始经历收益水平的持续下滑,恰如守着一只慢慢降温的凉水壶,炙热浓烈不再,反而索然无味。更为严酷的事实是,理财产品到期未能兑付,"P2P"财富公司跑路成为家常便饭,在闷热的夏天,让多少人透心凉。市场变了,投资者也要适应并且学习,不然手中的钱财只是幻象,迟早烟消云散。

1. 让人既爱又恨的"P2P"

盛夏之日,在捞王火锅餐厅,我和隔壁老王涮得正高兴,他突然掏出一部迷你 POSE 机让我猜是干啥的,我第一反应就是套现理财。老王套现是做"P2P",我着实为他捏了一把汗。在固定收益理财的类型中,"P2P"有迷人的高利率,但它又容易陷入跑路风波,不少公司在曲终人散之际才发现是"庞氏骗局"。

初识:最近南京奶茶店多了不少,村头老赵也想开一家,无奈手头资金有限。由于是个体户,银行只能贷一部分,老赵通过某"P2P"发财网(名字如有雷同纯属巧合)以年化 15%借一万块,期限一年,发财网扣 1%的手续费,以 14%做成一万元一年期的理财产品发售。老王看着收益不错就买了,如果老赵生意很好,按期还钱,到时老王拿到利息,皆大欢喜;如果老赵生意做砸了,老王买的理财就打水漂了。这是"P2P"最初的模样——person-to-person，人对人、点对点进行借款。

自己背锅：今年八月银监会向各家银行下发了《网络借贷资金存管业务指引（征求意见稿）》，第二十条明确规定：投资人须自行承担网贷投资的责任和风险。换句话说，常见的“P2P”只是信息中介：仅告知大家村头老赵要借钱，你要是愿意借就借，老赵要不还钱跟信息中介没关系，得自己咽下苦果。大家经常看到的所谓各种担保的“P2P”，是信用中介的概念：万一老赵到期赖账，信用中介要自己兜着，替老赵还老王的钱。我们国家的信用体系起步不长，还有人连信用卡都没办过，做好信息中介是很困难的。隔壁老王从发财网上看到老赵的信息是否真实、是否全面要打不小的问号，老王之所以买，还是因为相信发财网是信用中介，万一老赵违约不还钱，发财网依然会兑付。但很遗憾，监管表态：这锅以后自己背，“P2P”仅仅是信息中介。

庞氏魅影：每一家想做大的“P2P”，最终会碰到一个问题：有投资者想买它的理财，但是，像老赵这样既能负担高利率又会还钱的借款人，“P2P”也许在某个时间段内没找着，理性的选择是等找到了再做成理财来卖，悲剧的是等找到了，投资者往往也买过其他公司的理财，没有闲钱了。“聪明”的做法是先从“老王”这样的投资者手中把钱拿到，放到“资金池”里，再去找“老赵”这样的借款人。也许某一天，发财网的老板觉得找“老赵”太费劲了，不如伪造“老赵”，专心做“资金池”，这多轻松呢，只要后面不断有人来买就不会崩盘，为此要设定远高于正常理财的收益，培养粉丝群体，大力宣传已经赚到钱的投资者，树立赚钱“榜样”和“传说”，于是庞氏骗局应运而生，可悲的是，等发现了“庞氏魅影”，“老王”的钱几乎追不回来了。

十字路口：监管已经反复呐喊，投资者要认识风险，自负盈亏，不要动不动找政府，但收效甚微。相信自己不是最后一棒的大有人在，未来利率的缓慢抬升对“老赵”这类借款人的压力会与日俱增，借钱的成本会越来越高，要么不再借，要么借了发现还不起，无论哪一种，对“P2P”来说都不是好消息。作为行业鼻祖，LendingClub近两年来股价表现不佳（见图1.12），这类模式引发的质疑越来越多。尽管相信国内的金融市场足够大，大到可以容纳多种不同的金融模式，但在金融监管日趋收紧，行业变化越来越多的情况下，谨慎面对并非坏事。

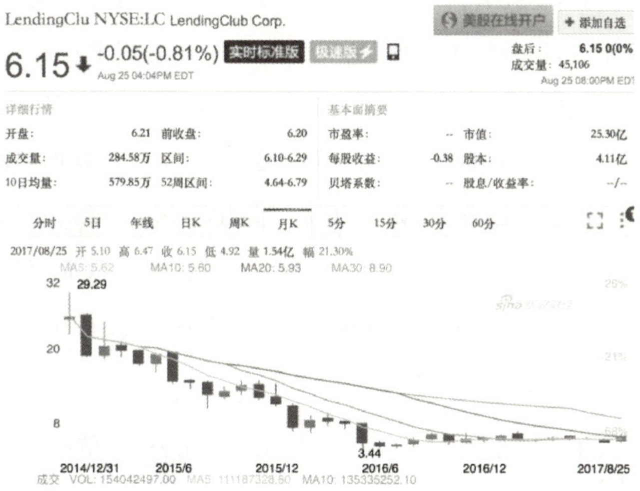

图 1.12 LendingClub 股价示意图

善恶一线间：对传统“P2P”公司来说，明智的选择是维系现有客户，在固定收益产品之外，增加阳光私募、股权投资、海外投资等理财品种，这些是浮动收益产品，不必承担“刚性兑付”的责任，又能赚取手续费，一举两得。然而，转型依然压力重重：一方面，浮动收益产品的市场是狼吃羊，如果没有足够的实力很难吸引到优秀的合作方；另一方面，现有投资者更青睐传统的“保本保息理财”，若“P2P”这类业务陷入“庞氏魅影”，怕是很难回头，一损俱损。当然，也有恶意蒙骗的，比如伪造借款人信息，或将固定收益产品中的债权型偷偷换成股权型，一字之差大不相同，股权型产品可以亏得一文不剩，套路多多。

2. 高收益理财去哪儿啦

作为高收益理财的代表，信托产品的利率变化是一个缩影，从年化 15% 以上一路下跌到目前的 7%，背后是一系列融资模式、经济形势的变化。

政府融资：“P2P”往往以个人小额借款为主，信托则是大额项目借款，比如,某省要建一座高科技园区,没钱咋办呢?银行贷不了款,这时可以成立信托计划来融资,三年之前,这类政府项目的融资渠道比较少,可以接受的融资利率比较高,信托公司作为中介收一道辛苦费后,转手卖给投资者,到手的收益并不低,10%以上很常见。后来,政府的融资渠道越来越多,发行地方债的融资成本有不少才4%,之前热炒的"PPP"模式,即政府和社会资本合作,融资成本也不高,这时,通过信托公司来融资就有点鸡肋了。实力强的地方政府宁愿自己发债、搞"PPP",而实力差的地方政府,尽管依然需要信托公司来输血,但是风险在所难免,河北融投等所谓"政府项目"融资的违约依然悬而未决,若迷信买到政府项目就万事大吉,难免有些一厢情愿。

房地产融资:开发商要盖房子,暂时没钱,可以通过信托公司募集资金,等房子卖出去了,再把卖房收回来的钱还给信托公司,信托公司扣点管理费,再交给投资者。以前,房地产融资渠道不多,如果银行融资受阻,信托公司绝对是主力的"钱袋子",信托贷款利率高也没关系,只要房子能卖掉就行。之后地产商通过基金公司借钱、发行地产债等融资手段越来越多,再加上降息周期,利率一路下坡。一系列房地产调控,比如严控十六个热点城市房地产融资、要求"432齐全"的窗口指导("四证"齐全,项目自有资金30%以上,房企需要有国家二级资质)等,把大量的房地产信托项目赶到了二线城市。当您判断一款房地产信托计划时,最简单的是看融资来建的房子以后能不能卖掉,如果是刚需住宅,地段又不差,还有相对完善的配套设施,则相对安全些;如果楼盘所处城市不发达,盖的又是别墅(很难交易和处置),配套也不行,利率再高也不能碰。

理财新常态:政府和房地产是信托产品的两大来源,累计占比超过一半以上,这类项目融资利率的下降,背后反映的是经济迈入新常态。若依然按照以往的高利率来融资,很多借款人,哪怕是实力强劲的地方政府或是房地产商终会无力偿还,实体经济沦为金融企业的打工仔,企业被掏空,制造业升级更无从谈起。这是政府不愿意看到的,因此持续压低融资利率成为不二选择。

当然，其他类型的固定收益产品也有不少，比如股票质押业务，上市公司的大股东希望融资一个亿来买设备，增强企业竞争力，那么就会把手中流通的股票质押给信托公司。假设每股 20 元、一千万股，市值两个亿，双方约定贷款利率为 8%，同时约定股票万一跌到 12 元（市值一亿两千万元），信托公司就有权卖掉，这样连本带息拿回来，投资者不会有损失，这类股票质押业务的风险点在于股票异常波动，在 2015 年股灾期间，很多股票接连跌停板，根本卖不掉，等卖掉的时候发现已经亏到本金。当时还有一些结构化产品的优先级亏到本金，比如张三炒股很牛，自己有两个亿，找资产管理公司以年化 8%的利率借款八个亿来买股票，当股票持仓接连下跌 20%时，会先亏掉张三的钱（通常被称为劣后资金），如果无法平仓继续下跌时，亏的就是借来的八个亿（通常被称为优先资金），有不少优先资金是以固定收益理财产品的方式卖给投资者的。

之前有不少人以伪造信托产品的方式进行金融诈骗，受骗的投资者单凭“收益高（以为信托产品还停留在 10%以上）”“保本保息（其实监管并不允许这样宣传）”就仓促下手，没想到入了坑。作为投资者，都希望收益越高越好，最好两年翻几倍，至于风险，只要有“大神”告诉他“保本保息”就行，其他一切概不关心，很遗憾，收益和风险往往是一枚硬币的两面，今后的理财会越来越辛苦，闭着眼睛买的时代一去不返。

最后，衷心感谢大师兄顾辉对本文的指导和把关，希望为读者传递最新的理财动态，共同保持不断学习的温度。

本期助阵嘉宾：

顾辉，国金证券大区总监，南京大学 MBA，在政府项目融资、阳光私募培育、结构化产品设计等方面经验丰富。

从人民币贬值的“五年规划”说起

友情提示：本文约 2 900 字，需占用您 3 分钟时间，初创于 2016 年 6 月 27 日

关键词：汇率　投资结构

在端午节的龙舟赛再次上演之际，离岸人民币强势击穿了 6.6 元的关口，当英国脱欧的闹剧尚未散场之时，在岸人民币迅速跟进，再次上演六六大顺（同样跌破了 6.6 元）。

NDF（人民币无本金交割远期，见表 1.1），常用于衡量海外市场对人民币的预期，在一定程度上反映了未来汇率的走势，当这份人民币贬值的“五年规划”摆上案头的时候，我的心里五味杂陈。

表 1.1　NDF 行情

品种	最新价	开盘价	最高价	最低价	涨跌	时间
1 个月	6.6290	6.5810	6.6470	6.5800	▲0.0490	04:34:06
2 个月	6.6410	6.5955	6.6650	6.5950	▲0.0470	04:34:10
3 个月	6.6650	6.6075	6.6800	6.6070	▲0.0585	04:34:14
6 个月	6.7030	6.6480	6.7230	6.6470	▲0.0580	04:34:22
9 个月	6.7420	6.6890	6.7665	6.6860	▲0.0560	04:34:24
1 年	6.7850	6.7190	6.8110	6.7190	▲0.0520	04:34:08
2 年	6.9690	6.9080	6.9880	6.8990	0.0000	06:00:02
3 年	7.0915	7.0525	7.1200	7.0340	▲0.0575	04:34:16
4 年	7.2208	7.1275	7.2333	7.1275	▲0.0718	04:34:18
5 年	7.2500	7.2675	7.3175	7.2000	▼0.0530	04:34:20

和以往不同，这次并没有听到疯狂做空人民币的消息，也许年初中国央行的碾压式报复给空头留下了足够大的心理阴影。

有很多事，在许多年后回过头来看，才会领悟是非对错，市场往往充斥着谎言与癫狂，令人沉醉其中无法自拔，众人皆醉我独醒，无敌该是多么的

寂寞。

2014 年，李嘉诚再次抛售上海房产的时候，恰好是人民币升值的高点，作为天量资金的操盘手，李超人实至名归，见图 1.13。

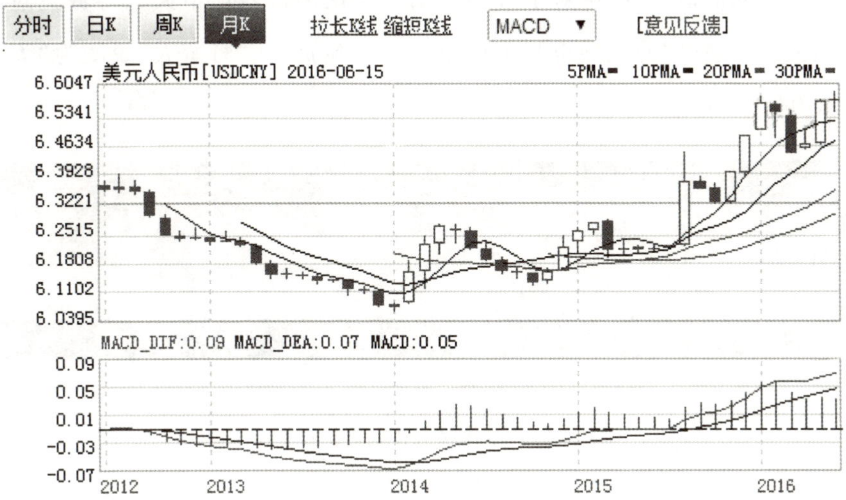

图 1.13　人民币汇率走势图

最近，朋友圈中关心海外投资的不在少数，当然与“卖国”无关，这更多是经济收入发展到一定阶段后的必然选择：以全球化的视野来配置资产，将鸡蛋放进不同的篮子。国内的海外投资市场已经发展了很多年，但因为多数并不公开发行，普通的投资者难以接触。很多国际一流的基金公司早已在大陆建立起“桥头堡”，比如小说中做空中国的主力黑石、美联储前主席领衔的司度、巨无霸贝莱德等。

海外投资的主流形式有海外保单、海外地产、“保本”基金、对冲基金、私募股权投资等，但是国内以“刚性兑付”著称的信托产品，在海外市场却难觅踪影。这也难怪，人家搞“负利率”还等不及呢，怎么可能有人付那么高的利息借钱呢？

1. 海外保单——以时间换收益

这里的海外保单主要是理财型，并非传统意义的保障型保单，如保诚的隽升、友邦的充裕未来、Metlife 的耀光等，相较国内保单，历史收益略高一些，以 2015 年国内保险业资金运用来看，银行存款占比为 21.78%，资金运用效率有待提升。“宝万”之争中，宝能系前海人寿提供的资金功不可没，取得了丰厚的回报，但舆论对于“险资”出击评论消极，对“恒大人寿募集险资为恒大地产输血”的质疑也从未停止，国内“险资”从“野蛮人”蜕变为“大众情人”的过程依然漫长。

中国保险监督管理委员会
China Insurance Regulatory Commission
首页 保监会简介 工作动态 政策法规 行政许可 行政处罚 统计数据 派出机构 消费者保护
您现在的位置：首页 > 统计数据 > 保险统计数据报告

2015年保险统计数据报告

发布时间：2016-01-28 分享到： 【字体：大 中 小】

一、原保险保费收入24282.52亿元，同比增长20.00%

三、资金运用余额111795.49亿元，较年初增长19.81%

银行存款24349.67亿元，占比21.78%；债券38446.42亿元，占比34.39%；股票和证券投资基金16968.99亿元，占比15.18%；其他投资32030.41亿元，占比28.65%。

图 1.14　2015 年保险统计数据报告示例

在人民币贬值的预期下，去香港买保险是成本相对较低的方式，而且同宗同源，沟通起来并不费力。内地对于换汇额度的限制，在某段时间，使得香港保险成为为数不多的换汇途径，通常会以人民币认购，但是保单以美元计价，返还的也是美元，换汇的“乾坤大挪移”就完成了。后期随着监管的加强，通过香港保单换汇将变得越来越难。

当然，无论是人民币贬值也好，收益高低也好，其实都不重要，理财型保险的核心意义在于财富传承，很多人在看到 3%、5% 的收益时一脸不屑，但做到财富稳步增长是很难的，大多有赚有赔。最近欧洲杯，门神布冯依然宝刀未老，状态神勇，自曝会踢到 40 岁，除了对足球的热爱，他买啥亏啥的投资记录也是心碎成渣，不得不踢球还债（见图 1.15）。有些投资看起来很美，其实是大坑，有些投资看起来让人不屑，却能帮上大忙。网络上所谓的要力争跑赢通胀，不少是鼓励你挑战高风险投资的把戏。

布冯投资失败被迫延长职业生涯 自曝将踢到40岁

发稿时间：2016-01-29 10:25:50　来源：中国新闻网　中国青年网 **我要评论 0**

投资损失惨重被迫延长职业生涯布冯自曝将踢到40岁 日前，意大利门神布冯在接受采访时宣布了自己的退役计划，他想效仿尤文史上曾经的传奇门将佐夫那样踢到40岁。38岁的他选择继续踢下去的原因，或许不仅仅是去年状态很好，由于2015年在投资上损失惨重，这将迫使其不得不延长自己的职业生涯。

图 1.15　布冯新闻示例

2. 海外地产——地主梦的延续

提及海外地产，很容易联想到炒房团。国人对房子的溺爱世界上都难出其右，《北京遇上西雅图之不二情书》中，吴秀波饰演的置业顾问大牛就赚得盆满钵满。我们把故事续写，大牛积累起第一桶金后，发现有一群人，他们也想投资美国房地产，又希望分散风险，万一一套房子买错了，砸到手里可就麻烦了。

大牛联合地产商和基金公司，发一款基金，这支基金投资于美国核心区域的写字楼、仓库、公寓，出租率达 95%以上，以长期租约为主，每年获得稳定的租金收入，这就是房地产信托投资基金（REITs）。长期现金流稳健的项目对于机构资金是非常有吸引力的，自然引起美国险资、大学基金会的青睐。对普通投资者来说，基金有机构资金的光环“加持”自然靠谱些，如果能以人民币认购，以美元的形式投资，再以人民币的形式到期分配，也可以分散人民币贬值的风险，两全其美。然而，海外投资的期限至少应在两年以上，毕竟“出海”投资环节较多，认购境内基金后，大多通过上海自贸区的有限合伙企业，投资于目标基金。这类基金一般有封闭期，封闭期内客户的钱拿不回来，若是大牛买下一栋写字楼，打算转租给跨国公司，买楼的合同刚签好，基金投资者却闹着要退钱，大牛的生意就没法做了，只会两败俱伤。

大牛又看到公寓市场的火爆，琢磨着在某商务区附近建一栋公寓，然后出租给写字楼上班的白领，核算完成本，收益相当可观。他又发了一款基金，采取“3+1”的形式，即项目预计三年投资期满后退出，同时，保留延长一年退出的权利，投资者达到年化收益10%之后，超过的部分大牛要收取20%的提成，如果客户感兴趣，还有“优先+优惠”购买公寓房的权利，这便是典型的海外房地产股权项目。若公寓项目在当地创造了可观的就业机会，大牛就可以抓住移民商机，做成“EB5”投资移民项目。

3. 其他海外投资品种——琳琅满目

提及海外“保本”基金，不少朋友疑惑，海外也没有政府出函兜底的基础设施建设项目，“保本”从何而来呢。其实运用的是产品设计，比如基金总规模10亿元，其中9亿购买国内的信托产品，一年6%的收益，基金整体就有5.4%的收益，另外1亿挂钩海外金融衍生品，像各类指数基金，当这1亿元亏掉50%时停止交易，基金整体还有0.4%的收益，依然能够实现保本。1亿在挂钩海外金融衍生品时，往往会采取加杠杆的形式，当出现“稳操胜券”的机会时，杠杆加到最大，就能扩大胜利果实。

在各类海外投资中，对冲基金是当之无愧的大哥大，索罗斯等闻名遐迩的大咖都是对冲基金的掌门人。所谓对冲可以粗浅的理解为有买也有卖，具体可见书中的文章。英国脱欧闹得欢，之前做空英镑的对冲基金不在少数，枪击案发生后反手做多也正常；印度势头蓬勃向上，买印度公司股票的也大有人在。电影《大空头》中贝尔饰演的迈克，就是一名对冲基金的投资经理，他在仔细阅读MBS（抵押支持债券）背后借款人的资料后发现，有一半人竟然没有借款资格，如果房价普遍下跌，MBS违约，作为MBS的保险——CDS（信用违约掉期合约）价格一定上涨，只要狂买CDS就能获得丰厚的利润。这就和一个人得知自己一年后会得重病，保险公司却没查出来，这时狂买重病保险就是最佳的选择。不过，对冲基金也有波动性，毕竟每次判断不一定准确，对基金经理更要有耐心和信心，电影中虽然迈克的最终收益惊人，但在漫长的等待中，迈克的不少投资人因无法忍受持续亏损，割肉出局；

为了不让基金分崩离析，迈克不得不给所有投资人写信终止一切赎回申请，最后总算熬到了CDS暴涨。

海外的私募股权投资国内投资者并不多见，一方面，海外的机构投资者相对成熟，很早就介入了优质项目，并在项目后续融资中持续扩大战果，分到国内的额度自然就少了；另一方面，这类项目对投资者的门槛较高，不光要求有至少50万美金的资金投入，而且需要投资者对所投企业和行业有足够的了解，这类合格投资者较少，募集也不容易，自然没必要留太多额度。值得警惕的是，曾经看过一类海外股权投资项目，让人冷汗直冒，听起来都是高大上的企业，未来前景一片光明，但是门槛居然低到50万人民币，这已背离了“合格投资者”的要求，称之为大散户都毫不为过，正所谓“私募股权投资散户化”，我想起之前不少冒牌的P2P公司，拿老百姓三万、五万的钱，聚集成两三亿的规模，去接一些不靠谱的投资项目引发巨额亏损，有种似曾相识的感觉。当一家企业或项目连散户钱都要的时候，它的资金链该有多饥渴，难以想象！

从日本10年期国债的利率变化来看（见图1.16），以“无风险、高利率”为特点的固定收益理财产品会慢慢绝迹，国内会出现越来越多的地产基金、对冲基金等，理财型保险会替代部分固定收益产品的功能，一定程度上来说，现在的海外投资品种，也是我们未来的主流配置。

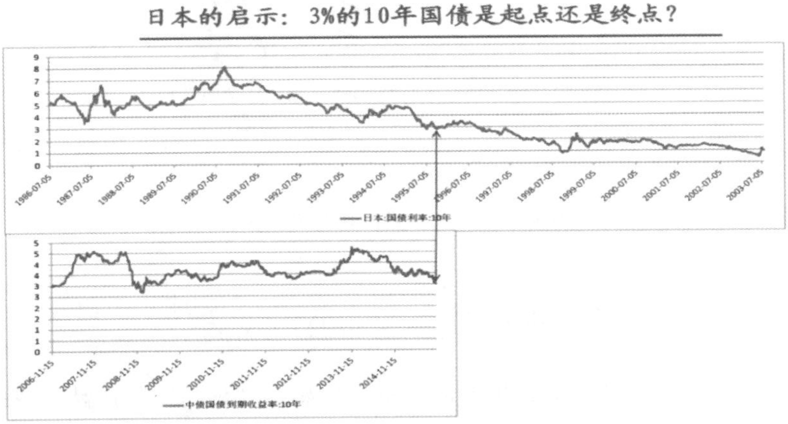

图1.16　日本10年期国债走势图

海外理财的"七寸"

友情提示：本文约3 700字，需占用您4分钟时间，初创于2017年3月13日

关键词：稳定筹码　分散&集中的艺术

对普通投资者来说，神秘的海外理财已不鲜见，除了直接投资美股、购买海外指数基金等产品外，贝莱德、黑石、瑞银等国际大咖纷纷登陆，发行的海外基金令人眼花缭乱。在国人目前的资产配置中（细线），房地产占比极高，其次是股票，难怪专家会提出房市与股市的跷跷板效应，而欧美成熟市场的资产配置中（粗线），各类投资品种相对均衡，全球配置是重要一环，如图1.17所示。回望国内，考虑子女海外留学的家长和经营中有外汇盈余的企业主是选购海外理财的主力军，他们引领海外理财的新风尚。

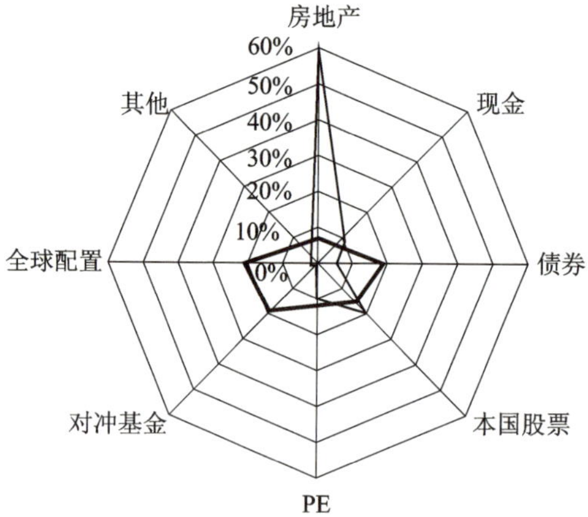

图1.17　国内外资产配置对比示例

1. 简单直接的判断标准

朋友在看完不少海外理财产品的资料后感慨："任何一款产品给我的感觉都是，买到就是赚到，能有幸碰上已是祖坟上冒青烟了"。华丽的PPT展

示、满满荣誉头衔的管理人、触手可及的盈利前景、令人惊艳的历史业绩，还有极其稀缺的认购额度，这些是海外理财产品必不可少的“戏份”。然而，对于初次接触海外理财的朋友来说，关键在于判断筹码的稳定性。

您买的任何一款理财产品，背后对应的就是一批筹码，比如，您买了某个房地产信托计划，以商品房的销售作为还款来源，背后的筹码就是这些房子，如果卖得不好就麻烦了；又如，您买了某个单一企业私募股权基金，拿到的筹码就是这家企业未上市前的股权，要是企业经营不善破产了，或是今后资本市场的故事讲不下去了，筹码难免如同废纸一张；再如，您在股灾1.0前夕买了创业板主题的基金，对应的筹码就是一堆创业板的股票，一年下来八成能亏得找不着北，而如果您买的是白酒主题的基金，有贵州茅台之类的“硬票”作筹码，日子要好很多，这两类筹码就体现出某个时段内稳定性的差异。

海外理财不同于国内，所谓“刚性兑付”的“信托计划”并不存在，产品形态相对复杂，筹码的稳定性是简单有效的判断标准，在此基础上，结合市场行情、管理人经验等因素，“踩雷”的可能性比较小。

2. 稳定性强的筹码

海外理财多以基金形式存在，有几十年运作管理经验的大咖们并不少见，下面选取部分常见的、筹码稳定性较强的品种，供大家参考，举一反三。需要提示的是，稳定性强指的是理财品种的运作方式，并非指收益稳健，与国内评价固定收益理财的稳健不一样。

房地产投资信托基金（REITs）

国内的房地产投资信托基金起步不久，国外则相对成熟，即一种证券化的产业投资基金，通过发行股票（基金单位），集合投资者资金。由专门机构经营管理，通过多元化的投资，选择不同地区、不同类型的房地产项目进行投资组合，在有效降低风险的同时，通过出租不动产所产生的收入以派息的方式分配给股东，从而使投资人获取长期稳定的投资收益。

隔壁搞房地产的老王，拿着商品房的在建工程做抵押，打算从信托公司借一大笔钱，等房子卖完了再还上。这时信托公司会成立一只房地产集合信托计划，向客户募集资金，然后再借给老王，等老王卖楼还了钱，就把客户的本息还上。终于有一天，老王熬成了钻石王老五，在上海、北京、南京拿了不少写字楼、仓库、商场，雇佣了一大批专业人才干两件事，一是做交易，平时马不停蹄地看项目，找到被低估的物业、公寓、仓库等，然后买下来，等估值上去了再卖掉；二是搞运营，成效非凡，盘下来的写字楼都有满满的租户，商场的顾客摩肩接踵，天天跟过节似的，仓库的仓储订单接都接不过来。以前老王玩商品房，还要担心房子卖得不好咋办，现在不必了，旗下的地产项目有着稳定的租金回报，还能通过地产项目的交易获得不菲的收入。为了进一步做大规模，老王向小李、老钱、阿黄等特定对象募集资金，要求他们投进来的资金一年内不能撤走（这就是封闭期），成立的基金定期公布净值，比如这月是 1.01，下月涨到了 1.02，小李子们看着也心安，这便是房地产投资信托基金的雏形。

在国外，这是机构资金的最爱，备受主权基金、大学基金会等青睐，对个人投资者而言，稳定的租金看着踏实。当然在评估具体投资项目时，还要看这支房地产投资信托基金的投资区域、底层地产结构等因素，比如同样是持有购物中心，地处纽约总比在美国“铁锈地带”要好。

优先股

优先股是相对普通股而言的，在利润分红及剩余财产分配的权利方面，优先于普通股。其实，优先股与普通股票一样，价格会发生波动，只是幅度不大，图 1.18 为交通银行的境外优先股（①线）与普通 H 股（②线）价格波幅的示例。

优先股市场以机构投资者为主，与普通股分红时的“闷着葫芦摇”不同，优先股的股息率往往被事先确定，很少会随着公司经营的好坏而增减，拿着踏实多了，当然，公司要资不抵债了，优先股肯定会损失。为了满足巴塞尔协议对资本充足率的要求，国内不少银行都发行了优先股，主打这类优先股

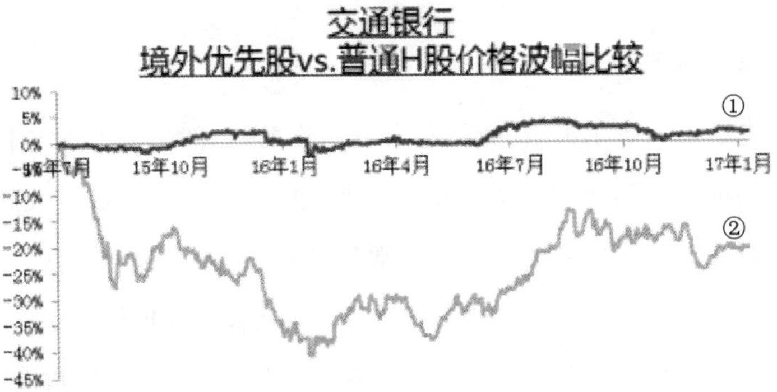

图 1.18　交通银行境外优先股与普通股走势图

的基金值得关注，既可以获得相对固定的股息收益，也可以通过交易优先股获取收益，国内的大银行毕竟有背书，倒闭的可能性比较小。无论在国内还是海外，总有一些伴随着“政策”变化而来的投资机会，单从票面到期收益来看，2014 年 4 月中信银行能达到 7.25%，到了 2016 年 10 月徽商银行降至 5.5%，俗话说早去吃肉，晚到喝汤，对“政策”机遇的把握当然越早越好。不过，作为稳健型投资品种，并不能奢求太多，能跑赢存款利率就是胜利。部分国内银行发行的优先股概况见表 1.2。

表 1.2　国内部分银行发行优先股概况

发行日期	已发行机构	发行量（百万美元）	票面到期收益/%	到期日
2014 年	中信银行	300	7.25	永续，五年后可随时偿还
2014 年 9 月	创兴银行	300	6.50	永续，五年后可随时偿还
2014 年 10 月	中国银行	6 500	6.75	永续，五年后可随时偿还
2014 年 12 月	中国工商银行	2 940	6.00	永续，五年后可随时偿还
2015 年 7 月	中国交通银行	2 450	5.00	永续，五年后可随时偿还
2015 年 12 月	中国建设银行	3 050	4.65	永续，五年后可随时偿还
2016 年 7 月	中国工商银行（亚洲）	1 000	4.25	永续，五年后可随时偿还
2016 年 9 月	信达资产	3 250	4.45	永续，五年后可随时偿还
2016 年 10 月	微商银行	888	5.50	永续，五年后可随时偿还

企业贷款抵押证券(CLO)

有句老话形容华尔街干的活:它会拿走你的钱,然后变戏法一样变到连华尔街自己也找不到的地方去。虽是调侃,但其中蕴含的是令人眩晕的各类证券化技法。企业贷款抵押证券是常见品种,比如找银行借钱,麦当劳借了2个亿,肯德基借了3个亿,希尔顿借了1个亿,沃尔玛借了3个亿,它们以门店等资产作抵押,可先将这些企业的银行贷款打包,然后再分级发行。分级依据的是借款人的信用、行业集中度等因素,级别越低意味着风险越高,比如B级就比A级风险高,当然不同分级的债权或股权也可以单独交易,掌握分级命门的是各家评级机构。企业贷款抵押证券运作概况见图1.19。

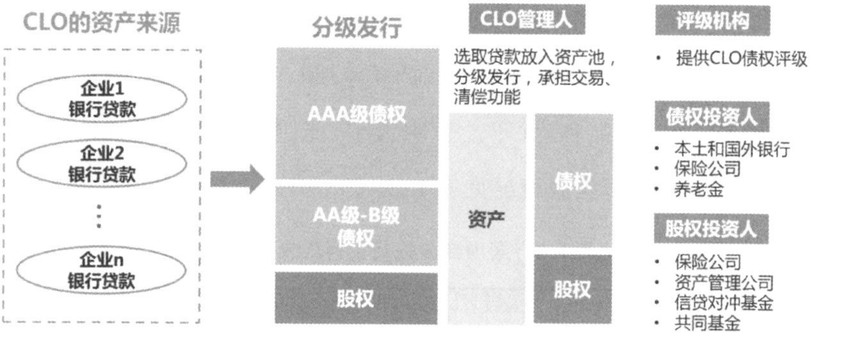

图1.19 CLO交易结构图

在海外,特别是美国商业银行,钟情于轻资产,贷款放出后很快出表,从图1.20可知,美国银行贷款持有比例逐年减少,企业贷款抵押证券已成为主流。

一个企业抵押贷款包会分散在不同的行业,又有抵押物的支撑,相对来说稳定性更强,我们将CLO与耳熟能详的MBS、CDO对比,如图1.21所示。

对运作这类筹码的基金来说,2008年的业绩是试金石,可以查看管理人在金融危机期间的表现,如果跌幅能够接受就可以考虑入手,毕竟像2008年

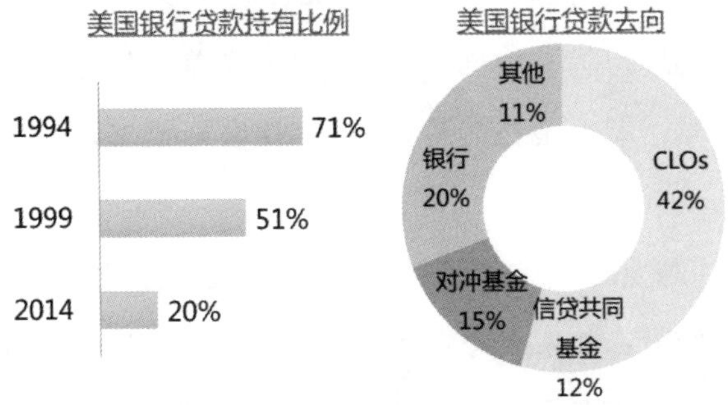

图 1.20　美国银行贷款比例与去向

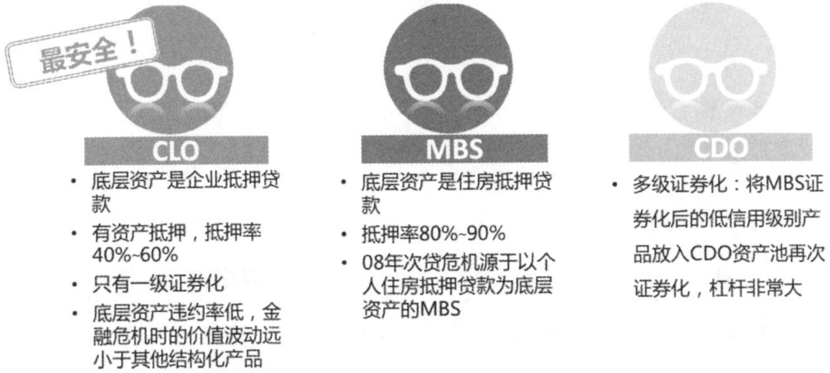

图 1.21　CLO、MBS 与 CDO 的区别

的"海啸"不会光顾得那么频繁。另外，可以查证 CLO 的管理人所交易的资产包过往有没有发生违约，这体现了它的眼光和基本功。

分散和集中的艺术

无论是 REITs、CLO 还是优先股，都体现了"固定收益"与交易收益相结合，这是判断筹码稳定性的思路之一。我们还可以从投资品种的构成来看，比如 FOF，即专门投资于其他证券投资基金的基金，下面以对冲基金的 FOF 为例。

对冲基金是海外理财绕不过去的话题，桥水基金、千禧基金、城堡投资等哪一个不是响当当的"扛把子"？在后面的《戏说对冲基金的江湖技法》一文中提到常见的对冲基金操作策略，不同策略各有侧重，比如做商品市场相对价值策略和做股票量化对冲策略的相关性就比较低。当选取了一篮子市场上顶级的对冲基金后，从不同市场、盈利手段差异化等角度考虑，将它们组合成基金池，这个基金池作为筹码，稳定性会好很多，它也成为海外理财中的一大流派。

在衡量对冲基金时，经常用到三个指标：一是β系数，用于衡量基金对股市大盘变化的敏感性，如果β系数只有0.1，说明与股市相关性比较低，股市跌了10%，也许基金只跌了1%；二是夏普比率，即每承受一单位风险，会产生多少的超额报酬，通常来说，夏普比率超过2就很厉害了；三是最大回撤，即在选定周期内任一历史时点往后推，产品净值走到最低点时的收益率回撤幅度的最大值：如果一只成立三年的基金最大回撤是－10%，也就意味着某个时点最倒霉的客户亏了10%，您要觉得亏损能担得起就可以买。

这类基金在演示时，有时会涉及业绩回溯，具有“欺骗性”。比如成立只有两年的对冲基金，将过去十二年的参数输入模型后，会虚拟出一条收益曲线，这条曲线只有两年是真实的业绩，其他只是电脑虚拟的，并非真实。当您看到一条完美无缺的收益曲线时，别忘了问一句，这是实际业绩还是拼接了回溯业绩呢？

当然，对资金量大的朋友而言，可以自己挑选各类基金组合搭配，也能强化稳定性。

投资市场越来越细分，对专业提出更高的要求，诞生出深耕医疗、TMT（Technology科技、Media媒体、Telecom通信）等不同领域的主题基金，形式以对冲基金较为常见。基金管理人中不仅有投资高手，更重要的是有行业专家，比如某种疫情开始疯狂肆虐，某家上市企业又即将研发出疫苗，某支医疗对冲基金的医学专家判断后，在疫苗研发成功的消息公布前就提早介入，享受股票上涨收益。经验丰富、合作默契的专业领域投资团队是筹码稳定的加分项。

如果您不愿意承担任何风险，香港理财型保险值得考虑，在后面的《蓦然回首，保险封王》一文中有过分析，对于离岸账户有一定美金，有养老需求或子女留学需求的家长而言，它是一朵时间的玫瑰，需要耐心浇灌，但未来预期收益也很可观。

曾经，很多人看到“不要将鸡蛋放进一个篮子”的投资信条直摇头，没办法，如果手里只有一个鸡蛋，怎么放呢？现在不同了，当财富积累到一定阶段，全球配置可能无法回避，一方面，可以获取多个市场的投资机会，毕竟东方不亮西方亮；另一方面，也是通过不同市场、不同盈利模式的组合，降低了整体的风险。海外理财中的不少品种，实际是我们今后财富管理发展的方向，从这个角度来看，现在面对的海外理财，也是未来国内理财的雏形，接触和学习是迟早的事。

房贷三百万应如何理财

友情提示:本文约 2 700 字,需占用您 4 分钟时间,初创于 2017 年 9 月 19 日

关键词:房贷玩法　现金流　保障

最近和几位 IT 行业的朋友聚会,聊得最多的话题是:你贷了多少啊?房价的飞涨大家感同身受,与此对应的是房贷的大幅飙升,正所谓“落霞与孤鹜齐飞 ,秋水共长天一色”。前些年,贷款一百万买房都觉得压力山大,现在没个两三百万的房贷都不好意思和人打招呼,房贷越多意味着实力越强。

当然,居民的债务率也急速上升,2015 年后呈现加速上涨态势,每次看图 1.22 都会感慨:要是 A 股能走出这样的行情该多好!

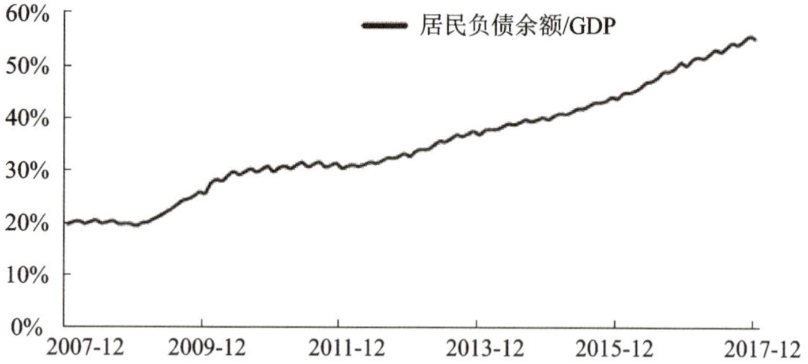

资料来源:Wind,海通证券研究所

图 1.22　居民负债余额/GDP 走势图

细分来看,新增居民中长期贷款大部分都是个人住房贷款,有人说房子是老百姓最大的资产,其实,房子也是最大的负债,多少人一辈子不是给老板打工,而是给房子打工,行将花甲之年,终于可以自豪地说:“我的房贷还清了!”图 1.23 是新增居民中长期贷和新增居民房贷。

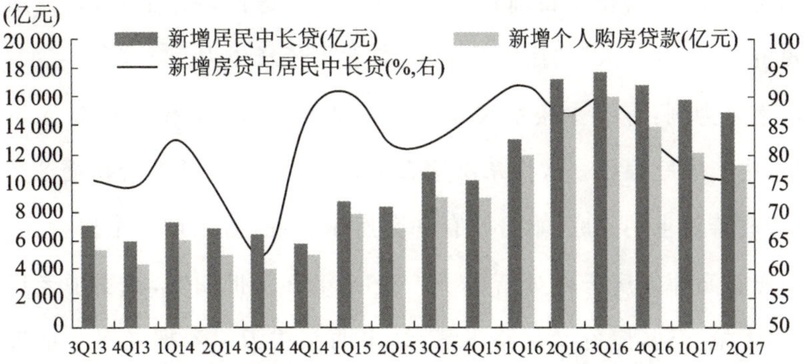

资料来源：wind，海通证券研究所

图 1.23　新增居民中长期贷和新增居民房贷

1. 房贷的玩法

在所有购房者心中，最甜蜜的回忆当属曾经的七折房贷，在当下首套房利率动辄上浮 10%，甚至上浮 30%的映衬下显得更加妩媚。表 1.3 为当年九月银行贷款利率，五年以上商业贷款利率为 4.9%，五年以上公积金贷款利率为 3.25%。

表 1.3　不同贷款类型的利率示例

项　目		年利率/%
短期贷款(一年以内，含一年)		4.35
中长期贷款	1～5 年	4.75
	5 年以上	4.90
个人住房公积金贷款	5 年(含)以下	2.75
	5 年以上	3.25

若是有朋友享受七折之类的优惠，房贷和“送钱”就差不多了，如此低的资金成本衍生出不少套利机会。比如尽力按照最大限度贷款，原本支付房款的资金被释放出来，购买信托计划等理财产品，期限两年以上收益在 7%左右依然可见，按照 4.9%来计算，就有 2.1%的“套利”机会，一百万的话每年赚两万多块钱。很多信托计划是按季度或半年支付利息的，可以缓解投

资者的房贷压力，公积金目前也支持月度还贷，这样运作下来，每月所还房贷占投资者“工资收入”的比例并不高，减轻了还贷压力。

以南京为例：有不少楼盘要求较高的首付比例，甚至有全款支付的案例，普通中产家庭很难一次性拿出这么多钱，于是房屋抵押贷款逐渐受到青睐，对于改善需求的家庭，本身就有一套房子打底，若预期南京房价还会涨，自然不愿意卖掉老房子再买新房子。2015 年有一批朋友，在卖掉老房子之后，新房子抢不到，房价又一路飞涨，结果两头挨刀。若把老房子抵押给银行，贷款出来买新房，既能满足高首付比例的要求，也能享受老房子上涨的收益。当然，这类房屋抵押贷款的利率较高，若是买理财产品来套利，空间并不大；同时，还贷压力蛮大的，加之政策风险，需要好好权衡。

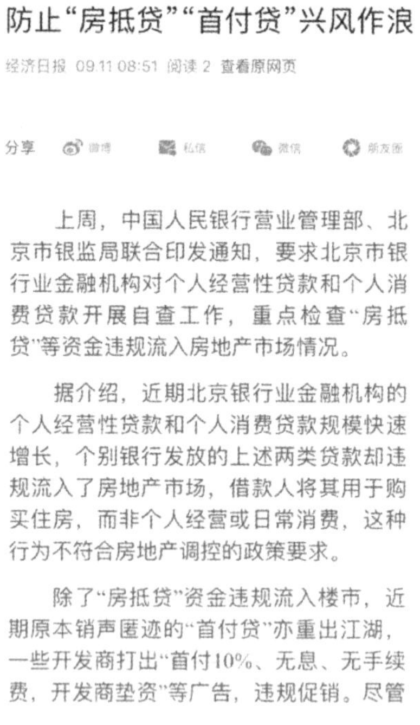
防止“房抵贷”“首付贷”兴风作浪

经济日报 09.11 08:51 阅读 2 查看原网页

分享 微博 私信 微信 朋友圈

上周，中国人民银行营业管理部、北京市银监局联合印发通知，要求北京市银行业金融机构对个人经营性贷款和个人消费贷款开展自查工作，重点检查“房抵贷”等资金违规流入房地产市场情况。

据介绍，近期北京银行业金融机构的个人经营性贷款和个人消费贷款规模快速增长，个别银行发放的上述两类贷款却违规流入了房地产市场，借款人将其用于购买住房，而非个人经营或日常消费，这种行为不符合房地产调控的政策要求。

除了“房抵贷”资金违规流入楼市，近期原本销声匿迹的“首付贷”亦重出江湖，一些开发商打出“首付10%、无息、无手续费，开发商垫资”等广告，违规促销。尽管

图 1.24 “房抵贷”类业务政策风险示例

用低成本的资金套利固然可行，但并不建议把房贷置换出来的资金投资于股市等高风险品种，若是赚了自然很开心，若是赔了，房子怕是也保不住了。即使是固定收益理财也要睁大眼睛分辨，毕竟到期未能顺利兑付的

并不少见。严格意义上来说，这类置换资金套利的行为都是不被监管允许的，本质上是一种加杠杆，意味着高风险。

2. 盯紧现金流

传统印象中，背负高额贷款是生意人才做的事，但是，现在成了城市新移民、新中产必须要面临的事实，特别是在上海、北京购置房产的家庭，五百万贷款太稀松平常了。背负高额房贷的很多人都是城市的新兴力量，同城市“原住民”不同，没有享受房价一路上涨带来的收益。如果说每座城市是一只股票，“原住民”无疑享受的是原始股，在近一年出于刚需而购房的人眼中，自己就像以450块入手贵州茅台股的股民，既有房价上涨带来的兴奋，也有下跌带来的惊恐。

在城市中，最拼命的人往往是新移民、新中产，他们意味着城市的活力，甚至代表城市的未来。如今，他们中不少人背负高额房贷，不少房贷结构是畸形的、脆弱的，比如老公收入很高，老婆做全职太太或收入几千块钱。一般而言，收入高的工作主要集中于销售、高级经理人等，压力很大，出差、熬夜更是家常便饭，若是老公没了，单凭老婆一人的收入很难还上房贷，更悲催的是房子一旦断供就会被银行收走，最后竹篮打水一场空。

比较理想的家庭现金流是夫妻两人都有稳定的收入来源，也有公积金的补充，若有额外收入来源更好，起码不必面对失业带来的惊慌失措，这就是“斜杠青年”如今成为很多人追求的目标。高额房贷之下，要抓住一切能够套利的机会，比如信用卡的免息期，购物消费时尽量选择信用卡支付，发工资时先存入一部分在货币基金实现增值，等还信用卡时再提取支付，从风险角度来看，货币基金违约概率蛮低的，又能随时赎回，而投资者需要付出的只是养成习惯而已。

还有一些低成本资金的获取途径值得关注，比如银行的白领贷，有的银行称为信用贷，对于公务员、事业单位或是知名企业的员工而言，更容易申请，一方面随借随还，非常灵活，另一方面，贷款成本不高，不少在6%左右，缺点是额度不会太高，一般最高三十万或五十万元。对于新购置房产的朋友而言，同时会有买车位、换车之类的需求，可以借助银行的卡分期业务办理，利率也不高，不建议选择车贷等方式，那样贷款成本较高，但卡分期在申请时限制条件比较多，不像车贷要求少，放款那么快。这些低成本资金对于改善家庭的现金流是很有帮助的。

3. 保险保障不容忽视

在微信朋友圈中，时常看到转发的募捐帖，不少是通过轻松筹等平台传播的。生命无常，且行且珍惜，每次看到都很感慨！遗憾的是，随着这类案例的增多，募捐到的金额也越来越少，同时，陷入“骗捐”风波的也不少，如深圳某市民利用女儿白血病博取公众同情，引发轩然大波，大家就更谨慎了。与此同时，大家对保险缺乏正确的认识，前些年保险的野蛮扩张、不恰当的销售方式坑了不少人，正如一朝被蛇咬，十年怕井绳。但是，作为家庭理财规划中的必选项，我们还是应该理性看待，而不是盲目排斥。

对高额房贷的朋友而言，最担心的就是万一人没了，还不完的贷款怎么办；万一得了癌症，失去了工作，还要负担高额医疗费用该怎么办，诸如此类的问题都能通过保险得到妥善的解决。

比如，隔壁老王今年刚贷款三百万买了河西南的房子，老婆在事业单位，朝九晚五，收入大概六七千，但是很轻松；老王是空中飞人、高铁 VIP 客户，不是在出差，就是在出差的路上。考虑到出差比较多，要配置公共交通意外险：建议选择返还型的，比如每年固定缴费，只要交十年，但是保障二十年，如果二十年后人平平安安的，就返还所交的保费，如果二十年内发生交通事故去世了，通常可以得到百万元以上的理赔款。

不建议大家买机票、高铁票自动推送的意外险，一方面是保额较低，有些只有三十万；另一方面，交了钱没有返还，这趟飞机或高铁没出事，下次乘坐飞机或高铁时还得再买，不划算。

考虑到疾病的风险，需要搭配重大疾病险和健康医疗险，重大疾病是确诊即赔付。比如老王买了一百万保额的重大疾病险，后期查出恶性肿瘤，会一次性得到一百万元的理赔金，老王拿着它可以用来看病，更重要的是补偿老王的收入损失，得了重病，就算工作保得住，收入也会少很多。看过一则新闻：某员工查出癌症，公司一看合同快到期了也不续签，他借完亲友的钱，实在没办法了，只能寄希望于募捐，最终只有十几万元，杯水车薪。健康医疗险是报销型的，同样是一百万元的额度，健康医疗险对于部分药物、医疗耗材等产生的费用是可以报销的，一百万元是最高报销额度，若老王花费中有三十万元可以报销，最终会赔付三十万元，而不是一百万元。形象地看，重大疾病险就像带头大哥，您要摊上事了，大哥直接把钱拿去，健康医疗险更像是公司会计，您要拿着单子逐笔报销。

如果隔壁老王想得再周全些，可以选择保险金信托服务，由保险公司和信托公司共同提供。比如购买一份三百万元保额的保险，老王万一去世了，会得到保险公司提供的三百万理赔金，这笔钱不会一次性赔付给家人，避免子女挥霍导致坐吃山空，而是进入到信托公司中，由信托公司根据与老王生前签订的合同按约定期限、约定金额给钱，类似半年给付 15 万元，确保欠银行的房贷不会断供，保险金信托服务就成为避免房贷断供的有力保障。当然，在实际生活中，保险金信托还有很多应用，在此不做赘述。

每一位背负了三百万甚至更高房贷的新中产都值得尊敬，因为他们相信努力就有回报，相信这座城市能够给予相对公平的机会，这正是追逐中国梦的现实版。

说说私募那点事儿

友情提示：本文约 3 900 字，需占用您 5 分钟时间，初创于 2016 年 10 月 28 日

关键词：类型　私募走势

私募，顾名思义，是私下募集资金，大家或多或少都听说过它，但要细问起来私募是啥，反应就姿态万千了，有赞赏有加的，有咬牙切齿的，有一脸茫然的，不一而足。笼统来看，私募就像一只杯子，包含的内容太过庞杂，它可以是一杯水，也可以是一杯可乐，还可以是一杯浓茶，然而很多朋友一看到私募就联想到投资股市，会亏损，殊不知那只是私募众多门派中的一脉，固定收益的私募基金早不鲜见。

太阳底下无新事，私募这事儿一直都有。比如江湖上带头大哥陈浩南，经营赌场很有一套，利润丰厚，然而扩大经营时需要借钱，这时候他不会到街上摆个摊子“求募捐”，那是丐帮兄弟才做的事，浩南哥和山鸡等兄弟商量，在自己的小圈子里问问，看谁愿意投钱，这种非公开募集的方式就是私募。隔壁老王一看，南哥能干又罩得住，赶紧投钱，南哥一想，和隔壁老王也不太熟啊，怎么判定他靠谱呢？要不这样，让老王去银行打个存单，证明自己至少有 300 万的存款，自然就证明实力了，但老王即使有实力要是投个三万、五万的也不好管呐，索性定最低投资门槛为 100 万。东拼西凑，搞了一个亿，南哥看了也犯嘀咕，这么多钱放在身边肯定不安全，找了大旗银行先存着，用钱的时候再转账，隔壁老王们看着也安心，这样南哥就是“洪兴赌场私募基金”的管理人，隔壁老王就是委托人，大旗银行就是托管人。现实中监管规定，100 万为私募基金的起步门槛，开具 300 万的资金证明就是为了认定成合格投资者，只有合格投资者才能买私募，相比投资，这条在相亲时更有用。

有位朋友的爱女待嫁闺中，希望求得帅气“斜杠青年”一枚。他深得老

江湖精髓，在相亲会上寥寥数语，一个人的人品才学就能摸得八九不离十，无奈家底是否丰厚着实把不准，看装扮吧，假货太多，一身BOSS在淘宝上也花不了几个钱；看座驾吧，租车、借车也说不准。当然这没那么费劲，只要在聊天时不经意地问："最近你买过阳光私募么？"表示肯定的多半家底不薄，要是对方滔滔不绝，谈完私募谈资产配置，那八成是犯了职业病的理财顾问，记得倒杯水别让他说得太兴奋渴着了。

经常有人问，啥私募才是"好私募"，谈收益是最直接的办法，但也是最无效的。一方面收益来自于过往业绩，代表过去市场环境下私募的赚钱能力，无法赢定未来，另一方面收益具有迷惑性，绵里藏刀。有段时间在鼓楼、新街口一带看到不少举着"被骗"的牌子游走示威的群众，他们往往是"谈收益"的猎物。当然，我们并非对收益熟视无睹，比起那一串亮眼的数字，我们更关心收益的成因：到底是市场的力量，还是自身的能力。

疯狂的牛市犹在昨日，从兴起到幻灭，为我们提供了丰富的素材。

1. 亢龙有悔，回忆最美

图1.25的曲线是私募基金净值和沪深300净值，在2015年初，犹如飞龙在天，划出一道漂亮的直线，随后股灾来临，它以清盘告终，如果单看收益

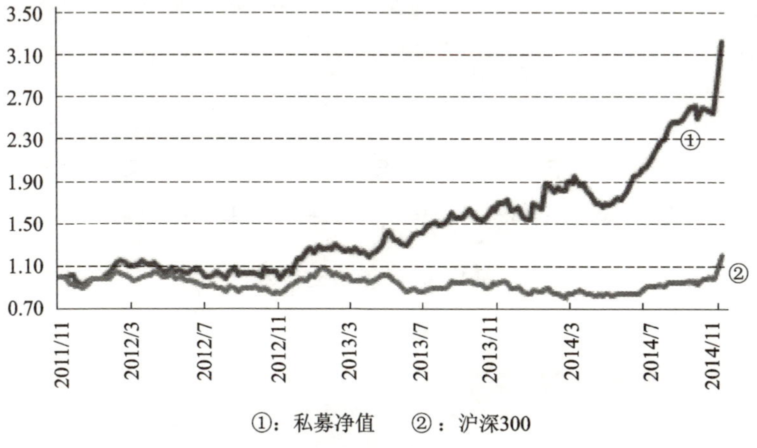

图1.25　私募A走势图

曲线，它是很多人梦寐以求的。当探讨业绩归因时发现，私募风格以重仓选股为主，持股集中，这才有了飞龙在天的完美直线，一旦发生极端风险，特别是在股灾期间跌停板的情况下，集中持股无法正常抛售，只能被动挨刀。为了自救，新募集来的资金迅速投入，希望抄在跌停板上，等到反弹时净值修复更快，然而，一个又一个跌停彻底击碎了希望，踩踏成为现实。

2. 独孤求败，未能战死沙场是为憾

图 1.26 是 2015 年 1 月到 10 月的私募净值图。牛市开始的升浪迷人，更为老辣的是，2015 年股灾模式开启后，这家私募竟然成功躲避，净值维持振荡向上，如此封神之作令人叹服，净值走势如同一件完美的艺术品，令人眼前一亮，毫无瑕疵。遗憾的是，因涉嫌操纵证券市场、内幕交易等，它的操盘手在回乡探亲的路上被抓，结束了传奇的投资生涯。俗话说，反常必有妖，太过美好反而值得警惕。

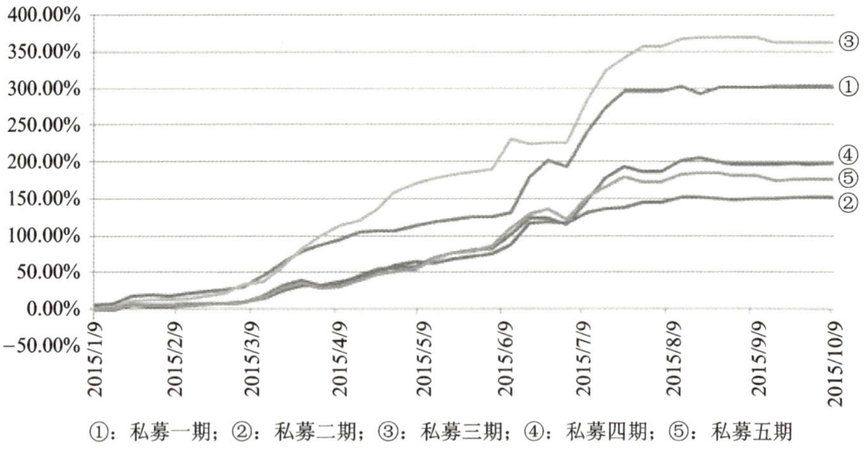

图 1.26　私募 B 走势图

3. 是该咒骂，还是叹服

从 2011 年 11 月到 2016 年 5 月，图 1.27 的这只私募保持着震荡向上的态势，如果仔细查看，在 2015 年 4 月左右，私募净值出现明显下滑，但同期沪

深300是直线冲顶的态势，这是为什么呢？很多人在问、在咒骂，是私募选的股票不行么？并非如此，那时的股票几乎都在上涨，要找到跌得很惨的股票也不容易。答案是私募管理人预感大盘会剧烈调整，从而选择做空了股指期货，但他低估了人性的疯狂，此后大盘一路飙升，私募管理人及时调整策略，没有再大举做空，当大盘出现大幅下跌时，前期布局的做空工具发挥了效率，维持了净值的平稳。当然，2015年年底的反弹它并没有继续做多，而是依然看空，错失了一波上涨机会，次年元旦熔断后，抓住了当时的反弹，净值得到修复。回顾股灾以来的操作，能在市场发生巨变前预判并坚定做空是难能可贵的，能守住大部分胜利果实，很令人佩服。这就像一枚硬币的两面，若赞赏股灾前的做空，就不必追问为何大盘反弹时没参与，很显然，在这家私募管理人的眼中，风险比收益更重要。

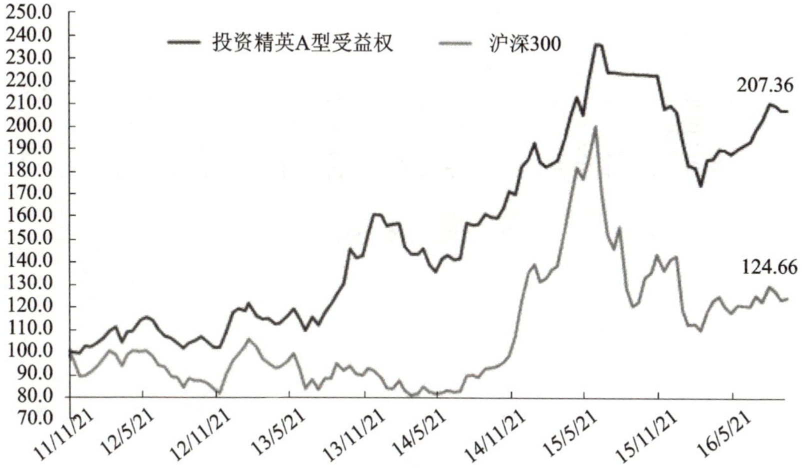

图1.27　私募C走势图

4. 尽人事，听天命

图1.28的私募曲线很有趣，在股灾发生后，当曲线①的沪深300大幅下跌时，它的净值维持平稳，有小幅波动，并无明显上涨或下跌，原因在于这是一家对冲基金，它获利的手段并非买卖股票，而是依靠买股票现货的同时做空股指期货，与股市涨跌的相关性并不高。很多朋友会问，为何私募净值没

有上涨呢？在股灾最慌乱的时刻，所有人都期望有“替罪羊”出现，股指期货、高频交易等被大肆鞭挞，中金所随后将股指期货的“单个产品、单日开仓交易量超过 10 手”定义为异常交易，加剧了贴水。对规模较大的对冲基金，10 手限制难以满足正常的交易需求，又面临贴水窘境，纵使一腔热血，可惜无力回天，只能轻仓应对，等待市场恢复。

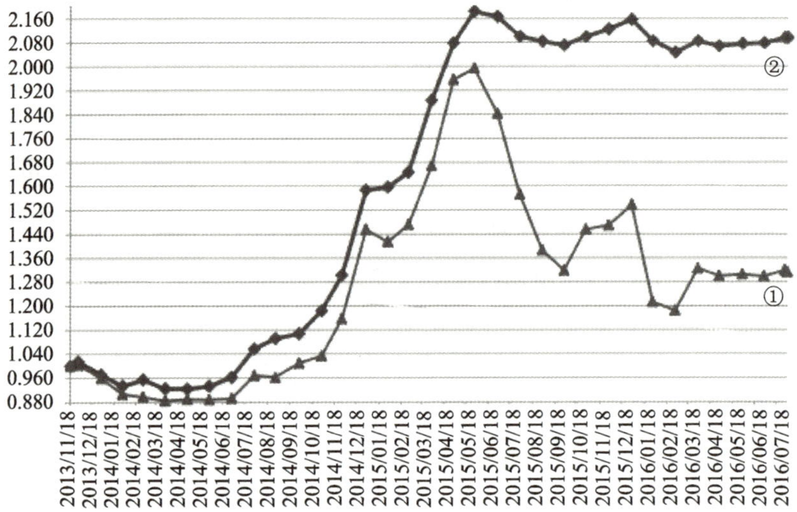

图 1.28　私募 D 走势图

5. 技多不压身

图 1.29 的曲线①是 2013 年 2 月到 2016 年 8 月的私募净值表现，曲线②是沪深 300 指数，净值走势并非气势如虹，但相对平稳，很多朋友会觉得股票型私募不可能波动这么小。的确，这也是一家对冲基金，但它的策略不仅包括股票，还包括商品期货等，所以股指期货带来的麻烦并未影响太大，通过商品期货、ETF 套利等手段也获得了不错的成绩。

对很多朋友来说，一条条曲线很稀松平常，但曲线背后的杀伐决断、惊心动魄，只有身在其中才能体会，当我们理解了市场的无情、政策的凶狠、私募的努力之后，才能感觉到一串串数字的丰满。

私募的管理人都经历过市场起伏涨落的“洗礼”，并非等闲之辈，但指望

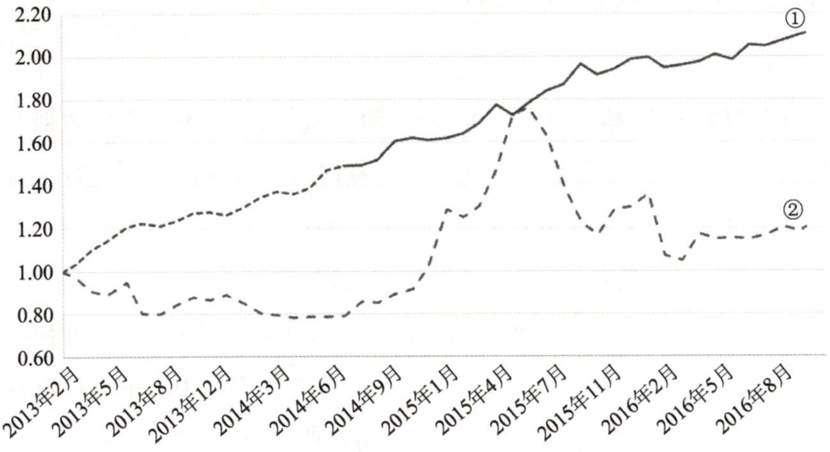

图 1.29　私募 E 走势图

他们次次抄在底部、顺利逃顶实属强人所难。选择私募理想的方式，是找到与自己投资理念相近，对市场看法类似的管理人，将私募作为自我投资的延伸，私募正如小汽车，会让我们的行程更加安稳，但是开往东北看雪，还是开到厦门看海，是由我们来提前决定的。

下面是很多朋友关心的话题：

私募的封闭期

不少私募有封闭期，也就是在封闭期内有赎回限制，有六个月的，有一年的，期限多样。在封闭期内要么不允许赎回，要么可以赎回但要交一笔赎回费。封闭期期限越长，资金流动性越差，相比一年，六个月封闭期更有优势，然而，凡事都有双刃剑，2015 年的股灾中，不少封闭期短的私募都吃亏了，在市场恐慌情绪的弥漫下，人人都想着快些出逃；若是私募仓位较高，私募手中没有足够现金应对投资者赎回，无奈只能将看好的股票以地板价卖掉，私募净值越低，越有人赎回，形成恶性循环。若是封闭期较长，私募管理人在储备部分现金后，通过优化持票结构，完全可以应对，即使跌幅凶险，抓住反弹机会的话表现也不会差。对于那些有长期机构投资者的私募而言，应对散户的抛售则从容得多，说不定自己公司还会在低点追加一笔钱，日后上涨产生的收益将成为公司的福利。

私募的对比

现在网络发达，私募净值毫不神秘，随手就能查到，不少投资者据此做出投资决策，其实是错误的。同种类型私募的对比要在同一个发行平台上才有意义，比如私募 A 是专户的业绩，私募 B 是发行产品的业绩，两者相比让人一头雾水。一般专户都有个性化要求，像某些国企的财务公司专户，要求每年收益在 6%以上就行，但最大回撤不能超过 2%，私募管理人在操作时就会谨慎得多；若私募管理人在产品发行前，签订的合同中要求年化收益在 8%以上，私募管理人才能获得超出 8%部分的收益分成，因为没有最大回撤的要求，私募管理人在操作时自然会激进些。私募并非自由自在，也是带着镣铐在跳舞，只有在同款“镣铐”的束缚下，演绎出的舞姿才有优劣之分。

买了就置之不理?

找到了与自己投资理念相近的私募，是不是买了就不用管了呢? 并非如此，私募持有后，重点关注三个方面：一是私募有没有发生风格漂移。比如以前号称只买价值股的私募，突然买了很多创业板，这就是明显的风格漂移，正如喜欢养生的大爷突然爱上了汉堡。如果风格漂移发生了，先要掂量新的投资风格认不认同，其次要密切关注净值表现是否与新的风格相匹配。二是私募的持续盈利能力有没有丧失。私募门派众多，仰赖生存的技能也各不相同，市场、政策等方面的变化都会有影响，发生风险后，了解私募是如何看待风险的，准备如何应对，再跟踪应对方式是否有效。三是关注私募的买卖点。比如在去年股灾发生后，不少老牌私募损伤惨重，这时的选择并非赎回，而是追加，在反弹时，才会更快地让净值得以修复，对于那些活得够久又有长期机构资金“加持”的私募而言，有计划的追加是不二选择。

杠杆上的私募

现在贷款非常便利，用贷款来投资就成为了致富途径之一。严格来说，很多贷款资金投向权益类产品是不允许的，但在实际操作中却有很多人这样做，就算私募波动再小，杠杆上的私募依然不建议做，珍爱生命，远离杠杆。曾经优先劣后结构的私募风靡一时，这类私募可以粗略地理解为优先拿的是固定收益，劣后拿的是浮动收益，有亏损，但赚起来也不少，参与劣后实际上也是一种杠杆私募，理论上，通过设置预警平仓线，可以保障优先级的固定收益，劣后也不会亏损太多，但去年股灾的连环跌停板，让这类结构型私募净值瞬间跌破平仓线，根本来不及平仓，劣后亏光的、优先亏损的也不少。当然，对不少成熟投资者而言，用杠杆参与私募是发财之道，赢得起输得起，自然无碍。

抬轿子的私募

由于私募管理人会同时管理多只产品，在客观上就提供了机会，不良私募管理人会选择一只打榜的王牌基金，用其他基金的钱去抬王牌基金。比如将王牌基金的股票在高点卖给其他基金，王牌基金往往是定向发售的，一般投资人买不到，买到的都是用来抬轿子的产品，有苦说不出。一方面，可以关注这支私募同类策略的产品在不同平台的表现，差异不要太大；另一方面，选择大的私募发售平台，在引入私募时，大的平台会做详细的背景调查，还会要求私募试运行半年，对不良私募来说跑到这类平台行骗的成本太高。

大河有水，小河满

私募获利的手段有很多种，寄宿的市场也千差万别。比如最近打新不错，“对冲＋打新”策略的私募基金冒出来不少，再比如可转债、定增等，他们就像兵器谱里的独门暗器，用得好就功效显著。特别是有赖于时机和市场容量的，时机可以理解为“大河有水小河满”，比如可转债最好在股市向上的环境中，市场容量看看打新中签概率、定增拿票折扣就能明白，羊肠小道上挤满了人，就算是抄了近路，速度也快不起来。

私募的事儿太多，一言难尽。以平常心来看，就不会盲从、不会恼怒、不会茫然，将不同投资风格、不同获利手段、不同市场领域的私募结合起来，作为资产配置的组合品种，使其发挥应有的功能。当市场上的投资者纷纷犹豫不决、谨慎看待时，反而是布局私募不错的时机。

第二章　金融投资工具箱

投资必知"小武不可能三角"

友情提示：本文约 3 500 字，需占用您 4 分钟时间，初创于 2017 年 10 月 27 日

关键词：不可能三角　规模　收益　最大回撤

隔壁老王经常感慨理财产品眼花缭乱，应接不暇。有保本的、浮动的、保本浮动的；有股权的、债权的、挂钩指数的；有股票的、外汇的、商品的、债券的……人们往往手里有一笔钱，看着房市忐忑不安，不敢再炒，只好买理财，结果挑花了眼，十几份产品资料看到吐血，查百度只能看到名词解释，问理财经理又怕被忽悠。

俗话说货比三家，要不多问几家看看呢？当您拨通电话，烦恼也接踵而至，揣着人民币的"中产"就像掉进了理财机构的鲨鱼池，各类讲座、沙龙、报告会连轴转，似乎学到很多，又似乎什么也没学到。看着手里的一只"鸡蛋"，看看面前的十几只篮子，再看看一群理财经理殷切而渴望的眼神，一声叹息！毕竟隔行如隔山，花心思看透每一款理财并不容易，掌握一些套路反而事半功倍，本文提到的"小武不可能三角"，即是其中一种。

1. 吐血的外贸老板

过去两个月，很多外贸老板经历了"汇率"过山车，账面亏损几十万、上百万的并不少见。去年，我们经历了人民币兑美元汇率的持续贬值，即使收到了国外客户的美金汇款，外贸企业主也倾向于持有美金，并不急于兑换人

民币，汇率收益也很可观，甚至形成了思维定势。2017 年，我们开始经历人民币兑美元汇率的持续升值，稍显恐怖的是，升值呈现急速拉升态势，如果没有提前锁定汇率，只能眼看着财富缩水。从图 2.1 的美元-人民币即期汇率走势图中，可以清晰地看到最后那根长长的下影线，汇率市场的惨烈由此可见一斑。

图 2.1　美元-人民币即期汇率走势图(月 K)

当时，市场的恐慌让每位持有美金的老板如坐针毡，图 2.2 是以日 K 线演示的美元-人民币即期汇率走势图，一路下跌到 6.434 5 元，大家一看美元这么烂，赶紧换走，人民币升值预期被反复强化，外汇市场的人民币空头被

图 2.2　美元-人民币即期汇率走势图(日 K)

吊打,如果没有政策干预,跌到多少都不奇怪。很快,央行发布公告:自 9 月 11 日起,外汇风险准备金率从 20% 调整为 0,表明态度给人民币升值降温。此后,市场心领神会,人民币重新开启贬值模式。

在人民币升值势如破竹的时候,曾有朋友问如何看待人民币汇率,还会继续升值么?答案是等政策,对政策的信心之一来自于"蒙代尔不可能三角"(见图 2.3):在开放经济的条件下,国家货币政策的独立性、固定汇率和资本的自由流动不可能同时实现,最多只能同时满足两个目标,放弃另外一个目标来实现调控目的。

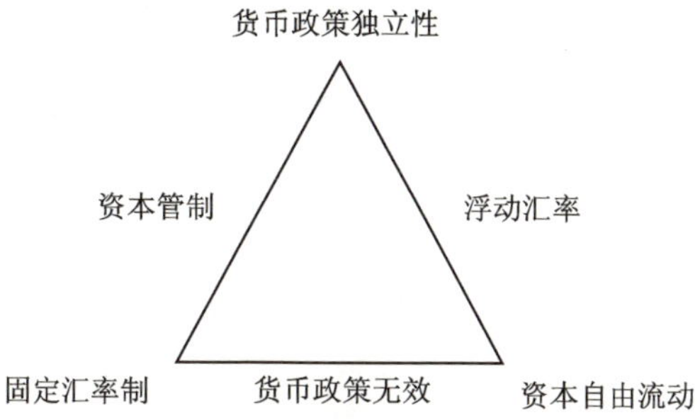

图 2.3　蒙代尔不可能三角

经历九月的汇率过山车,大家猛然意识到,央行多次喊话并非空穴来风:人民币对美元汇率有望在保持总体稳定的基础上扩大双向波动,增强汇率弹性。"保持总体稳定"意味着央行的绝对自信,汇率这只"孙猴子"逃不出"佛祖"的手掌心;"扩大双向波动"预示着无论是极力唱衰人民币,还是赌人民币大幅升值都可以洗洗睡了,就是让您猜不着;"增强汇率弹性",从过往来看,无论升值或贬值,年内幅度超过 6% 往往会引发调控政策的出台,未来波动幅度可能会到 7%,甚至更高。对于大额贸易而言,提早锁汇、按时结汇会被采纳的越来越多。

2. 为什么有些基金会封闭

隔壁老王费了九牛二虎之力,好不容易选中一款私募基金,等资金到位,却被告知基金封闭了,所有客户都买不了了,老王差点气晕。以前老王觉得“有钱就是爷，我掏钱买是看得起你，哪有不让我买的道理。”您还别说，这道理真可以有。

答案在于“小武不可能三角（见图 2.4）”：一家基金的规模大、投资收益高和最大回撤低，三者不可能同时兼得，最多实现两个目标。当然，这三条并没有固定的判断标准，往往是相对的概念。其中，最大回撤可以理解为最大亏损，比如某基金在股灾期间最大回撤是 30%，意味亏得最多的投资人损失了 30%，当然，这只是账面亏损，投资人可以继续持有，等到基金赚钱了再赎回。最大回撤考验的是投资人的心态，就和炒股一样，往往散户割肉都是在底部，当卖完了股票，发现股票暴涨：一把辛酸泪，空对长江水。

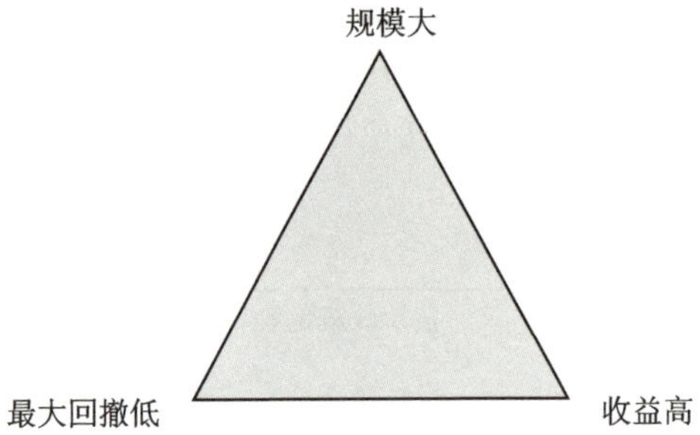

图 2.4　小武不可能三角

规模大 & 最大回撤低：典型代表是当年横空出世的余额宝货币基金，其规模不大又赶上“资金紧缺”的好时候，收益 6%以上让人记忆犹新。截至今年（2017 年）6 月 30 日，余额宝的期末净资产达到 1.43 万亿元，成为全球最大的货币市场基金，近一年收益降低在 2%到 4%左右（由于货币基金的收益是每天变化的，通常以最近 7 天的年化收益率的平均值作为衡量标准，即 7 日年化收益率，见图 2.5）。

收益高 & 规模大：不同的基金有不同的交易品种，有做股票的、有做债券的，说起大富大贵，做商品期货的绝对排得上。由于采取保证金交易，轻松十倍杠杆，比如价值 100 万的合约，只要交 10 万保证金就能买，不需要立马交 100 万，在瞬息万变的市场中搏杀，正应了那句“富贵险中求”。今年九月，商品期货市场的橡胶出现逆天行情，连续暴跌击穿很多人的心理防线，

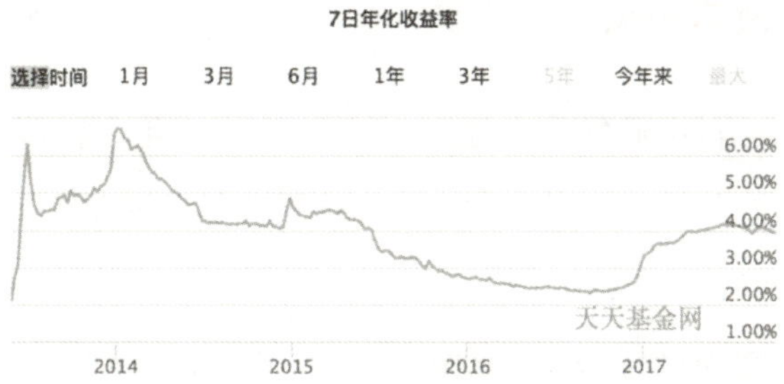

图 2.5　余额宝 7 日年化收益率

有一位老期货人十天亏完一个亿，跳楼自杀了。

商品期货策略是不少对冲基金的标配之一，但是它对规模比较敏感，不少对冲基金管理人会直接告诉客户，其商品期货策略容量有多少，如果超过可能会承担大幅亏损的风险。如果您看到一只商品期货基金展示出非常可观的回报，一定要追问它的规模有多大，有些不良基金管理人会拿两千万规模跑出的亮丽数据吸引投资人的资金。事实上，在未改变其他因素的情况下，若规模快速扩充到两亿，高收益难以为继，大幅回撤几乎是必然发生的。

收益高 & 最大回撤低：随着市场、监管等因素的变化，衡量大小、高低的标准并非一成不变。曾经风靡国内的股票对冲基金，之前年化收益 30%以上、最大回撤控制在 10%以内的有不少，相较国外，规模也不大，还是有很大发展空间的。然而，随着 2015 年股灾的到来，股指期货被视为洪水猛兽，监管出台一系列措施加以限制，加之市场贴水等不利因素，导致股票对冲策略很难操作，之前合适的规模在此之后显得过大了，操作力不从心，努力控制回撤的情况下，收益大幅降低，风光难在。将高收益和低回撤发挥到极致的当属“大奖章”基金，其由华尔街“量化投资之王”西蒙斯创办，依靠高频交易、量化模型等手段，自 1988 年成立以来取得每年 34%以上的回报，遗憾的是，1993 年规模达到 2.7 亿美元时就限制客户认购了。现实中，有不少基金会以提高认购门槛的方式来控制规模，比如王亚伟、徐翔等枭雄，没有一千万都免谈，看似傲慢的背后，是无法逃脱“小武不可能三角”的无奈。

3. 臣妾做不到啊

什么是您心目中最好的理财产品呢？老王曰：第一高收益，跑赢通货膨胀，收益越高越好；第二流动性高，想用钱的时候随时取出来；第三低波动，稳步增长，不要有什么亏损。这三条同时满足就是最好的理财产品。

非常遗憾地和老王说：臣妾做不到啊！因为这是“小小武不可能三角（见图 2.6）”，最多只能满足其中两个，三者无法兼得。

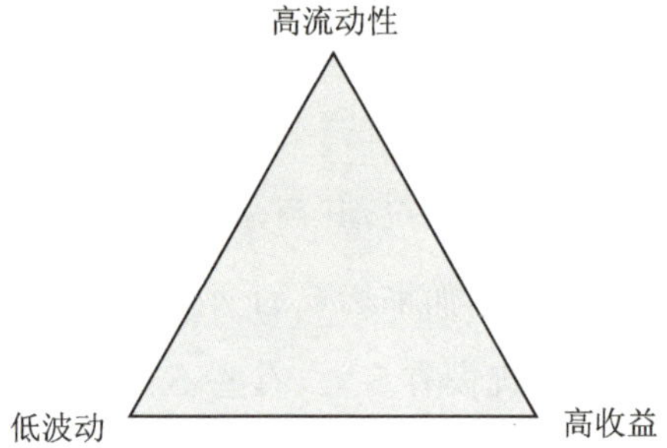

图 2.6　小小武不可能三角

高收益 & 低波动：当您选购一款基金时，大多会设置封闭期，有的规定封闭期为一年，在一年之内基金是不可以赎回的。也有的会按照封闭期限设置不同的赎回费率，比如半年内赎回需支付 3％的赎回费，在 6 个月到一年之间赎回需支付 1.5％的赎回费，以此来降低人们的赎回意愿。设置封闭期当然就牺牲了流动性，有些朋友会觉得不爽：我买的产品，想赎回就赎回，凭什么封闭呢？其实这是一连串血淋淋教训得来的。回到 2015 年的股灾，有一批基金死得很惨，共性之一是封闭期比较短，有些只有三个月，千股跌停反复上演击穿了很多人的心理防线，纷纷选择赎回基金，加上基金持仓很重，基金管理人预留的现金不多，无法应对客户的赎回，只能被迫卖出股票换回现金，再支付给客户。这相当于割肉在地板上，越跌越赎，越赎越跌，形成恶性循环，即使后期市场反弹也无力再战，无奈之下选择清盘。封闭期久的基金反而长舒一口气，等大多数客户可以选择赎回了，也规避了市场最恐慌的时刻。

耶鲁大学捐赠基金曾经以50%的债券和50%的美股股票来配置资产，结果差强人意，大卫·斯文森上任后，实现多元化配置，尤其偏好流动性低的资产，实现20年平均收益达36%的傲人成绩(见图2.7)。其中，私募股权投资(即PE)是主要的利润来源，当然国外PE的期限更久，不少在十年以上，可以充分享受企业成长的红利。

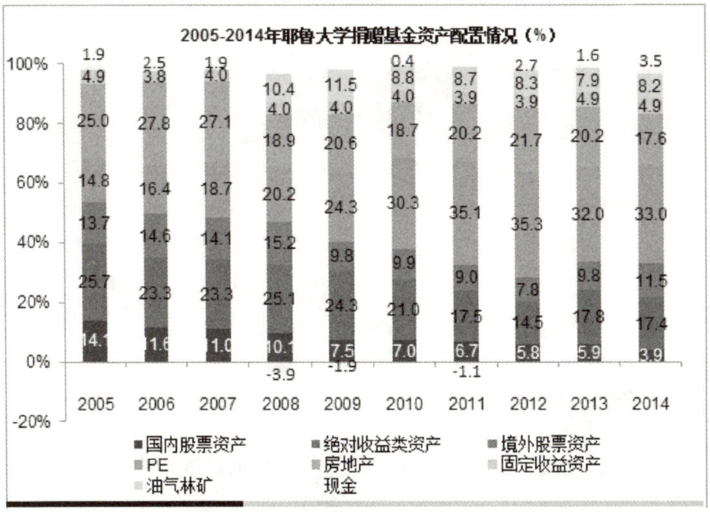

来源：清科研究中心根据公开信息整理2015.05

图2.7　2005—2014年耶鲁大学捐赠基金资产配置概览

高收益&高流动性：谈起高收益、高流动性，股市是绕不开的话题，我们A股有每日10%的涨跌停限制，不少朋友感觉不过瘾，下面来膜拜大神美股。图2.8所示的这只股票在2016年6月6日当天暴涨549.16%，一天五倍的战绩能把很多A股股神秒成渣，当时这家做数据分析的公司宣布并购成功，会开发一款APP，能在地图上实时表现犯罪行为数据，这玩意有多大用呢？不管您信不信，市场一听就涨疯了。

HELIOS & MATHESON INFORMATIO(NASDAQ:HMNY)

持仓　+加关注

$7.22 +6.11 (+549.16%)　　06-06 16:00:06 (美东时间)

盘后交易 $7.12 -0.01(-1.39%)

图2.8　股价示例

波动越大自然收益越丰厚，涨起来欢呼雀跃，跌起来惨绝人寰，港股同样没有涨跌停限制，今年6月27日就上演了一幕仙股闪崩潮。汉华专业服务这只股票两天跌了95.67%，假如老王买了一百万，26号出门玩三天，29号回来就剩五万不到了。回头想想A股，抱着传宗接代的心态炒，反倒成了老王心中尚未崩溃的地方。两天累计跌幅超过80%的股票及市值蒸发情况，见图2.9。

证券简称	6月26日总市值（亿港元）	6月28日总市值（亿港元）	两个交易日市值蒸发（亿港元）	6月27日、6月28日两天累计涨跌幅（%）
汉华专业服务	47.12	2.04	45.08	-95.67
中国集成控股	210	12.75	197.25	-93.93
联旺集团	124.55	11.11	113.44	-91.08
汇隆控股	21.19	2.43	18.77	-88.55
隽泰控股	10.43	1.58	8.85	-84.82
上谕集团	18.35	2.98	15.37	-83.77
美捷汇控股	24.24	4.03	20.21	-83.37

图2.9　两天累积跌幅超过80%的股票示例

高流动性&低波动：对个人投资者来说，高流动性和低波动体现到极致的是活期存款，随存随取，全凭心情，当然收益也不忍直视（见表2.1）。曾遇到过一个土豪，大堆的现金放保险柜，稍有条件的还会换美钞等外币，搞得家里跟小金库似的。这类配置在黑天鹅降临时很有效：之前俄罗斯卢布崩盘，家里有美金的人自然气定神闲；2008年美国金融危机，大家拼了命地卖股票、卖衍生品之类的行为，就是为了获得宝贵的现金。

经常听朋友抱怨，感觉定期存款、信托计划等固定收益理财真没什么用，连M2都跑不赢，买了没意思，恨不得都买了有“内幕消息”的股票，那来钱多快呀！看了“小武&小小武不可能三角”，相信您一定有体会，没有哪种理财品种是十全十美的，看到优势的同时，一定要明白缺陷，反之亦然。对于固定收益理财而言，真正的魅力在于复利，随着时间的积累，复利带来的收益非常可观。有这类投资打底，做其他理财方能心里不慌，之前做期货跳楼的前辈可能忽视了这一点，没留青山，哪来柴烧，更遑论东山再起。当然，它的收益不重要，安全第一位，收益再高结果本没了，竹篮打水一场空。e租宝刚宣判不久，投资者等了这么多年估计连本金的30%都拿不回来，情何以堪？

希望诸君顺时财源广进，逆时安然度过，对酒当歌，幸甚至哉！

表2.1　银行利率示例

	调整后利率(%)
一、城乡居民和单位存款	
(一) 活期存款	0.35
(二) 整存整取定期存款	
三个月	1.10
半年	1.30
一年	1.50
二年	2.10
三年	2.75
二、各项贷款	
一年以内(含一年)	4.35
一至五年(含五年)	4.75
五年以上	4.90
三、个人住房公积金贷款	
五年以下(含五年)	2.75
五年以上	3.25

不同性格色彩的人如何理财

友情提示:本文约 3 000 字,需占用您 3 分钟时间,初创于 2017 年 11 月 5 日

关键词:性格色彩　匹配

俗话说:你不理财,财不理你。然而,不少朋友发现辛辛苦苦地理财,结果却越理越糟糕,还不如不理,其中影响因素有很多,性格便是其中之一。面对同一款理财品种,不同性格有着不同的看法、不同的反应、不同的操作,当然结果也不尽相同。理财的盲区之一在于,我们往往花光心思了解具体的产品,却对自我缺乏了解,导致双方脱节、不匹配,轻则产生误解,重则发生亏损,达不到预期效果。

性格分类的方法有很多,比如希波克拉底的体液理论、九型人格、传统八字、属相说、血型说、星座说等,在我看来,乐嘉老师的性格色彩更为通俗易懂。我们按照“感性/理性”和“外向/内向”两个维度,将性格分为四种,如图 2.10 所示,分别以红色、黄色、蓝色、绿色来代表。不同的性格色彩,看待事物的角度不同,容易掉入的陷阱不同,关注的理财也不一样。

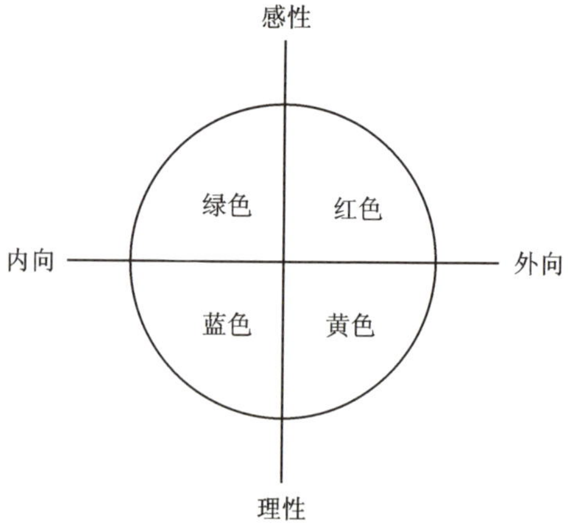

图 2.10　性格色彩象限图

1. 红色性格

人群画像：天生乐天派，广交朋友，充满着正能量，珍视荣誉，为了梦想而战，哪怕梦想有点不切实际。优点是永不放弃希望，缺点是容易被情绪裹挟，忘了初心。

代表人物：《三国演义》的刘备

理财口头禅：这产品管理人蛮靠谱的，我看好！我支持！

提防陷阱：梦想窒息派。如某著名上市公司，喜欢用华丽的 PPT 贩卖梦想，每次发布会总能引起世人惊叹，让您感觉如果不投钱买单，这辈子算白活了，商业前景无限美好，更重要的是创始人的情怀令人潸然泪下，英雄总是惺惺相惜，有钱出钱，有力出力。若谈到抵押、担保、风控之类的，无所谓，who cares？红色性格的人更喜欢为梦想一掷千金，当然也更容易被梦想束缚，窒息阵亡。

关注理财：私募基金，红色性格积极乐观的心态很适合投资 A 股，容易追涨，但不轻易杀跌，也容易接受逢低抄底的建议。A 股的涨跌停板、国家队救市等一系列因素，让其残酷但并不冷酷。港股、美股之类才叫酸爽，涨起来没有天花板，跌起来也毫无底线，俗话说幸福源于比较，如图 2.11 所示的几只股票，一天最多下跌近 95%，这样的市场越乐观死得越快。2015 年 A 股股灾历历在目，看着大盘跌去一半投资客心如刀割，但抱着传宗接代的心态继续坚守的，浮亏变浮盈的也有不少。不过作为散户，毕竟有不少劣势，如信息不对称、资金有限、获利手段单一（只能依靠股票上涨）等，如果坚守了那只著名的、“为梦想窒息”的股票，一时半会钱包该“窒息”了。私募基金作为专业的机构投资者，优势越来越明显，如信息面广、获利手段多元，国内不少知名私募得到了国外主权基金、大学基金会、财务公司等专业机构的青睐，跟着这些“聪明的钱”跑是不错的选择。

建议：红色性格的朋友在做投资时容易率性而为，建议通过表格的形式先归纳整理现有的投资方案，图 2.12 仅为示例，实际操作中，会稍微复杂点。

代码	名称	现价	涨跌	涨跌幅	成交量
8193	汉华专业服务	0.05	-0.92	-94.64%	11.90亿
1389	美捷汇控股	0.10	-0.91	-90.00%	3.39亿
0736	中国置业投资	0.019	-0.081	-81.00%	3.66亿
1027	中国集成控股	0.051	-0.229	-81.79%	1151万
0243	QPL INT'L	0.18	-0.48	-73.48%	3143万
0802	中国钱包	0.17	-0.38	-69.09%	1826万
0205	财讯传媒	0.026	-0.069	-72.63%	2774万
8021	汇隆控股	0.059	-0.107	-64.46%	2205万
0630	隽泰控股	0.20	-0.36	-64.46%	652万
0745	中国国家文化产业	0.011	-0.018	-62.07%	1.45亿
1633	上谕集团	1.45	-1.23	-45.90%	39.00万

图 2.11 暴跌股票示例

这样的好处在于：一，避免不必要的重复投资，分散风险；二，不忘初心，某些投资决策的出发点并非单纯的收益，或出于风险，或出于保值，初心不同，最终衡量的标准不同；三，将感性的认识理性地记录下来，如果某项投资计划书看了半天全是鼓吹概念，当您落笔记录的那一瞬间，自己也会觉得荒唐。

功能	具体方案	周期	收益	风控措施
保值	##信托计划	1年	7%季度付息	￥%￥担保&风控等
	##信托计划	2年	8%季度付息	￥%￥担保&风控等
增值	##私募基金	2年	目标10%以上	准备额外资金以便抄底
	##私募基金	3年	目标15%以上	准备额外资金以便抄底
分散家庭风险	##寿险计划	缴费20年	50万重疾等	理赔款能覆盖一年收入
	##医疗险	一年一交	300万上限医疗费用	覆盖大病治疗

图 2.12 理财方案示例

2. 黄色性格

人群画像：极强的目标感，注重效率，节奏很快，往往是团队的领头羊，希望获得认同，渴望受人尊重。优点是知道自己想要什么，缺点是不关注逻辑，不愿认错。

代表人物：《三国演义》的曹操

理财口头禅：这理财一年收益多少啊？保不保本？

提防陷阱：保证收益派。如e租宝等财富公司，收益极其明确，有的一年14%，如果客户需要，有的还能签订一份保证合同，合同中明确注明“保本保息”“利息14%”等字样，如果达不到，公司或某位负责人会继续承担偿还责任，类似无限兜底。黄色性格的人关注目标，看到“保本保息”和“收益14%”就愿意下手，并不关注“保本保息”违背监管要求，也不关注理财产品的风控措施。e租宝全国涉案百万人，席卷七百亿，受害者中不乏企业主、公司高管等，黄色性格的弱点是无法回避的。

关注理财：保险，曾有朋友反馈，认为分红型保险是“骗人”的，收益也不高，看不出有什么用。其实不然，任何一款理财产品，不光是被金融机构设计出来，还要通过监管的报备后发售，都有着明确的用途，面向特定的人群。黄色性格的人敢打敢冲，抓住机会就很容易出成绩，在企业主中占比较高，“孤注一掷”带来的并非超额收益，还有超常风险。随着年龄的增长、精力的衰退、行业风口的转移，若再失败了，很难东山再起，“败不起”是很多人的真实写照。此时，需要通过分红型保险将一部分胜利果实储存起来，与风险投资隔离，与公司财产隔离，收益不重要，重要的是“留得青山在”。相比其他性格，黄色性格的人更拼命，往往也是家庭主要的经济来源，承担着房贷、孩子教育、一家老小的生活开支，重大疾病保险必须要有，万一病倒了，家庭收入不至于一下子中断。

建议：黄色性格多关注收益达成的路径，比如某项理财计划声明收益有10%，如图2.13所示，在白纸上画一组箭头列明影响因素，分析每个因素的合理性，再判断收益目标是否实际，是否会有庞氏骗局的嫌疑。对于类似私

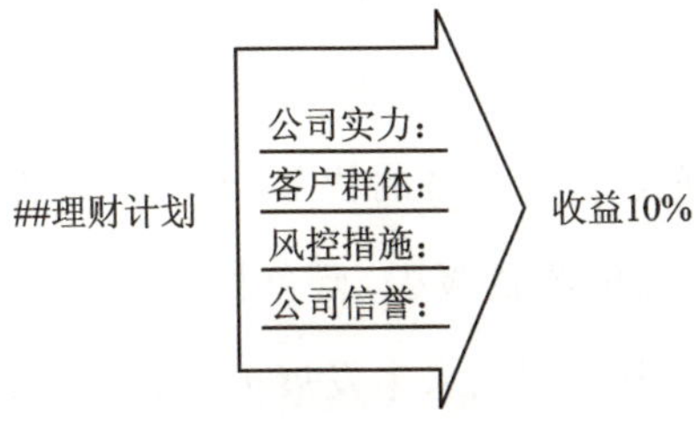

图2.13　影响收益的因素

募基金的浮动收益理财，黄色性格的人第一反应是每年收益多少，不关心赚钱、亏钱的原因，如果没有达到收益，很容易判断管理人是骗子，然后割肉赎回。正确的做法是，以配置需求而非某个收益指标作为标准，以私募基金的盈利手段是否具有可持续性，作为加仓、减仓甚至赎回的依据，单纯以收益来判断容易掉坑里。

3. 蓝色性格

人群画像：天生的工程师，严谨细致，注重逻辑，考虑问题力求周全，看待事物更为全面。优点是不容易犯错，缺点是比较敏感，不愿与人沟通。

代表人物：《三国演义》的诸葛亮

理财口头禅：你把产品说明书发过来，我研究研究。

提防陷阱：传销洗脑派。如今年查处的善心汇，打着“慈善”的旗号，仅一年时间就发展会员500多万，涉案金额百亿元。蓝色性格的人注重逻辑，也容易钻牛角尖，如果看了宣传认为逻辑合理，便会深信不疑，由于不善与人交流，更容易被传销组织洗脑，即使事后被解救也往往深陷其中，难以自拔。今年某知名IT企业爆出员工集资案，上当受骗的有不少是程序员，心疼一秒钟，不过写代码的活要是没点蓝色特质还真干不了。

关注理财：私募股权投资（即PE），俗话说人无股权不富，这里的“股权”指的就是私募股权投资，通俗地说，将资金交给专业的机构投资者，由他们在市场上寻找未来的“阿里巴巴”“腾讯”，出钱换取企业的部分股权，等这些企业将来在内地、香港等交易所上市，或是有人愿出高价收购股份，再出让获利。私募股权投资的周期较长，项目良莠不齐，对一般的投资人而言，需要耐心做功课，这恰好是蓝色性格的优势，红色性格容易被远大的梦想蒙蔽，黄色性格容易被夸大的收益吸引，蓝色性格则会认真推敲，分析管理人过往的业绩成因、投资团队优势、未来发展前景、投资策略手段等，不容易被忽悠。

建议：蓝色性格更相信数据资料，相信自己分析得出的结论，然而，隔行如隔山，理财之所以能形成一个行业，一定有它的门道、经验，外行很难一蹴而就，多倾听、多交流，其实比自己闷头研究更有效率。

4. 绿色性格

人群画像：最好的倾听者，和蔼可亲，很会照顾他人感受，不喜欢被人强迫，有很强的适应性，通常只有一个表情包：那就是没有任何表情。优点是与人为善，缺点是处理事情比较被动。

代表人物：《三国演义》的鲁肃

理财口头禅：我问问朋友买不买，他买我就买！

提防陷阱：盲目跟风派。绿色性格在选择理财时也会和朋友沟通，不同的是，他们并不关心理财产品本身，而是更在意身边的朋友有没有买、是不是认同他买，对事物的判断更为感性。比如上海一家跑路的财富公司“中晋系”，有中晋合伙人俱乐部，定期举办各种活动，善于营造“数以百计”投资者半夜取号买理财的场景，绿色性格一看这么多人买，产品还未必买得到，赶紧掏腰包吧。

关注理财：家族信托，有钱对绿色性格而言是一件挺痛苦的事，自己的老婆孩子不必多言，七大姑八大姨，甚至路边流浪汉都想帮一把。然而，莫用金钱考验亲情、友情，时间久了，若大家习惯了绿色性格的资助，想再厘清就更麻烦了，毕竟绿色性格做决定往往依赖感觉，而非理性。家族信托就相当于提前制定一套资产分配方案，同时指定信托公司来管理资产，见图 2.14。与信托公司沟通有助于绿色性格重新梳理家产，尽量避免随意处置带来的弊端，同时有信托公司这块挡箭牌，人情上不必太被动。老牌信托公司在这方面经验丰富，会给出相应的建议，家族信托服务种类也很丰富。

建议：从时间上来看，绿色性格可以尝试定投方式来打理浮动收益产品，特别是股票、基金之类的产品，避免短期跟风带来的追涨杀跌；从资金投入来看，即使再看好的投资产品，也不宜一把梭、满仓干，可以事先划定不同类型理财的投资比例，事后严格执行。

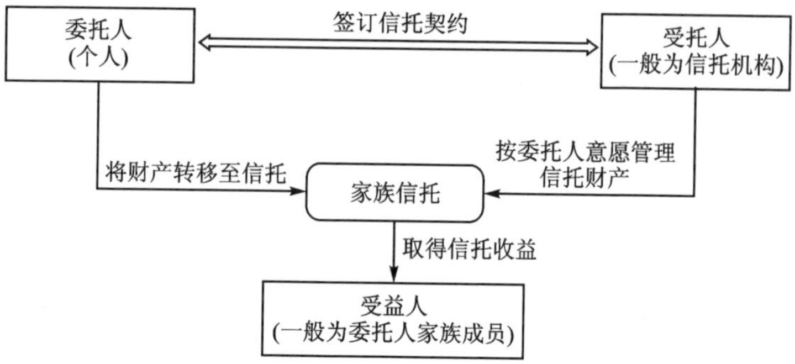

图 2.14　家族信托模式

理财并非机械式照搬照抄，最好在学习理财产品的同时，关注自身情况，因人不同，因时而异，扬长避短，实现双方的最佳匹配。

划破钱袋的灰犀牛正狂奔而来

友情提示：本文约 2 800 字，需占用您 3 分钟时间，初创于 2017 年 8 月 9 日

关键词：CRS　房市冻结　金融骗局

如果将“黑天鹅”比喻为小概率而又影响巨大的事件，那“灰犀牛（见图 2.15）”则是大概率的潜在危机。

当经济步入新常态，不少朋友的直观感受是生意不好做了，产品销路不好找，回款也没那么快，时不时还会碰上跑路的老赖，就算只是打工，冷不丁冒出个天猫的无人超市也能吓出一身冷汗，赶紧掂量下手里的饭碗会不会被人工智能取代。市场的机会少了，钱挣得更辛苦，理财也不那么轻松，除了提防“黑天鹅”，还要留神“灰犀牛”，不再是投资哪个品种，观察哪个市场那么简单了，政策的变化、制度的调整、法律的完善等都是掺杂其中的要素，需要我们密切关注。

图 2.15　图书《灰犀牛：如何应对大概率危机》

1. CRS 尘埃落定

重要性:☆☆☆☆☆

杀伤力:☆

影响人群:拥有海外金融资产的人群

《战狼》续集中,“相声皇后”于谦饰演一位见利忘义,却又浪子回头的跨国商人钱必达,自由贸易的繁荣,不仅带来地区经济的发展,也成就了商人的腰包。如何对这些“空中飞人”征税成为困扰各国的难题,CRS(Common Reporting Standard)即共同申报准则,应运而生。通俗地说,一百多个国家谈好了,大家互相披露非居民金融账户信息,比如钱必达在非洲加纳共和国办厂,赚得盆满钵满,国内装得很可怜,家徒四壁,CRS 之前中国税务官员很难核实,加入 CRS 后,和加纳交换账户后发现,钱必达太有钱了,起码个人所得税要好好算算,再不能蒙混过关。

CRS 会分步实施,一方面是完成对高净值存量个人客户的尽职调查程序,识别其中的非居民账户;另一方面是信息交换分批进行,比如加纳和中国的首次信息交换就在 2018 年。大家能体会到的是,今年 7 月 1 日起,去银行开户要填报《CRS 个人税收居民身份声明文件》,在保险公司办理理赔及部分保全业务也要增加税收居民身份识别环节。

如果您一直工作、生活在国内,CRS 和您没啥关系;如果您是国际飞人,夏天在瑞士登山,冬天在东南亚潜水,生意遍布全球,首先要看税务居民身份的认定,不完全等同于护照身份;如果您和谦哥一样,喜欢买好几串大金链子,家里摆一堆名人字画,CRS 也查不到,它只能收集银行、保险公司、基金公司之类的金融机构的账户信息;如果您想隐匿自己的财产,在 CRS 和现代技术的发展下,显得越来越力不从心了;如果您想改变国籍,加入非 CRS 的国家(如图 2.16 所示),一方面猜不准它什么时候也加入 CRS,到时白忙活一场;另一方面,像朝鲜之类的非 CRS 国家也没多少人愿意去,美国倒是没加入 CRS,但它有“肥猫法案”,是 CRS 的祖师爷,征起税来一点也不含糊。

还是要坦然面对，未来通过家族信托来实现递延纳税（每年纳税，不是一次性缴纳），或是借助保障型保险等金融工具才是正道。

2017 年首次交换信息的国家（地区）共 49 个
安圭拉、阿根廷、比利时、百菲慕大、英属维尔京群岛、保加利亚、开曼群岛、哥伦比亚、克罗地亚、塞浦路斯、捷克、丹麦、爱沙尼亚、法罗群岛、芬兰、法国、德国、直布罗陀、希腊、根西岛、匈牙利、冰岛、印度、爱尔兰、马恩岛、意大利、泽西岛、韩国、拉脱维亚、列支敦士登、立陶宛、卢森堡、马耳他、墨西哥、蒙特基拉特、荷兰、挪威、波兰、葡萄牙、罗马尼亚、圣马力诺、塞舌尔、斯洛代克、斯洛文尼亚、南非、西班牙、瑞典、特克斯和凯科斯群岛、英国
2018 年首次交换信息的国家（地区）共 53 个
安道尔、安提瓜和巴布达、阿鲁马、澳大利亚、奥地利、阿塞拜疆、巴哈马、巴林、巴巴多斯、伯利兹、巴西、巴基斯坦、文莱达鲁萨兰国、加拿大、智利、中国、库克群岛、哥斯达黎加、库拉索岛、多米尼克、加纳、格陵兰、格林纳达、中国香港、印度尼西亚、以色列、日本、科威特、黎马嫩、马绍尔群岛、中国澳门、马来西亚、毛里求斯、摩纳哥、瑙鲁、新西兰、纽埃、巴拿马、卡塔尔、俄罗斯、圣基茨和尼维斯、萨摩亚、圣卢西亚、圣文森特和格林纳丁斯、沙特阿拉伯、新加坡、圣马丁、瑞士、特立尼达和多巴哥、土耳其、阿拉伯联合酋长国、乌拉圭、瓦努阿图
2019/2020 年首次交换信息的国家（地址）共 4 个
阿尔巴尼亚（2020 年）、马尔代夫（2020 年）、尼日尼亚（2019 年）、秘鲁（2019 年）
目前仍未确定首次交换信息日期的发展中国家（地区）共 40 个
亚美尼亚、贝宁、博茨瓦纳、布基纳法索、柬埔寨、喀麦隆、乍得、科特迪瓦、吉布提、多米尼加共和国、厄瓜多尔、埃及、萨尔瓦多、马其顿、加蓬、格鲁吉亚、危地马拉、圭亚那、海地、牙买加、前南斯拉夫共和国、哈萨克斯坦、肯尼亚、莱索托、利比里亚、马达加斯加、毛里塔尼亚、摩尔多瓦、摩洛哥、尼日尔、巴布亚新几内亚、巴拉圭、菲津宾、卢旺达、塞内加尔、坦桑尼亚、泰国、多哥、突尼斯、乌干达、乌克兰

图 2.16　加入 CRS 与部分未加入 CRS 的国家/地区

为啥 CRS 这么重要，杀伤力却只有一星呢，因为大杀器“遗产税”之类税种在我们国家还没有推出，目前只是摸底，不过谣言倒是每年都有，针对于此放平心态更可取，毕竟这类税收调节手段本来就是社会发展的必然，迟早的事。

2. 房市祭出迷踪拳

重要性:☆☆☆☆☆

杀伤力:☆☆☆

影响人群:资金链紧张的炒房客

《绣春刀》续集中,杨幂饰演的北斋先生,画艺精湛,售价不菲,深得男主沈炼喜爱,然而,因部分画作有影射当权魏公公的嫌疑而惨遭封杀。如果将北斋先生的墨宝看作资产,它的价值是毋庸置疑的,毕竟连锦衣卫都愿意掏钱买,还形成了自己的销售渠道,但提到"流动性"就悲剧了,这么好的画很难再变现,买家的门槛被朝廷"有关部门"抬高了,除了懂画还不能怕被追杀,符合买画条件的人越来越少。

被"流动性"困扰的不光有北斋先生的画,还有中国的楼市,自从提出"房子是用来住的,不是用来炒的",各类房市迷踪拳屡见不鲜。目前当红的是广州提出的"租售同权"、上海拍地"只租不售",还有新华社实现"房住不炒"的配套措施:金融上掐断阴沟暗渠,财税上降低财富效应,两条都有很大的想象空间。

房子的流动性本来就差,就算正常交易都要费不少劲,现在的房市迷踪拳不仅限购限贷,缩小了买家范围,而且限卖,拉长了持有时间。比如南京在今年(2017 年)5 月 14 日零点后,新购的新房或二手房(住宅),"房地产交易(备案)告知单"新增了"新购住房在取得不动产证后,三年内不得转让"的备注。对于资金链紧张的炒房客而言,经受的考验会越来越严峻,国内加息周期还没来,房贷利率已经往上走,不仅没有折扣,连首套房贷款的基准利率竟然也有上浮,被客户在银行大厅拉横幅也就不奇怪了。

3. 金融传销屡见不鲜

重要性:☆☆☆☆☆

杀伤力:☆☆☆☆☆

影响人群：所有人

某个阳光炙热的午后，我正在愉快地打着王者荣耀，刚击毁对方最后一座防御塔，突然电话进线，一位老朋友要尽快约见，搞得我一头雾水。后来才知道，原来他跟着朋友去听一场财富推介会，觉得是传销，过来求证。

答案是庞氏骗局无疑，项目被包装得极其高大上，华尔街背景、顶级管理人之类要啥有啥，每月收益号称有20%，理念也很新潮，通过游戏、社交等方式来管理资产，它有着自己的货币计价单位，可以自由交易、买卖、支付等，几乎等同于人民币。我从95版红色警戒玩到王者荣耀，也花了不少银子，只听说过卖装备、打联赛赚钱，靠游戏来进行资产管理如果真的可行，腾讯的马老板也不必理财了。

令人震惊的是，他的朋友已经递交了辞职报告，打算专职玩游戏赚钱，作为一位科研院所的中层领导，近四十岁的人一旦迈出单位大门，回去的可能不大了，代价太大，而他只是其中的一个缩影。我一直以为高学历、多读书能够避开很多陷阱，现在越来越发现，常识和心性比文凭重要，这类骗局有三个特点：

高收益低风险作饵：代表之一是“e租宝”，把10万块放在银行一年才赚2000多块钱，如果选择放在“e租宝”，它承诺的利率是14.6%，一年是14000多块钱，差异很大。从监管角度来看，这类理财产品是不能承诺保本保息的，如果有人和您这样说，可以直接拉黑，或者拿着证据去有关部门举报；从产品角度来看，客户获取的收益，来源于借款人付出的利息，再加上公司的成本，要有人能承担20%左右的贷款利率才能玩得下去。然而，现在做生意，哪能轻易获得这么高的利润，那么最后沦为拆东墙补西墙的旁氏骗局是一种必然，媒体披露，即使乐观推测“e租宝”投资者也只能拿回34%的本金，到头来，梦一场(见图2.17)。

发展下线，收取提成：代表之一是“善心汇(见图2.18)”，打着“善”的旗号却做着“恶”的勾当，真是莫大的讽刺。它的规则之一，是将不同投资门槛和收益率相挂钩，刺激投资者进行大额投入，比如，分为“特困”“贫困”“小据了解，在e租宝平台关闭前，平台账户还有100多亿。按照最低额度计算，现在e租宝账户上至少有200亿可以返还。根据最高人民检察院数据显示，e租宝投资人累计充值581.75亿元。如果不计算已经提现的数额，依据该数字现在e租宝受害人可以返还的比例大概为34.379%。

图 2.17　e 租宝相关新闻

康”“富人”“德善”“大德”六个不同的级别，投资金额从 1 000 元到 1 000 万元不等，收益率从 5%到 50%不等。如果实在没多少钱，享受不了高收益的就去拉人头，这就是所谓的动态收益，发展下线后，您可以拿到下线投资金额的 2%到 6%作为提成，呈现金字塔结构，最顶端站的是骗子张天明，初步预计“善心汇”涉案金额为两百多亿，五百多万人被骗。

涉嫌特大传销,“善心汇”行骗敛财大起底

打着扶贫幌子,“共富神话”实为“庞氏骗局”,张天明个人非法所得超十亿元

2017年07月30日 09:21:24　来源：新华每日电讯4版【字号 大小】【留言】【打印】【关闭】

据新华社北京电近日,公安部组织侦办了“善心汇”涉嫌特大传销案,依法对深圳市善心汇文化传播有限公司法人代表张天明等人涉嫌组织、领导传销活动等犯罪问题进行查处。新华社记者日前通过深入采访,揭露了张天明等人打着“善”的旗号违法行“恶”的本质。

图 2.18　“共富神话”背后的“庞氏骗局”

大排场极力包装：代表之一是“中晋系”，这类公司生怕你不知道它有钱，各种炫富、“高大上”，电视台栏目赞助之类手到擒来，客户活动不计成本，带着你吃喝玩乐，临走还有大包小包的礼品带着，生怕伺候得不好。“中晋系”的悲催之处在于戏演得有些过了，女员工动不动就炫富，引发了吃瓜群众和警察叔叔的好奇心，监管一出手，四百亿的骗局被揭穿。任何一家正规金融机构的运营都有成本管控，对客户的回馈绝对做不到让您万分满意，伴随着金融去杠杆，日子普遍不好过，客服标准能不降低就已经算烧高香了；而且，给员工直接发现金几乎是不可能的，不仅不合规，也有逃税的嫌疑。

最近隔壁老王抱怨：印度赖着不走，鑫胖专心放炮，日本修宪不停，老美贼心不死，感觉分分钟要开战的节奏，小武师傅我要不要回老家，还有几亩地呢！

一方面，我建议老王少看飞机大炮、打打杀杀的，心脏都受不了，要多看央视一套，重点看新闻联播，跟上大方向，提升幸福感；另一方面，无论开不开战，都是“黑天鹅”一类的小概率事件，考虑这类问题多数是过嘴瘾，就算遇到实际上也无能为力，更现实的选择是多关注大概率的“灰犀牛”。

开年伊始，关注的公众号该换了

友情提示：本文约 4 000 字，需占用您 5 分钟时间，初创于 2018 年 1 月 23 日

关键词：公众号　金融肃杀　监管　违约　利率上行

身为金融民工，近期被接二连三的监管文件砸昏了头，原以为监管是想写情诗，没想到是连篇累牍的琼瑶小说，虐恋剧情荡气回肠，丝毫没有停笔的节奏。2018 年，金融肃杀之年（耿强老师语），昨天去超市大采购，买了一堆不同口味的方便面，随时准备关灯吃面。

隔壁老王看着我，仰天长叹："你还有心情吃面，我都已经抑郁了。"

"为啥呢？"

"唉，你看看这些公众号帖子。"

我接过收藏目录，随手一翻，第一篇就是《招行 10 亿产品违约！违约潮或至，你躲得过吗？》，还有《中国 30％家庭不堪一击》《未来几件事榨干你的钱包》……标题个个惊心动魄，仿佛明天玩完的节奏，加上钱宝等事件持续发酵，难怪老王抑郁。

1. 为何近期风雨交加

如果有朋友的理财最近到期，或多或少心是悬着的，钱宝的连锁反应出乎大家意料，特别是南京的一些"庞氏骗局"紧接着倒闭、跑路，前赴后继，人心不稳，再加上一些不负责任的公众号用文章渲染，甚至将正常理财产品的运作结果曲解为"违约"，动摇对金融机构的信心，恐惧被无限放大。

当然，近期金融市场的"风波"有两点原因值得关注：

一是短期利率的快速上行。去年底接到老陈电话，有一家主体评级 AA＋的政府平台需要融资，看看融资利率能给多少，我一查就傻眼了，当时的市场行情已经飙升到 8％，有篇帖子在金融民工圈疯传，傲娇地表示《成本

不给到10%以上还做什么信托》,资金紧张可见一斑。

对普通投资者来说,更直观的感受是余额宝利率,从图2.19可以看出,7日年化收益率在12月后,有很明显的加速上行,作为“活期利率”,快速抬升到4%以上是很可怕的,说明市场非常缺钱,资金链普遍绷得紧,正如干柴遍地,只待一颗火星,比如张小雷的自首。

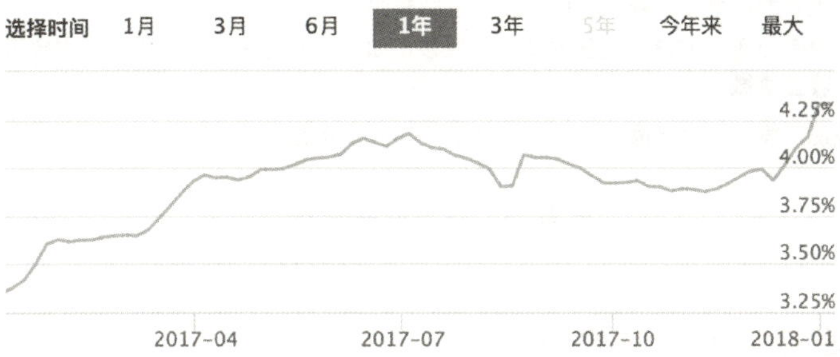

图2.19　余额宝7日年化收益率

另一方面,是监管连续强势出击,最重磅的是资管新规征求意见稿的发布,虽然不会立即施行,但透露出来的监管思路一片“肃杀”之意,银行这类大佬都要夹着尾巴,“钱宝”之类的“庞氏骗局”哪有活命的道理。前些年金融快速扩张,来钱太容易,什么人都能来捞一笔,现在金融强监管,潮水已然退去,上岸奔命才是硬道理。

2. 公众号也收智商税

风雨交加之下,更需要理性的声音,而非缺乏常识的添油加醋。图2.20所示的这篇文章,《招行10亿产品违约!违约潮或至,你躲得过吗?》得到大量转发,随手一翻,凡是转发此帖的公众号全部取关,反复转发的全部拉黑,倒不是因为文章吓到了老王,而是欺负了我们金融民工的智商。

作为金融民工虽然只是搬搬砖,干的活没啥技术含量,但是东西南北起码要找得着,招行帖子槽点不少,特别是作者连夹层也没搞明白就炮轰相关公司,用情绪化的语言带节奏,看的人也就爽在一时,具体坑在哪里、怎么掉进去的还是两眼一抹黑,有啥用呢?

招商银行爆出10亿产品违约！
投资人千万利息消失无踪！
你是不是该到银行看看你的钱了？
招行10亿产品违约！

> 该资管计划由招商财富资产管理有限公司担任资产管理人、招商银行北京分行担任资产托管人，募集资金铁对应标的为联想控投旗下弘毅投资的夹层基金——规模10亿元的弘毅一期(深圳)夹层投资中心(有限合伙)。

现在最重要的问题是，投资人的钱还能拿回来吗？
虽然还没有公布，但最终处理的结果，应该正如那位招行客户经理所说：**本金可以拿回来，但是“收益甚微”！**
也就是说，投了这个产品的投资人，他们的10.4亿资金被别人借走，然后白白地用了4年！

图 2.20　网传不实帖子截屏

3. 违约大多是伪命题

违约，原意是指合同当事人违反合同义务的行为。目前理财产品中，大多数都不承诺保本保息，《商业银行理财产品销售管理办法》中提到：商业银行不得无条件向客户承诺高于同期存款利率的保证收益率；高于同期存款利率的保证收益，应当是对客户有附加条件的保证收益。近期发布的《资管新规征求意见稿》更是将打破“刚性兑付”（即不承诺保本保息，买者自负）作为理财产品的改革方向。

为了便于理解，很多媒体将传统固定收益理财到期未兑付的现象称为违约，比如买十万理财，一年期 5%，一年之后发现本息无法兑付，大家认为是“违约”，但是合同又没承诺保本保息，这很牵强。至于作者提到招行出具保证函的事更是荒诞，毕竟银行理财收益水平普遍在 4%左右，代销 10%以上理财，还要给客户出具保证收益的承诺，真把招行当成慈善机构了。

4. 招行代销的是夹层

按照部分公众号作者的理解，招商银行产品违约了，虽然这笔钱本金能拿回来，但是“白白地用了 4 年”。当然，文章明确记录了招商银行募集的客户资金是投向弘毅投资的夹层基金中，并非传统的固定收益理财。

什么是夹层呢？比如隔壁老王想炒股，自己有一千万，找老陈借了四千万，约定借款利率7%，期限一年，一年之后，不论老王赚了还是亏了，都要把本金和利息还给老陈，而且就算亏了钱，也要先亏老王自己的，这就是优先劣后结构；老王的资金承担风险，但是也享受更多的收益，被称为劣后资金；老陈的资金有约定收益，被称为优先资金。老王炒股天赋很高，赚了不少钱，吸引了老张的关注，老张也出了两千万，和老王约定，要是亏了钱还是先亏老王的，不过老张的资金不必约定收益，如果老王炒股赚了钱，先把本金和7%的利息给老陈的优先资金，剩下赚的钱再按照一定比例连同两千万一起给老张，可以看出，老张的资金介于优先级和劣后级之间，被称为夹层，就像奥利奥夹心饼干里的奶油。

在实际操作中，优先资金通常由银行提供，追求固定收益，稳定回报；夹层以机构投资者为主，承担风险比优先高，但比劣后低，有望博取更高收益；劣后资金一般是管理人自己承担。需要说明的是，优先、夹层和劣后只是对资金功能和属性的划分，它们不一定相伴相生，夹层也可以独立存在，比如招行案例中，银行的客户与其他投资人承担同样的风险和收益，没有优先、劣后的区别，也称为平层基金。当然，资管新规对这类投资模式有新的要求，后续变化有待观察。

当我们理解了夹层的定义，不难发现，所谓“违约”无从谈起，“投资人千万利息消失无踪”更是耸人听闻，本身夹层基金就是这样运作的，结果确实不理想，但和“违约”着实扯不上关系。

5. 谁的责任

一图辨真假：当提到责任追究时，公众号作者认为银行应承担较大责任，可惜又是误判。在金融交易中，通常关联方比较多，除了客户，还有不止一家金融机构参与，这时金融民工兄弟会用上交易结构图，如图2.21所示，方便快速识别各方权责。

上图的GP和LP是私募基金有限合伙形式中的两类当事人，由发起人

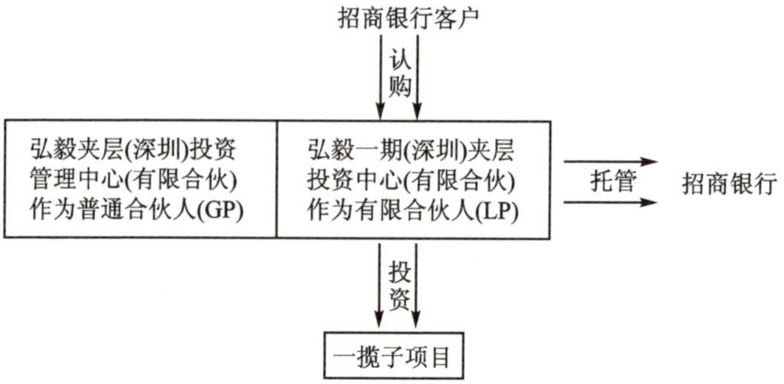

图 2.21　交易结构图

担任一般合伙人 GP，投资人担任有限合伙人 LP，在法律上，一般合伙人承担无限法律责任，有限合伙人以投资额为限承担法律责任。将招行案例的交易结构图草拟出来，发现客户通过招商银行认购了弘毅投资的夹层基金，作为众多 LP 之一。

招行 VS 弘毅：招商银行仅承担代销责任，产品最终运作由弘毅投资操刀，承担较大责任的当然是弘毅投资。向弘毅同行求证了解到，产品并非文中提到的 4 年，即“3＋1”年，而是“3＋1＋1”年，粗略理解为三年投资，一年退出期，一年延长期，今年才是延长期。很多朋友会误以为托管银行是承担产品管理职责的，其实不然，托管银行仅承担保管、清算等“打杂”的职能，只要托管银行没有卷款潜逃，产品赚了、亏了跟它都没关系。

媒体 & 同行：媒体希望博人眼球，追求点击量，提高曝光率，以此换取收入，其实无可厚非，但是抛开事实，以不严谨的方式行文，甚至未做审核就盲目转发，误导读者，丢失初心，令人遗憾；郭德纲曾半开玩笑地说：“只有同行才是赤裸裸的仇恨。”若是恶意攻击，抓住此事误导投资人，短期内当然高枕无忧，但是我相信谁都不傻，现在最不缺的就是聪明人，即使暂时被蒙蔽也有幡然醒悟的那一天，身为同行，还是要为它喊喊冤，传播事实而非抹黑，市场需要共同维护。

代销机构：此案中，招行作为代销机构，要向客户做好说明，揭示风险，可能发生的问题是销售误导，比如把夹层产品当作固定收益产品来销售，客户信以为真并下单购买。难道投资者就没有方法识别么？其实并非如此。

6. 投资者该怎么办

作为招行案例中的客户，如文中得知理财收益会在11%到13%之间，起码说明买的不是传统固定收益理财，因为传统固收的利率是确定的，就一个数字，要么是11%，要么是13%，不可能有区间的表述，这是很容易找到的破绽。

在打破“刚性兑付”的趋势中，金融机构和理财产品都会迎来新一轮的大浪淘沙。建议选择理财时，一方面找大机构、大品牌，它们的风险控制能力、产品管理能力是久经考验的；另一方面尽量选择直销渠道，专业过硬的代销机构也可以考虑，买理财有人帮忙把关还是很重要的。

对招行案例的曲解令人遗憾，想想那些自以为学到了知识的投资者就心痛。现在资讯如此发达，比起信息获取，更难得的是去伪存真，可以明明白白地知道盲点在哪里，机会在哪里，承担的风险在哪里。最后，请摒弃受害者心态：觉得金融机构全是玩“套路”，市场里全是“骗子”。了解规则很重要，而不是由着性子撞大运。

《寒战》中梁家辉饰演的李文彬警官曾有一段经典台词，值得借鉴：

我在警队服务了三十年
认识了不少朋友，也得罪过不少人
不过这三十年，我学会了一件事
就是每一个机构、每一个部门、每一个岗位
都有自己的游戏规则，无论明也好暗也好
第一步，是把它学会
不过很多人还没走到这一步就已经死了
知道为什么吗
自以为是
第二步，就是要在这个游戏里面找出个线头来

学会如何不去犯规
懂得如何在线球里面玩
这样才能勉强保住性命

7. 换一批公众号

看完老王收藏的帖子，顺便帮他取关了所有的公众号，新年新气象，总该换一批公众号了。有些不错的公众号相对理性，干货较多，推荐给老王和朋友，提前声明，请勿根据公众号内容做出投资决定，毕竟每个人的情况不同，偏好各异，最怕的就是不看逻辑和推理，只关注结论，然后就去股市“满仓干，一把梭”。

主旋律：《学习小组》是人民日报海外版编辑部运营的，有习大大的最新新闻，人民日报和新闻联播等权威媒体的摘要；《紫光阁》是中央国家机关工委官方微信，内容更宽泛，特别是重要会议解读、中央动态等。

投资类：《重阳投资》是私募重阳的公众号，对于政策的解读比较及时，观点理性不偏激，时常有投资书籍、人物访谈穿插其中；《易同投资》是私募易同的公众号，亮点在于每月的易同月报，相对通俗，没有长篇大论，回头来看，和现实的贴合度也比较高；《经纬创投》是老板的最爱，作为国内投资界翘楚，经纬拥有丰富的企业培育经验，内容前沿，触角广泛，行文潇洒，又不乏肺腑之言；如果对家族信托等财富传承内容感兴趣，可以关注信托公司的公众号；《枣友会》和《12 码》是个人运营的公众号，视野开阔，主题鲜明，又有具体思路可供验证。

标配：《耿强的公众平台号》是耿老师和学生运营的，建议对经济和金融感兴趣的朋友添加关注，内容实在不忽悠，每周发布的“宏观经济周报”涵盖市场主要投资品种变化和监管政策解读，有助于回顾和梳理要点；“强哥说”是耿老师的观点集锦，涵盖经济走势、政府建言献策等内容，是宏观经济学课程的延伸；“小武翻账本”记录的是理财基础知识，解析热点案例，提供实用方法；读书笔记分享是一大特色，有近百篇图书精华，在快节奏的生活中可供速览；当然，还有不少房产、IT、法律等方面的专题。

公众号内容泛滥之后，去粗取精，去伪存真，不断优化成了不二选择，毕竟信息的筛选成本越来越高，不顾常识去搏眼球，甚至用标题骗取点击量，最终伤害的还是读者。

希望大家共同呵护每一个用心经营的公众号，莫等劣币驱逐良币，您的转发是最好的支持！最后，再次感谢周磊学姐对本文的指导和建议。

本期助阵嘉宾：

周磊，苏豪一带一路资本，健康、消费及 TMT 投资部副总经理；法国斯特拉斯堡大学欧洲管理学士、南京大学 MBA；2011 年进入风险投资领域，主要关注消费、现代服务业和 TMT 等相关领域。主导和参与投资了南极电商、广汇汽车、车置宝、盛航海运、威腾母线、好买财富等企业，其中南极电商、广汇汽车已成功登陆 A 股市场。

周期视角下的资产配置

友情提示：本文约 1 900 字，需占用您 2 分钟时间，初创于 2016 年 8 月 8 日

关键词：优势互补　相关性

一个人要离开二零四六，需要多长的时间。有人能够毫不费力地离开，但是对某些人来说就需要花很长的时间，需要付出很大的努力，甚至遍体鳞伤。

——电影《2046》

南京的夏日总是烈焰灼人，出门见的朋友都是“真爱”，车子刚开到朋友家小区门口，发现门口聚集了很多人。原来是旁边的财富公司“易乾”跑路，警察来了不少，现场群情激奋，看着地上被踩烂的单页，“半年保本 20%”的字样清晰可见，有大妈关切地询问：“你亏了多少钱？”我很配合地说：“亏了不少，几万块钱。”大妈很坚定地回复：“小师傅，没事，你还年轻。”我竟无言以对。

前几年爆发的固定收益类信托，只要能达到 100 万的认购门槛，每年百分之十几的收益如探囊取物；2014 年底酝酿的牛市大升浪，闭着眼选股，人人都是股神；2015 年中，以南京、合肥、厦门、苏州为代表的四小龙打出一招房价版的“庐山升龙霸”，买没买房成为悲喜剧的分界线。

在“2046”的世界里，从来没有风险，只有妥妥的收益，从来没有欺骗，合同里甚至写明“保本保息”（虽然被监管禁止），不需要费心了解太多知识，赶上“信托、股市、房市”的好时候，收益岂止翻倍。

然而，开年熔断、英国脱欧、欧洲暴恐、川普蹿红等一系列“黑天鹅”事件，已经预示我们陷入了周期性拐点，未来面临的不确定性更大，那些宣称能稳稳获得高额收益的项目，成了埋葬“2046”世界的坟墓。在《刚性泡沫》《渐行渐远的红利》中发出的理性声音，早已淹没在喧嚣之中。未来一段时

间，我们不得不接受 6%，甚至更低的无风险收益；我们不得不思考各类资产的相关性，选择一揽子组合而非单一项目，作为收益的源泉。

提及一揽子组合，很多朋友会想到“不要将鸡蛋放进一个篮子”，我的一位老乡也是这样实践的，他将十几万资金分成八等份，选择投资八家财富公司的高收益产品，但很不幸，这些公司全跑路了，现在各大维权群中都可以看到他活跃的身影。“篮子”指的并非不同的公司、不同的产品，其实是相关性的概念。比如，隔壁老王摆个摊子卖雨伞，下雨时节生意自然好，但要碰上几个月的大晴天，哪能卖得出去，没办法，老王进了一批防晒霜，这样天晴的时候，生意也不差。既卖雨伞，又卖防晒霜，其实就是选择了相关性低的产品组合，找了两个不同的篮子。有朋友会问，为什么老王不看天气预报，下雨之前只准备雨伞来卖，晴天之前只备防晒霜呢？这样收益肯定高啊。某种程度上来说，类似想法是有道理的，如果这个市场是线性的，遵循着明确的趋势，当然容易预测，也容易赚钱。然而，当我们面临一个充满不确定性的市场时，结局就完全不同了。图 2.22 是 2016 年上半年，各类大牛做出的预测，事后看很多被打脸，这并非他们信口雌黄，而是市场太过复杂。对隔壁老王来说，看不准的天气，雨伞和防晒霜都得进货来卖。

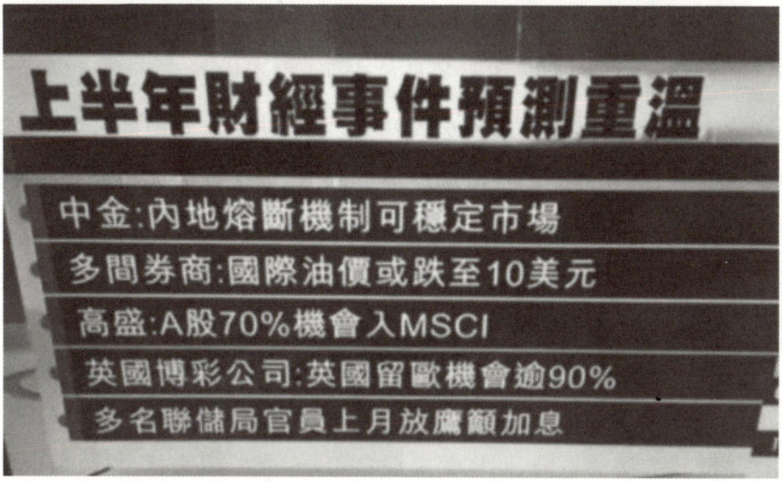

图 2.22 2016 年上半年财经预测

评判是不是不同的篮子,哪些才是相关性低,有不同的维度。

东边日出西边雨,道是无晴却有晴

这是地域的差别,海外资产就是典型的代表,它主要分散两类风险:一是人民币汇率贬值(相对美元),二是内地市场巨幅波动。海外资产大多以基金的形式存在,有很多种类别,要根据不同的地区来选择,比如英国脱欧,投资于欧洲股市的基金要捏一把汗,但是投资欧洲债券的基金因为资金避险需求,大家都买债券,导致收益大幅上升;再如脱欧导致英国地产价格波动,市场灰暗,但是美国房地产基金受益于经济复苏,依然稳健增长。这类海外资产中,投资美国市场的更受青睐,在人民币汇率贬值压力仍未解除的情况下,有望赚取汇率收益和项目收益。若国内货币信用周期步入深渊,资产泡沫破裂,冲击之大,难以想象,这类风险需要提前考虑,海外资产也是分散风险的手段之一。

不登高山,不知天之高也;不临深溪,不知地之厚也

这是投资品种的差别,常见的有股票基金、债券基金、商品期货基金、私募股权投资基金等。不同的投资品种背后是不同的市场,比如隔壁老王想招呼朋友吃顿饭,他可以选择去桂满陇、大排档、小厨娘、外婆家、红公馆等,每家餐馆都是独立的,饭菜口味自成一派,不会相互影响。今年在股票市场吃饭,刚上菜还没动筷子就让服务员端走了,吃不饱就算了,还提心吊胆地担心别人来砸场子;在债券市场吃饭就爽多了,花着吃鸡腿的钱,吃着鱼翅,幸福来得太突然;在商品期货市场吃饭真刺激,就像在海底捞看着小哥龙飞凤舞地拉面,生怕掉下来,好在妥妥吃嘴里了;在私募股权投资市场吃饭,心态好了很多,现在很难像以前一样动辄十几倍的回报了,但能顿顿吃上小龙虾也知足了。

落霞与孤鹜齐飞,秋水共长天一色

这是赚钱方法的不同,同样都是股票市场,股票多头基金通过选择潜力股,以股价上涨而获益,股票对冲基金则是买股票的同时,做空股指期货,只要比市场赚得多或跌得少就能赚钱。同样都是房地产市场,国内有大把的

炒房团，通过博取房价的快速上涨而获益，首付贷横空出世也是惊倒一片，不限制信贷，房地产调控就是“空调”，在成熟的美国市场，炒房风险高，大多是以房地产基金的形式，他们拿着投资者的钱去买仓库、写字楼、公寓等，然后出租赚钱，有稳定的现金流，是机构投资者的挚爱。市场上有很多“老将”，活得越久，知道什么钱该赚，什么钱不该拿，其获利风格愈加鲜明，“知行合一”是评判管理人的重要标准。

每一段路途都有独特的风景，夕阳有诗情，黄昏有画意，不必沉浸在“2046”的世界里，以更平和的心态接纳无风险收益逐渐走低的现实，关注投资中相关性低的组合，以降低局部风险释放带来的波动。

戏说对冲基金的江湖技法

友情提示:本文约 3 000 字,需占用您 4 分钟时间,初创于 2015 年 12 月 28 日

关键词:不同策略　收益方式

天下英雄出我辈,一入江湖岁月催;

尘世如潮人如水,只叹江湖几人回。

对冲基金市场依然火爆,高门槛、低风险、高收益、期限灵活等特点都曾是其标签。粉丝将它视为利率下行趋势中的必选理财,阴谋论者认为它是这轮股灾的嗜血帮凶,老百姓更觉得它是神秘的洋玩意儿,孰是孰非,恰似江湖恩怨,难解难分。

三尺书台、一柄折扇、一壶好茶,且听我慢慢道来。

何为对冲,在投资中就是规避不确定性、化解风险,方式手段有很多种,它并不是金融业的专属名词,就像张三出门应酬,看到天色不好带了把伞,万一下雨,总不会淋成落汤鸡,这把伞就是对冲工具,防范不确定性的降雨。再比如王五贷款 200 万买了套房子,他作为家庭的主要收入来源,王五要是发生意外,贷款没人还得起,老婆孩子只能离家出走,所以他会买 200 万保障,这保险也是对冲手段。

经过多年的发展,对冲基金早已超越了原始对冲的范畴,成为囊括多种交易手段、策略的大杂烩,短短一篇文章不可能穷尽所有内容,但主流的江湖技法却能略知一二。

作为对冲基金的招牌之一,市场中性策略不容小觑。通俗地说,买一百万股票的同时,卖出一百万股指期货,同样的市值,相反的交易方向,便有了"中性"的说法,赚取的"收益"与市场大盘涨跌无关,业内称为"阿尔法收益",也称为"绝对收益"。如果大盘涨了 5%,基金也涨了 5%,两者高度相关,则被称为"贝塔收益",也被称为"相对收益"。对于操盘手来说,利用多

因子模型赚取“阿尔法收益”是最常见的做法，以赛马为例，怎样从 100 匹马中预测冠军呢？我们可以查看过往的参赛记录、体重不要超标、肺活量要大、没有伤病困扰等，将这些因素结合起来，建立数据模型就可以预测不同赛马的胜率。同样的道理，找到影响股价波动的因素，筛选出涨幅高于大盘的股票或跌幅低于大盘的股票，就拿到了取得“阿尔法收益”的钥匙。如果选错了因子咋办？只能哭晕在键盘上，去年年底，很多市场中性的对冲基金亏了不少，原因在于将大小盘也作为获利因子，于是买了很多中小盘股票，同时做空沪深 300 股指期货(当时没有中证 500)，结果以银行为代表的大盘股猛涨，同时中小盘股票下跌，两头被砍，伤痕累累。除了多因子选股，还有行业配置、事件驱动等手段，行业配置基于股市不同板块、行业、偏好之间的切换，比如这月军工股涨、下月医药股涨，各领风骚一阵子，踩准节奏，收益也很可观。事件驱动很好理解，比如政府某天突然宣布环保企业税收减半，这事绝对能刺激环保企业的股票涨一阵子，及时捕捉、分析热点事件就很有价值了。

有朋友会问，如果我确定手里的股票会涨一阵子，何必还要做空股指期货呢？这牵涉到两个问题：一、您是如何看待“择时”的，所谓择时就是知道什么时候该买，什么时候该卖，华尔街曾有句名言——如果您会择时，全世界都是您的。从侧面也反映出择时是挺难的技术活，虽然做不到次次择时都对，但通过数据模型则可以提高选择的胜率，如果选择的股票足够多、足够分散，模型又设置了止损机制，择时即使失败了也在可控范围内，这时就可以放弃完全对冲的做法；二、您是如何看待风险的，在市场中性的策略下，即使大盘暴跌，基金的亏损也不会很多。从这轮股灾来看，市场中性的对冲基金亏损幅度超过 5%的并不多，过去一年收益在 15%以上的倒是一大把，这要归功于散户非理性交易做出的“卓越”贡献，但如果在看好后市时，放弃了用股指期货对冲，变成依靠股票买卖获得收益的阳光私募，万一大盘因黑天鹅连续暴跌，亏损超过 20%都很正常，当然如果大盘向好，这类私募的收益肯定更好，选择对冲基金，还是阳光私募，还是要看您的投资思路，能承受多大的风险和波动了。

经常有朋友拿着不少对冲基金的靓丽数据兴奋不已，给我一看，年化收益百分之七八十，这时我一般会问，这支基金的规模有多少呢？朋友说问不到，但我相信规模不会大，与“蒙代尔的三元悖论”类似，高收益、低风险、基金规模大三者之间也很难兼得。基金经理在管理两千万时得心应手，获取高额收益的同时，风险也低，看着基金净值一路上涨，越来越多的客户会交钱给操盘手；当基金规模达到二十亿时，就会面临各种困难，坚持追逐高收益，无疑会增大波动（涨得快跌得也快），这轮股灾中因触及平仓线（亏损超过一定幅度就必须卖光所有股票，产品停止运作），遭遇清盘危机的某些私募即是明证。

市场中性，特别是“阿尔法策略”能作为对冲基金的主要手段，除了低波动率、盈利模式稳定、策略可持续等原因外，对管理规模相对不敏感，甚至超过五六十亿依然有效，依然能赚钱。但是，它也有弱点，比如前期股指期货深度贴水（股指期货远期合约比近期合约跌很多），再如股票市场没人玩，流动性较差，就很难找到对手盘（赚谁的钱呢？不好找了）。好在这些弱点主要影响的是获取收益的能力，不会造成大的亏损，那些买沪深300成分股，做空沪深300股指期货的对冲基金更是如此，这也是市场中性策略特质所决定的。

套利是永恒的话题，对冲基金的套利手段花样百出。

之前火爆的分级基金套利，基本原理很简单，比如快餐店的套餐是一只汉堡和一盒薯条，套餐价是20元，汉堡单价是18元，薯条单价是4元，小伙伴们就可以在快餐店买很多套餐，然后汉堡和薯条分开卖给吃快餐的。反之，套餐价是20元，汉堡单价是10元，薯条单价是2元，小伙伴们就可以分别买汉堡和薯条，然后组合成套餐卖给吃快餐的。有朋友问，如果套餐除了汉堡、薯条，还有苹果派、蛋塔、鸡块、老北京鸡肉卷、烤鸡翅等，我们能不能用同样的办法做呢？当然可以，这就是“ETF套利”的原理，即以一篮子股票换取ETF基金份额。假如只能以套餐形式来买，忽略变质因素，它的价格又是浮动的，早上买的人少是20元，中午买的人多变成40元，这时早上就该果断买入，因为你知道它会涨到40元嘛，这便成了“跨期套利”。老赵看了觉得20元的汉堡套餐太贵了，改买油条豆浆套餐吧，才5元，同样都是吃的，没啥区别，很多人想明白了，豆浆套餐开始贵了，汉堡套餐降价了，两种套餐之间的价格趋于合理，如果老赵在发现之初，就买了不少油条豆浆套餐券等着涨价，那他就成功运用了相对价值套利的策略。如果他借了不少汉堡套餐券，换成汉堡薯条卖给其他人，又和快餐店约定半年后再把套餐券还回去，那时汉堡套餐券便宜到10元了，他就完成了一次漂亮的“融券套利”。由于快餐店生意太好，大家都跑来做买卖，这时出现一个超级中介，在一秒钟之内就能发现哪些人想买，哪些人想卖，他们接受的价格范围是什么，比如小王想买套餐的价位在20元～23元，这个超级中介就会抢在所有人卖小王套餐之前，告诉小王我23元能卖，小王一想，反正在我的预期范围内，买吧，其实小李20元就会卖，但是很遗憾，等小李发现小王的购买需求时，小王已经在吃套餐了。这个超级中介就是被妖魔化的高频交易，依靠机器的性能、模型的算法、抢单的速度收割了市场上大批的散户，甚至是国家队。

当俄罗斯的战机从天空坠落的时候，国内的券商研究员就开始探讨剧情走向了，将各种版本的世界大战演绎了很多遍，最后发现人家没打起来。但是避险的黄金、作为战略物资的铜倒是雄起了一会，这类“黑天鹅”就会影响到商品期货投资，也会影响到部分宏观对冲策略的效果，啥是宏观对冲呢？简单来说，如果您认为美股会涨、欧股会跌，就买美股，同时做空欧洲股票，作为名气最响的对冲基金策略，索罗斯的明星效应功不可没，从狙击英镑、东南亚，到血拼香港，哪次恶战的背后没有宏观对冲基金的身影？索罗斯的量子基金和罗伯逊的老虎基金更是其中的佼佼者，折戟香港倒不是索罗斯眼拙，虽然他看到了香港这只带缝的鸡蛋，但是伟大的组织把鸡蛋放进了保温箱，苍蝇们哪能叮得到。相比其他策略，宏观对冲的投资品种几乎囊括了整个市场，放眼全球投资机遇，发现交易机会，通常还会借助杠杆的力量。当然，这类策略的收益并不稳定，以彪悍的桥水基金（bridgewater）为例，在 2010 年做到了 44.8%，但在 2012 年却只有 0.8%，近十年平均每年收益在 9%左右，这样的波动幅度要求您的心脏一定要好，看收益报告前，先嚼两颗速效救心丸压压惊。

对冲基金的江湖技法林林总总，粗略分来略显生硬。但重要的是我们不应仅仅关注收益的高低，更应关注取得收益的技法是什么、有哪些，由谁来运用，可持续性怎样，能够容纳多大的基金规模，未来的趋势怎样，什么情况下会失效，囊括了这些因素，基于资产配置逻辑下的投资才会更加稳健。

韭菜当道，何来慢牛

友情提示：本文约 2 400 字，需占用您 3 分钟时间，初创于 2018 年 3 月 15 日

关键词：韭菜股神　人性弱点

韭菜是人民群众喜闻乐见的蔬菜品种，也是隔壁老王的挚爱！

新鲜的韭菜洗好切段，洒进预先调好的蛋液中，金黄的汁水裹满全身，撒点盐再迅速搅拌，缓缓倒入油锅，只听滋啦一声，韭菜发出人生最强音！简单翻炒之后，来几滴山西老陈醋，一盘金光闪闪，香飘四溢的韭菜炒蛋隆重出锅。

每次到隔壁老王家，这道韭菜炒蛋都是压轴之作，为什么老王喜欢做这道菜呢？因为只有在韭菜炒蛋中，老王才能体会一把“庄家”的快感。平时当小散，一把血泪史，追高被套，抄底被套，割肉后涨停都是司空见惯的。冥冥中似乎注定，消灭完韭菜炒蛋，我们聊起了时下热门的行为金融学，特别是谈到泰勒写的《错误的行为》，带来不少启发。

1. 炒股何时最受伤

如果有两个选项，一是有 100%的概率损失 100 美元，二是有 50%的概率损失 200 美元，有 50%概率不赚不赔；

再有两个选项：一是有 100%的概率得到 100 美元，二是有 50%的概率不赚不赔，有 50%的概率得到 200 美元；

从出题来看，数额都是 100 美元，只是盈亏的差别，结果应该一样，但是大量的实际调研显示，当我们面临赚钱的机会时，会选择 100%赚 100 美元；但是面对亏钱的时候，会选择“50%概率损失 200 美元，有 50%概率不赚不赔”，也就是说，我们面对亏损时会更愿意承担高风险，放手一搏。

2015 年的三次股灾中，不少媒体宣称消灭了大量中产家庭，在股市不断

下挫的过程中，大家亏损都很厉害，有些股民为了搏反弹，不惜借债融资，结果 2016 年的“熔断”成了断头台，账户里的股票灰飞烟灭，等到股市反弹也没有了参与的机会。因为人性的弱点，面对亏损时会有更加激进的做法。

同样的情况还出现在各类理财骗局中，钱宝引发的庞氏骗局倒闭潮中，投资人损失惨重。诡异的是，其中不少人之前投资过 e 租宝、蓝莓等已经崩盘的骗局，反复的风险提示倒成了黑色幽默，其实大家都知道不靠谱，也知道自己可能是最后一棒，但亏损形成之时，只有甘冒风险再投入到这类高收益骗局中，才有可能扳回一局，看似矛盾，但人性使然。

相较持有股票，面对亏损时，持有老牌私募基金反倒更应坦然，书中提到“趋均数回归”的现象，比如一名篮球运动员在一场比赛中得了 50 分，创造了个人得分最高纪录，那么下一场比赛他的个人得分极有可能低于 50 分。同样，如果他在一场比赛中只得了 3 分，这是他两年内的最差成绩，在其他因素不变的条件下，下一场比赛他的表现会更好是大概率事件。老牌私募基金的管理团队和投资能力相对更为稳定，受挫之后有很大概率能实现回归。持有股票则有不小差异，不确定性更强，当然，很多人炒股是听来的“内幕消息”，要是跌惨了，找谁说理去呢？

2. 为什么人人都是股神

大家都有这样的体会，行情好的时候全民狂欢，吃饭聚会少不了谈论股市，一时间唾沫横飞，各有各的道理，似乎人人都是股神，连理发小哥都会看图形、推股票。当然，那也是隔壁老王最有成就感的时刻，多年的股市浸淫很容易成为意见领袖，至于后面亏了多少钱，只能打断牙往肚里咽。

非理性行为清单中，“后见之名偏见”是绕不开的话题，简单点说，很多人都认为自己早就知道结果会是这样，但是，其实他们原本并不知道。正如川普打败了希拉里，居然带来“黑天鹅”影响，不过，很多“专家大神”随后纷纷表示：其实早已预见川普会当选，遗憾的是没发表出来。唉，早干什么去了呢？

与韭菜股神不同的是，老牌投资人往往更有耐心。《错误的行为》中提到棉花糖实验很有趣，一个是即时的小奖励（小棉花糖），一个是延迟的大奖励（大棉花糖），大家往往会选择即时的小奖励，并没有耐心等到延迟的大奖励，就连动物的选择也大都是如此。股票是边际定价的，价格取决于最后买入股票的人，当大家发现买入股票就赚钱的时候，往往也到了牛市中后期，这类即时小奖励就像女妖洛列莱迷人的歌声，吸引着万千韭菜沉溺海底。真正适合投资的时候，正是股市不温不火，股票少有谈论，买入后经历起起伏伏，在人人皆股神之时，最好的策略是及时选择撤出或是更换新的理财品种。

提到价值投资，巴菲特威名远播，而他的老师格雷厄姆则是开山鼻祖，早在1934年就出版了《证券分析》一书，探讨如何找到定价低于其内在长期价值的股票。起初是用市盈率作为评判标准，他曾建立两种投资组合，一种是市盈率最高的10只股票，另一种是市盈率最低的10只股票，从1937年到1969年，同样投资1万美金，结果高市盈率组合市值是2.53万美元，低市盈率组合市值涨到了6.69万美元。当然，随着资本市场的发展，这类略显“山寨”的价值投资法并不总是灵光，特别在20世纪90年代的互联网泡沫爆发时期。不过价值投资的内核从未改变，识别股票投资价值的方法依然层出不穷。

3. 什么时候卸载炒股软件

隔壁老王一生只卸载过两次炒股软件，一次是2008年开启的世纪股灾后，一次是2015年诞生的三轮股灾后。略显尴尬的是，每次他买入后两个月，股市就开始暴跌，没办法，只能等着慢慢回本，索性就卸载炒股软件，眼不见为净，等牛市行情来了，再跑到证券公司找回密码，筹集资金再次入市。当然，也会再次被套，虐心的故事情节大同小异。

泰勒曾针对美国401K的投资方式展开实验，有趣的是，专家发现人们越是经常查看自己的投资收益，越不愿意承担风险，被称为“短视型损失厌恶”,原因在于,查看的次数越多,看到的损失也越多。可以想象,当隔壁老王被套之后,天天登陆炒股软件查看账户的心情有多糟糕,幸亏他选择了卸载炒股软件,不然非得割肉不可,那就变成了事实亏损,更加可惜。这本书提到的投资建议并不多,但作者反复强调,如果可以选择,一定要进行股票占比很高的多元化投资,之后不再关心这笔投资的进展,读报纸只看体育版,看电视直接忽略财经新闻。

这些建议看似粗糙莽撞,但是简单直接,更加有效。这与泰勒的另一本书《助推》有关,在他看来,人生就是一个选择的过程,有时候我们自己拿主意并不靠谱,需要被“推一下”来做出决定,把复杂的内容用通俗易懂的方式表达尤为重要。就像医生看病,如果是一堆专业术语的治疗方案,谁看了都头大,如果能将不同治疗方案的效果和过往案例提供给患者参考,做出成功决策的概率自然会高不少。

作为世界第二大经济体,当A股股民以韭菜自黑时,中国的资本市场也在发生积极的变化,强力打击证券犯罪、祭出最严退市办法、保持新股发行、压缩炒壳空间等,政策手段的组合拳逐步改善了A股的投资环境。

人性的弱点很难克服,什么时候慢牛会来呢?当“韭菜股神”不再热衷炒股,而是习惯将资金交给机构投资人,在A股投资者结构中,机构投资者逐步成为主导力量时,慢牛自然就来了。

以散户为主的市场,只有“鸡飞狗跳”,没有慢牛。

老乡别慌，抓住那只羊，今年 A 股的第一杀手

友情提示：本文约 2 100 字，需占用您 4 分钟时间，初创于 2018 年 10 月 26 日

关键词：苏格兰黑山羊　价值投资　刚性泡沫

常言道，“要想长寿、常吃羊肉”，羊肉肉质细嫩，富含蛋白质和维生素，有益血、补肝、明目之功效，秋冬季节吃羊肉，既能滋补身体，又可抵御风寒，特别是被打入冷宫的广大韭菜同胞：一碗羊肉汤，梦里大盘涨。

为什么要抓住那只羊呢？毕竟我不是美食专家，抓了羊也不是要烤了吃、锅里炖，那只羊有一个特殊的名字——苏格兰黑山羊。

1. 苏格兰黑山羊

20 世纪 70 年代的一天，英国的三位科学家威廉、木辛特、赫迪从伦敦去苏格兰参加一场科研会议，越过英国边境不久，他们发现了一只黑山羊。

“真的太有意思了，”天文学家威廉说道，“苏格兰的山羊都是黑色的。”

“威廉先生，你这样没有广泛论据地去推断是不可靠的，”物理学家木辛特对威廉说道，“关于苏格兰的黑山羊这个问题，我们现在只能得出如下结论：在苏格兰这个地方，有一些山羊是黑色的，而不是全部。”

逻辑学家赫迪马上接着说道：“木辛特先生，你说的这个结论也不严谨，我们在此时真正有把握的结论只不过是：在苏格兰这一片地域内，至少有一个地方生活着至少一只黑山羊。”

三位科学家的这番对话后来不胫而走，流传开来。苏格兰黑山羊便有了一层特殊的寓意：当我们心怀执念时，我们的看法会变得片面。

当然，中华历史长河也曾闪现过与此类似哲理的浪花，例如盲人摸象，《大般涅盘经》有云：“尔时大王，即唤众盲各各问言：‘汝见象耶？’众盲各言：‘我已得见。’王言：‘象为何类？’其触牙者即言象形如芦菔根，其触耳者言象

如箕，其触头者言象如石，其触鼻者言象如杵，其触脚者言象如木臼，其触脊者言象如床，其触腹者言象如瓮，其触尾者言象如绳。”

2. 剪刀石头布

关于苏格兰黑山羊，推荐观看电影《动物世界》，有着极为精彩的呈现。

剧中，每人手里有三颗星星、12 张牌，牌面是四组剪刀、石头、布，输一局就少一颗星，目标是赢取对手的星星标志，至少达到三颗星，同时出完手中的牌，实现目标的可以免去个人所有债务，没有完成的要被关小黑屋成为人体实验对象。

第一只黑山羊：找搭档出牌

电影主人公郑开司刚拿到牌，就遇到了一位红衣男子，声称可以作为搭档，共同利用游戏的漏洞：如果每次都是平局，那么星星不会减少，12 张牌也能顺利出完，自然可以获胜。两人排好顺序，前几局都非常顺利，郑开司真有一种他乡遇故知的感觉，但是，突然有一局他输了，红衣男子的解释是他不小心搞错了，请求原谅，再来一局。小郑也没多想，谁能没个差错呢，接着再战，竟然又输了，红衣男子拿到了两颗星，小郑只剩一颗星，这时他才发现上当受骗。

第二只黑山羊：思维固化

玩剪刀石头布，有一种均衡思维的出牌方式，人会自然而然地把 12 张牌分为四组，每组都有剪刀、石头、布，一轮一轮地出牌，看似每张牌都有不错的机会能赢，但是忽视了牌局是公开的，每人又有 12 次出牌机会，因此只要找到这样的人，从前三次出牌中判断是均衡思维的方式出牌，那么，当第四轮出剪刀、第五轮出石头时，第六轮一定会出布，这是思维模式决定的。郑开司只要找到这样的人，在每轮出牌的末尾介入，几乎是必赢的。想一想为什么有些股票我们一买就跌，一卖就涨呢，异曲同工罢了。

第三只黑山羊：融资加杠杆

赌场最赚钱的当属放贷，看到你亏了好多钱，已经杀红了眼，旁边哄一哄："老板，之前运气差点，再来一把肯定赢，没钱也没关系，来打个欠条，回头赢了把钱还上就行！"这是跌落万劫深渊的开始。

《动物世界》里的赌场也有融资功能的钱庄，郑开司借了五十万美金，借款可以用来买星星，坑爹的是，借款利息是按照分钟来计算的，果然天下赌场一般黑。郑开司利用这笔贷款囤牌，连赢数场，原以为胜利在望，但是紧要关头，他的两位搭档为了钱，没有救他，结果输了人，还欠了一屁股债。

3. 完美杀手

过去一年的资本市场，黑天鹅飞来飞去的确让人猝不及防，被动挨刀，好歹一息尚存。然而，黑山羊是真正致人于死地的杀手，并非一剑封喉，而是慢慢窒息。资本市场的诡异之处在于，被洪流裹挟的投资者付出极大心血和代价换来了所谓的投资逻辑，形成自身的投资方法，但是反过来又会被这套思路所束缚，一时逞强便会粉身碎骨。

2018年，被称为价值投资元年，特别在年初，各大媒体展示出极大的热情，标榜巴菲特信徒的投资人也越来越多，不知道巴老看到成千上万的徒子徒孙会作何感想。但是很明显能感觉到投资者已经疯狂，代表就是腾讯：作为中国互联网的领军企业，腾讯的群众基础之扎实令人叹为观止，微信如空气一般充斥在生活中。想起一句台词：无敌，是多么寂寞。回顾腾讯的股价表现，年初涨到475.72港币，如今是300港币（见图2.23），特别是三月份的那次急跌，很多投资者秉承价值投资杀入，没想到后面一路下跌，成了A股的难兄难弟。

价值投资者经常说，寻找一条长长的坡，上面积满了厚厚的雪，然后，一只雪球就能越滚越大。遗憾的是，我们发现美股那样的长坡，在A股难寻踪影，我们是颠簸不平的泥泞路，踩上去深一脚浅一脚，暗坑遍布。什么是衡量价值投资的标准呢？美股是每年10%左右的稳健增长，我们则完全不同，第一年涨20%，第二年亏30%，第三年涨25%，诸如此类，等到第十年的时候回算，价值投资者宣称获得了每年10%的复合增长，回头看看A股，十年

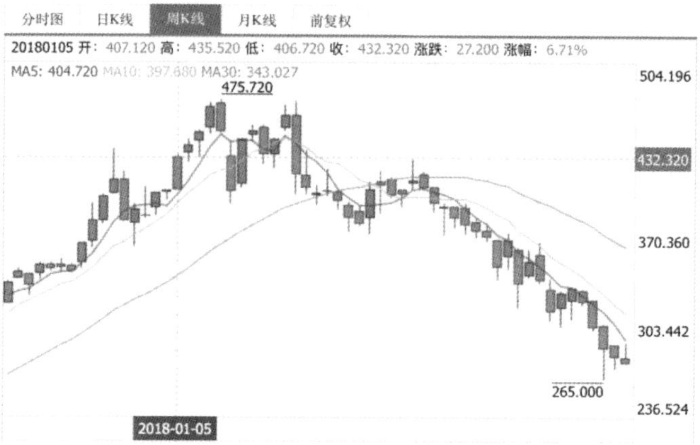

图 2.23　腾讯股价示意图(周 K)

前是 2 700 点，十年后依然是 2 700 点，异常保鲜。

价值投资的秘诀在于千万不能中途饿死，要活下来，直到丰收的那一天。与其说考验的是认知，不如说考验的是家底。当然，更悲催的是，往价值投资选中的股票里反复投钱，最后发现它一路下跌，直至退市，然后心死了，还死得心甘情愿。和碰上黑天鹅的怼天怨地不同，遇上了黑山羊，真是哑巴吃黄莲，有苦说不出，谁让你要这么想的？

茅台真的坚如磐石么？

美股真的一路向上么？

泡沫真的是刚性的么？

相信时间会给出答案，我们不着急也不害怕，因为我们要在这个市场上活很久。

第三章　常见陷阱与误区

魔幻主义宝粉的轮回

友情提示:本文约 2 500 字,需占用您 3 分钟时间,初创于 2017 年 12 月 29 日

关键词:钱宝　非法集资条例

还是熟悉的配方,还是熟悉的味道,还是熟悉的套路,钱宝网老大自首,挑破了久已病变的脓疮,两亿注册用户、五百亿流水拼凑的“王朝”轰然崩塌。

1. 魔幻主义粉丝

这是一个令公安部门无比尴尬的时刻,当南京公安局官方微博爆出钱宝网老大自首的消息时,无数钱宝的忠实粉丝反复质问:“为什么这条微博是用苹果手机发的? 以前用的可是安卓手机,一定是被盗号了!”看着大哥被围攻,江宁公安坐不住了,无奈怼回去:“你试试盗盗市局的号?”

我也凑了下热闹,把消息转发到朋友圈,很快就收到评论:“你确认是真的吗? 如果是真的,我得跳楼了。”看了吓一跳,一边回复,一边赶紧截屏转发他的领导,务求多关心,多关注,千万别走极端,做傻事。

晚上回家正给娃洗澡,接了隔壁老王电话,说后天一起签约“保险金信托”合同的计划取消,客户资金放在钱宝没出来,现在连网页都登陆不了,只能干瞪眼,半个多月前已经沟通好了,就差签约打款,客户拖到最后,是想着放钱宝还能赚不少利息,更划算。

关于钱宝投资金额的最高记录不断被刷新，从最开始两百万，到八百五十万，到五千七百万，最新传言一位大爷投了一点五个亿，贫穷确实限制了我们的想象力。这么多钱没了，认清现实的粉丝第一反应是找公安局，找派出所，听了不少流传出来的视频对话，警察蜀黍辛苦了，面对一群连投了什么都搞不清楚的粉丝们，解释到天亮怕也没用。

网友评论：钱宝网是庞氏骗局，早就该远离了！一位钱宝粉丝怒怼："无知！钱宝网老板姓张，就算是骗局，那也是张氏骗局，和姓庞的有什么关系?"要是查尔斯·庞兹听了，怕是棺材板要摁不住了。

哀叹的背后，还有暗自庆幸，那些为了凑齐八成首付款，"忍痛"告别钱宝的粉丝，是不是应该给南京房管局的叔叔阿姨送花送早点，感谢"救命之恩"?

阴谋论如期上演，故作神秘又不愿点破，言必称钱宝是被"暗害"，再顺便感慨：这么多年撑到现在也不容易，帮大家赚了不少钱，要感恩张老板，原来钱宝给过粉丝们逃跑的机会，可惜大家没有珍惜，如果上天再给一次机会，一定早点跑。

不知道自己买了什么，不知道钱宝为什么会垮，更不知道监管政策，只关心隔壁老王有没有赚过钱，看着之前钱宝公众号的粉丝留言，充满了魔幻主义精神，甚至对张老板饱含无限虔诚，宝粉们无师自通，用"爱"理财。

2. 魔幻主义理财

那一晚，金融民工们的晚餐可以加一只鸡腿，特别是卖理财的，这些年过得太憋屈了，公司内部拼命压缩成本，公司外部10%以上产品遍地开花，市场愈加混乱，监管频频出手，全是泪啊！看着自己的产品资料，三十页PPT，只有五页讲产品，剩下二十五页讲风险，除了地球爆炸没讲几乎说遍了，客户一看心脏病都惊出来了，赶紧奉上速效救心丸。

魔幻主义理财根本不需要风险提示，只要看到隔壁老王赚钱就行，不光赚了钱，过节还有丰富的礼品赠送，更少不了高端酒会和品质旅游，比起寒酸的传统金融机构强多了。

不少传统固定收益理财也是在赚差价，比如以5%年化利率向客户募集资金，再以7%年化利率贷款给企业，中间赚取2%的收益。钱宝是怎么赚钱的，一直是个“谜”，娱乐、化妆品、球队、共享单车之类的产品，哪一个不是烧钱的主，又不是什么暴利行业。诡异的是，投资者只要以做任务的形式看广告就能赚大钱，想起晚上看《国家宝藏》，电视台插播了那么多广告也没给观众一分钱，两者对比，不合情理。

当年如日中天，钱宝粉丝热衷攻击各类质疑时，钱宝却开始以冠冕堂皇的理由兜售股权产品，2016年发布过的方案中，甚至承诺了2017年的回购价格（见图3.1）。

我们先看看钱宝公告原话：【分享方案】

作为对忠实宝粉和忠诚钱旺将士的回馈，钱旺信控集团将拿出该上市公司的股份与大家分享，让宝粉们真正成为胜利果实的拥有者！首次认购价格每股20元，预计3~4个月后可以通过“全国中小企业股份转让系统”进行股票份额的交割确权，届时预计每股价格将攀升至40元左右。

钱旺信控集团为确保宝粉权益，承诺给予宝粉回购政策：

(1)回购窗口期：每年4月1日至15日

(2)回购价格：2017年回购价格每股不低于31元，

……………………………………………………………………

首先股权明确承诺回购价格这个就属于无限接近非法集资！这个我们先不讨论！我们就看这次钱宝怎么打脸！这个在钱宝贴吧已经删除了！

图3.1 钱宝公告

当然，还有年化收益高达43.6%的“QBII任务-雷神空天”项目，所谓QBII是表示愿意向钱宝网公司及旗下子公司进行股权投资，宝粉们看似分享到了钱宝网发展壮大的红利，但是，股权投资亏光了是不需要承担责任的。就像您和隔壁老王合伙开公司赚钱，公司要倒闭了，怎么可能找隔壁老王要钱呢，风险共担，收益共享嘛。当遍地散钱的钱宝发售这类产品时，就已露出狰狞的獠牙，说明内部变成烂摊子了，无法拿出更具吸引力的项目，连用PPT融资的戏份都省了，只能用公司股权这块遮羞布接着忽悠。

与其说是魔幻主义理财，不如说是现实主义“跑得快”，钱宝的高额收益击碎了很多人仅有的理性，亲友借钱、抵押房子、信用卡套现、信用贷借款等“高招”层出不穷，用“别人的钱”理“自己的财”成了致富新路子，可惜伴随钱宝的崩盘，钱没了，房子没了，自己上了银行黑名单，一切灰飞烟灭。这时才发现，原来“保本”是第一位的。

3. 魔幻主义善后

三年前，隔壁老王约我吃饭，当时他的广告生意挺好的，聊到财富公司，特别是万一跑路了咋办，我从理论到实践唾沫横飞讲了半天。

老王擦了擦脸，叹了口气说：“我讲个事儿吧，上月初一位兄弟委托我印刷、装订三万本合同，还定制了专用文件袋，他就是一家财富公司的副总，过了两个礼拜，突然打电话给我，都晚上九点了，要我务必赶到他的公司，我刚洗完澡，还以为他发什么神经就想挂电话了，结果对方吼起来了。原来他们老板跑路，这位兄弟特意留下了财务，赶紧要把我的账结了，第二天他们也要跑。”

老王得出结论：千万别买，万一忍不住买了又碰上崩盘，正常的途径要钱希望渺茫，既有兄弟提前通风报信，还能 HOLD 住财务结账，纯粹运气好。现在钱宝崩盘了，就算有朋友肯帮忙，碰上老板自首也不好使劲了，树倒猢狲散，局面彻底失控。

更可悲的是，一开始大家不愿报案。

不久前出台的《处置非法集资条例（征求意见稿）》明确规定，参与人应当自行承担因参与非法集资受到的损失，经处置非法集资职能部门认定为非法集资的，非法集资人、非法集资协助人应当向参与人退还资金。不过向参与人清退资金时，其因参与非法集资获得的实物和货币回报，应当予以扣除。也就是说，如果大家报案，钱宝被认定为非法集资后，只能拿回公司清算后的财产，然后大家再分，考虑到五百亿盘子，干了那么多烧钱的事，能剩下几十亿已经谢天谢地了，但两亿注册用户来分则杯水车薪，如果拿过钱宝发的奖品还要折算成现金扣除，收益更没戏了，想想就心塞。

宝粉心想：如果大家都不报案，等哪天张老板东山再起，欠的钱不就回来了么？何况当年张老板也是诈骗了一千多万入狱的，一切驾轻就熟。理想很丰满，现实很骨感，这么大动静，警察蜀黍不可能视而不见。这套魔幻主义善后方案被否是肯定的，南京刚判了“蓝莓”（见图 3.2），正所谓宜将剩勇追穷寇。

南京“蓝莓”公司非法集资过十亿上万人受害

2017-12-21 12:13:59 来源：交汇点 举报

分享到：

（原标题：非法集资过十亿上万人受害，南京“蓝莓”公司非法集资案两主犯被判无期）

非法集资过十亿上万人受害，今天（12月21日）上午，“蓝莓”系列集资诈骗案在南京市中级人民法院和南京玄武区人民法院宣判，一审以集资诈骗罪分别判处被告人李某、孙某某无期徒刑，剥夺政治权利终身，并处没收个人全部财产，以非法吸收公众存款罪分别判处被告人王某等64人9年至6个月不等的有期徒刑，并处相应罚金，并责令各被告人在各自造成的损失数额内连带退赔各集资参与人损失。

图 3.2 “蓝莓”公司相关新闻

这些年来，跑路崩盘的财富公司比比皆是，e 租宝、蓝莓、中晋、易乾、国粹堂……倒下的钱宝也绝不是最后一个，正所谓“野火烧不尽，春风吹又生”。不断轮回的不止是骗子公司，还有前赴后继的魔幻主义粉丝：如果相信低风险与高收益能够并存，如果不愿学习基本的金融理财知识，如果投资亏了还寄希望于“政府来托底”，那魔幻主义的魅影便不会远离，这片“肥沃”的土壤必将孕育一个又一个“钱宝”。

有什么样的“人性弱点”，就有什么样的“理财骗局”。

人不改变，下一个“钱宝”永远在路上。

买理财要自证合格投资者，算歧视吗

友情提示：本文约 2 200 字，需占用您 3 分钟时间，初创于 2018 年 5 月 25 日

关键词：合格投资者　有钱“任性”

隔壁老王最近很不爽，倒不是因为炒股亏了钱，他看上了一款理财产品，打算买上一百万，但是却被告知，先要提交资料，证明自己是合格的投资者，然后才能买。老王一听就气炸了：“我掏钱买你们家产品是看得起你们，还要证明什么合格不合格？搞这么复杂，我不买了！”

老王特意解开夹克衫，露出金光灿灿的大“H”腰带，一摆手把“PRADA”包往前推了推，此刻最恨的就是没有一只放大镜，把“Vacheron Constantin”腕表的小 logo 无限放大，闪瞎对面一片。

令他无比郁闷的是，这身过百万的行头还是不能证明自己是合格的投资者。

1. 什么是合格投资者

不管穿多大的牌子，在老王身上总能保持一种淡淡的山寨感，有钱不一定有品味，这是老王最苦恼的，如今买个理财都要被证明资格，戳痛了小心脏。其实，这并非歧视老王，提供合格投资者证明是“乌龟的屁股”——规定。

根据不同的客户群体，可以划分为合格投资者与普通投资者(也称不特定社会公众)，无论是私募投资基金管理办法，还是最新颁布的资管新规，都有对合格投资者的认定。其中，近期在朋友圈常被刷屏的资管新规，是指经国务院同意，中国人民银行、中国银行保险监督管理委员会、中国证券监督管理委员会、国家外汇管理局联合印发的《关于规范金融机构资产管理业务的指导意见》，与当年大秦帝国统一度量衡类似，资管新规的出台结束了金

融细分行业各自为政的历史，终结了在不同监管体系下“左右腾挪”钻空子的“监管套利”，将对合格投资者的认定推及更多理财品种，类似隔壁老王的情况也会越来越普遍。

资管新规中，合格投资者是指具备相应风险识别能力和风险承担能力的人，投资于单支资产管理产品不低于一定金额且符合下列条件的自然人和法人或者其他组织。

① 具有 2 年以上投资经历，且满足以下条件之一：家庭金融净资产不低于 300 万元，家庭金融资产不低于 500 万元，或者近 3 年本人年均收入不低于 40 万元。

② 最近 1 年末净资产不低于 1 000 万元的法人单位。

③ 金融管理部门视为合格投资者的其他情形。

对隔壁老王来说，若想买一百万阳光私募或是私募股权投资产品，要么提供年收入证明，要么提供银行存款、股票账户等金融资产证明，哪怕有南京十套房子的房产证、价值百万的名人字画、明清红木家具之类都不行，这些是实物资产，并非金融资产。

2. 舶来品的本土化实践

国内金融市场的发展历史比较短，很多做法借鉴了西方发达国家，特别是美国的经验教训，关于合格投资者的认定也不例外。

在 20 世纪 30 年代，美国《证券法》颁布时就已经意识到，在面向公众市场之外，还有一部分是极其小众的、不影响公众利益的市场，两者可以共存。从传播方式来看，非公开传播成为“私募”类投资的第一层含义，大街上发传单、电视台播广告之类肯定不行。

如果只是不能公开推介产品，那能不能找个酒店，把大爷大妈凑到一块，“你出一万，他出两万”一起凑钱买呢？美国人在这个问题上也纠结了好久，终于诞生了第二层含义，在非公开传播的同时，还要面向合格投资者，大爷大妈如果既没有相应的风险承受能力，也没有殷实的家底，就算把人拉过来一对一沟通，都是违规操作。美国对合格投资者的认定，是从工作收入和家庭金融资产入手的，我们也是拿来主义，照猫画虎。不过，美国人已经考虑到了通货膨胀等因素的影响，比如我们20世纪90年代的五分钱还能买块糖，现在五毛钱都不一定买得起“大白兔”奶糖。因此，2010年的《多特弗兰克华尔街改革和消费者保护法案》规定，美国证监会每4年会对合格投资者标准进行一次评估修订。

3. 操碎了心的证监会

全世界的证监会主席都坐在火山口，汹涌民意是炙热的岩浆，股市赚钱的时候没人想到证监会，一旦遇上股灾暴跌，证监会门口经常围观吃瓜群众，有拉横幅的，有送花圈的，还有静坐示威的，历任证监会主席的名字经常被股民调侃：有削得光光的、有割得什么都不剩、有输得一清二白。在扫荡了一批“牛鬼蛇神”“害群之马”后，很多散户依然在亏钱，若恰逢监管部门出台了“不合时宜”的政策，想不背锅都难。

此刻，证监会多么希望有一群人：一方面他们很有钱，家底够厚，不必担心赔了钱变得一无所有，成为社会不稳定因素；另一方面他们有专业的知识储备，能够理性看待市场的变化，不会盲目追涨杀跌，更不会一哭二闹三上吊，合格投资者应运而生。相反，普通投资者手里没多少银子，经不起折腾，专业知识更是匮乏，只适合标准化、简单化的理财产品。任何一款产品，当它从差异化定价走向标准化定价之后，收益自然少许多，当然起点低了利率也很难高。

从现实操作来看，证监会想认定投资者是否专业是很困难的，总不能出个合格投资者证书，让全民来考证吧，全国的教室也不够用。相较之下，判断是否有钱更为简单直接，如果老王买了三百万的金融理财，合同总要多看几份的，经验总能积累的，这比手里拿着一堆张大千字画却没什么存款的老赵强多了，即使老赵卖了字画能换更多的钱。

4. 有钱自然任性

俗话说:“看过了许多道理,却依旧过不好这一生。”巴菲特、达里奥、格雷厄姆……书本上一连串名字灿若繁星,如果大师大作看多了就能变得成熟专业,那出版社孕育出的股神应该最多。

证监会对合格投资者的认定揭示了资本市场的唯一真理:有钱自然任性。图 3.3 展示了 2014 年 1 月到 2016 年 9 月的走势图:左边是不同时间段某基金销量和沪深 300 点位,右边是不同时间段沪深 300 收益率。很明显,基金无人问津时买入收益可观,基金热销时买入收益大多糟糕。

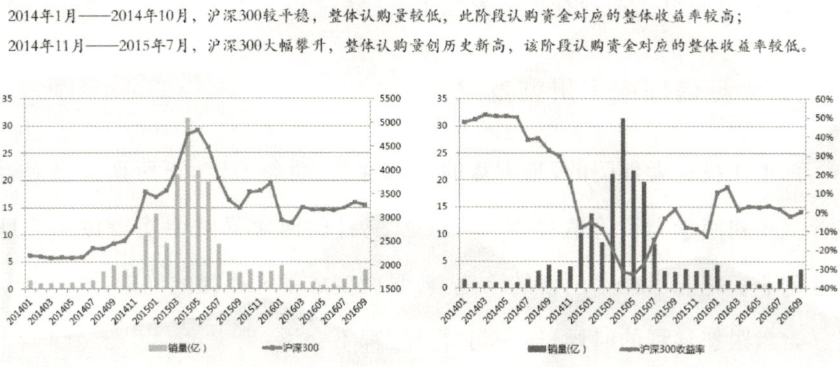

图 3.3　基金销量与大盘走势

监管对合格投资者的认定就是要求有钱,即使怀揣一颗韭菜心,在 2015 年股市最疯狂的时候买入,经历三轮股灾蹂躏,只要手里有钱,小跌小买,大跌大买,坚持持有到现在收益都不会差。有钱就能等得起,反正不影响正常生活,有钱就能反复买,每一次抄底都能抓住。有持续性、大额现金流的投资者,只要自己不作,在 A 股里就是收割机,战斗力是极其恐怖的。为什么股灾中的救市,“国家队”总能赚得盆满钵满,因为它太有钱了,“子弹(资金)几乎是无限的”。技术再牛、水平再高,手里没钱还不是满仓套牢干瞪眼?

如此看来,对于合格投资者的认定不仅不是歧视,还是一种保护,更指明了投资成功的秘诀:手里的“子弹”永远不要打光。

三千点不应盲目赎回优质基金

友情提示：本文约 2 500 字，需占用您 3 分钟时间，初创于 2018 年 6 月 6 日

关键词：优质基金　投资者心态

八字头的年份确实不太平，本来 2018 年是“要发要发”的，结果到了年中才发现真正发财的是面馆老板娘。自从开年以来，大盘从近 3 600 点高位反复探落 3 000 点，绿得极其养眼，关灯吃面的次数多了，也从大饭店改到了路边摊，再跌就只好买两斤挂面回家煮了。

1. 大盘信仰成了川剧变脸

真正让投资者郁闷的，是大盘的难以琢磨，飘忽不定，正所谓大盘心，海底针。年初刚学会了价值投资，就在二、三月的两次暴跌中伤得体无完肤，刚夸创业板托起了技术创新的希望，转眼就变成了赤裸裸的绝望。

大盘跟您拜拜的时候，连一句“再见”都不会说。

今年压力最大的是“重仓单票”的投资者，以神雾环保为例，从年初近 22 块跌到 7 块多(见图 3.4)，打折比奥特莱斯还狠。想当年也是扛把子，要业绩有业绩，要技术有技术，要牌子有牌子，要概念有概念，就像陈佩斯说的，“真想不到这浓眉大眼的家伙也叛变革命了!”

如果说资金链断裂带来的危机尚属“情有可原”，至少还有割肉跑路的机会。那么，被关在小黑屋里盼星星、盼月亮的日子就异常惨淡了，“有喜事，选金一”的口号朗朗上口，对股民来说成了黑色幽默，从年初 18 块跌到 10 块钱，说好的股东增持变成了偷偷减持，还毫无征兆地停牌了。

新股发不停、退市制度建立、债务危机发酵、大股东变“魔术”，再加上一些口无遮拦的推特等，多重因素交织在一起，异常复杂。与去年低波动的一九行情不同，今年是高波动的四六行情，比如去年年初拿对了票，持有到年

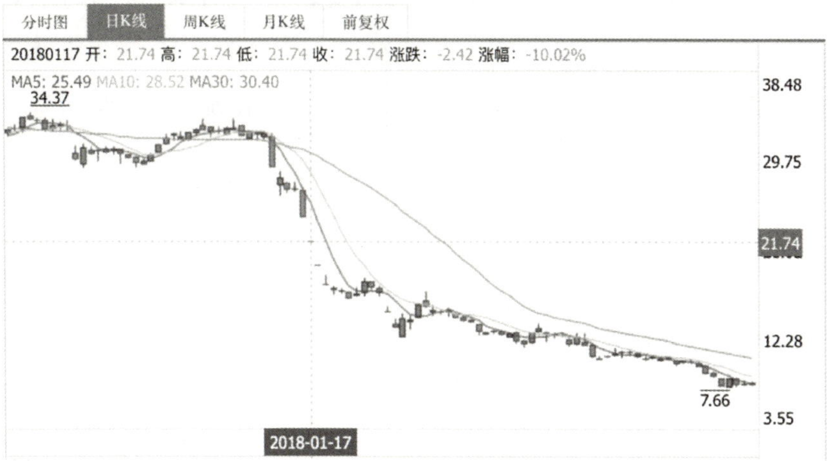

图 3.4　神雾环保股价走势图

底心情十分舒畅，能赚不少钱，今年很多股票的行情来得快、去得更快，好不容易积攒的收益一天就没了，甚至亏本。因此，今年“重仓单票”并不是好的选择，去年的成功经验不可简单复制。

2. 十年轮回恍然若梦

五月恰逢母亲节，金融民工纷纷在朋友圈晒起了祝福：十年之前大盘是三千点，十年之后还是三千点，愿妈妈像大盘一样永远年轻！

当然，曾经年轻过的并不只有 A 股，与近十年波澜壮阔的牛市相比，“道琼斯指数”也有一段宠辱不惊的暗淡时光。如今甚嚣尘上的中美贸易战，和当年的古巴导弹危机、越战泥潭、肯尼迪遇刺相比，实在是小巫见大巫。

年初，大盘走出气势恢宏的十四连阳、一度逼近 3 600 点，如果那时按捺不住内心的狂喜，有过入市冲动，甚至重仓买入，那么在大盘 3 000 点时，反而踌躇不前，甚至想赎回优质基金就显得不合时宜了。

3. 投资人的盘算

从资管新规落地，到一系列监管发文，未来以固定收益为主的金融理财格局注定会被打破。今年的债券违约等一系列事件，让片面追求高利率的投资者开始思考一个新课题：假如投资300万，一旦违约，回来的本息收益可能是0；买一只基金，就算亏了一半，还有150万，如果赚了，说不定就变成450万了，正所谓形势比人强，内心的天平逐渐向后者倾斜。当然，投资人也有自己的盘算：

这只基金翻了三倍！

很多朋友喜欢用翻多少倍来形容一项投资的好坏，讲出来也有气势，很容易看到小伙伴们惊呆的眼神。这其实就是“MOC收益倍数（Multiple of Capital Contributed）”，衡量股权投资时也经常用，好处是简单，投资收益是2亿，成本是1亿，收益倍数就是2x，坏处是没有时间概念，比如同样是翻两倍，一年翻两倍和三年翻两倍是完全不一样的。

算下来每年有10%么？

不少朋友一看各类曲线就头大，直接问：如果拿上五年，每年收益能有10%么？简单点可以用年化收益率来衡量，即（投资收益/本金）/（投资天数/365）×100%，不同基金操作思路不同，各领风骚一阵子，用这款指标衡量比较直观。如果是私募股权基金，特别是投资多个项目，每个项目退出时点不同，这时会用“内部收益率IRR（Internal Rate of Return）”，即资金流入现值总额与资金流出现值总额相等、净现值等于零时的折现率。同等条件下，内部收益率自然越高越好。这些指标不需要自己算，产品资料上基本都有，只要清楚大概意思就行。

要是倒霉了最多亏多少钱？

有朋友开玩笑说投资就是靠运气，如果自己实在倒霉，最差的情况会怎样呢？通常我们用最大回撤来衡量，也就是从历史数据来看，刚好买在基金净值顶点又一路下跌到最低点的幅度。比如最大回撤30%，就是一百万投进去最多亏三十万，通常最大回撤会发生在牛市转入熊市时，大盘在亢奋地上涨后接连暴跌，很多所谓卖房炒股也是发生在这个时间段，一个星期赚几十万的诱惑太大了，当然，最后发现都是纸面富贵，过眼云烟。另外，私募基金通常设置开放日，比如一个月开放两次，也就有开放日最大回撤的说法，虽然基金最大回撤是30%，但是等到开放日时，基金可能就反弹了，一般开放日最大回撤数值会小一点。

我的心理承受能力不强。

这是隔壁老王的口头禅，经常说随身带着速效救心丸救命。除了结合最大回撤来看，还需要关注基金波动率，如果波动率高，表现为大涨大跌，就需要一颗强大的心脏，如果波动率低，看着回报还行，就适合老王这样的小心肝。难道说波动率大了就不好么？也不是的，对于成熟的投资者而言，选择波动率大的基金，如果跌了可以追加认购，如果涨了择机赎回，实际回报比放着不动要高不少，更讨喜。同时，衡量基金的波动率要选择同类策略的，比如用股票多头基金和对冲基金比波动率就不合适，毕竟基金加了对冲手段就是想降低波动率。

买了应该持有多久呢？

一些朋友把买基金当成了炒股票，想赚一把就跑，亏了钱就埋怨管理人水平太差。需要正视的是，再优秀的管理人也不是神，做不到次次都赢，它能做的就是提高赚钱的概率，降低亏钱的概率，抓住机会好好赚，碰到大跌少跌点。所以，短期市场的涨跌是看不出真实水平的。

通过图3.5(某基金历史表现)可以看到，持有周期越长，亏损的概率越低。比如持有一年最差的结果是亏33%，最好的情形是赚123%，平均水平是赚23%，而持有第二年最差的结果是亏22%，亏损概率也随着时间的推移不断降低，第4年甚至为零，即持有四年不会亏钱，最差收益是16%。图3.5中的最大亏损普遍在股市顶点时买入，比如2015年5月。对比目前的三千点，显然买入两年后赚钱的概率要高不少。

单从收益来看，优质基金的回报并不比房产投资差，以往炒房来钱快关键在于利用了低成本资金的杠杆，比如公积金、商业贷款、信用卡套现等。现在融资渠道越来越窄，杠杆率越来越低，南京河西开盘已经要八成首付了，全款买房的也不少，买房拿到不动产权证后三年才能交易，算上盖楼差不多五年的时间，假设新盘开盘价4.5万，五年后以9万卖出，收益100%，

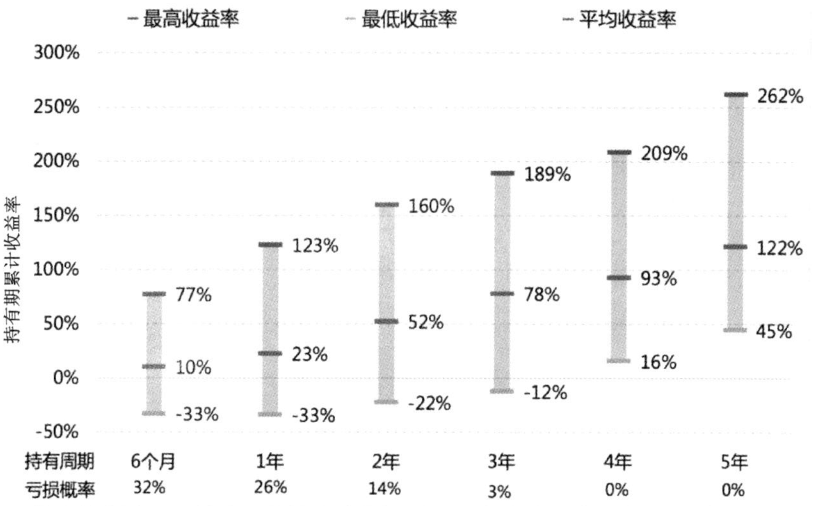

图 3.5　基金持有周期与盈亏概率

与持有优质基金五年 122%的平均收益相比并不突出,这还没有算上房产交易各种税费,更没考虑阴魂不散的房地产税。

鞋子合不合适只有脚知道,基金好不好是一方面,适不适合自己更重要。通过以上几个常见的口头禅,可以大致描绘出与其匹配的基金"画像",再结合市场情况的不断调整,备好"余粮(闲钱)",理性应对,相信一定能取得满意的回报!

股灾之后，手里的基金怎么办

友情提示：本文约 3 800 字，需占用您 5 分钟时间，初创于 2017 年 5 月 27 日

关键词：阿尔法与贝塔　策略互补　风格飘移

18 个交易日，股市蒸发四万亿，人均亏损超 8 万；

1800 只股票创新低，跌幅 50%以上并不鲜见；

冰火两重天，“漂亮 50”一骑绝尘，恍若牛市。

当欧美股市屡创新高之际，A 股依旧特立独行、不走寻常路，期间参杂的各类“大片式”剧情屡屡惊爆吃瓜群众的眼球，各种充满想象力的下跌无情碾压着中小票。当 5 月 12 日央视播撒了 4590 亿 MLF（其中 6 个月 665 亿元，1 年期 3925 亿元），新华社再次喊话“老乡，别走”，股民们终于可以鼓起勇气在关灯吃面的同时，默默加一根香肠，好歹市场企稳，激动地发现“村口赌档”还有人管。

当然，市场永远是对的，我们无意去解释，甚至预测 A 股的未来，但这次急跌成为我们甄选、管理基金的试金石。

1. 阿尔法与贝塔

投资者喜欢以赚钱还是亏钱作为衡量基金收益的标准，结果导向固然无可厚非，但是深究一步，我们更关心收益的来源：是自身能力的结果，还是市场风口吹起来的。芳婆糕团店的门前，经常排着长队，饭团、老卤蛋之类在南京并不少见，但比得过芳婆的没几家，芳婆的食材、做工超越了市场的平均水平，获取了更高的利润，这就是“阿尔法收益”。小龙虾是夏天最受欢迎的美食之一，南京的大街小巷少不了小龙虾的踪影，它的烹饪并不复杂，隔壁老王就算是做拉面馆的，只要找好货源、肯吃点苦，顺便卖个龙虾生意就不会差。毕竟有南京成群结队的吃货们养着，如果隔壁老王心血来潮，跑

到没有吃小龙虾习惯的地方开店，倒闭的概率要高不少，这类市场原因带来的收入就称之为“贝塔收益”。

当您看到一款收益不错的基金时，要多问问，它的收益来源是什么，有没有可持续性。例如某段时期涨势非常好的基金，依托了商品市场、债券市场、股票市场上涨的“共振”，它的收益来自于三个市场取得的“贝塔”，然而多个市场牛市叠加发生的概率是比较小的，所以再次认购时就要放低预期，或是作为投资组合的补充。万不可孤注一掷，冲着过往的高收益，想搏一把出来，毕竟三个市场能共同上涨，未来也不排除一起下跌。

阿尔法的收益识别较难，简单点看，当市场上涨时能不能跟上，下跌时是不是跌幅更小，当然参照的标准也要匹配。如果买的基金主要是投资中小票的，只看上证指数就会失真，同时，类似策略的基金表现也可作为参照。正如跑到商场里买空调，空气压缩机的原理未必人人都懂，但是同类档次的空调多比比，哪台用着舒服会有直观的感受。

人在江湖飘，哪能不挨刀，投资好比打群架，挨揍、亏损是正常的，只不过要训练得耐揍，大势不好时，比市场跌得少点，等机会来临时能迅速把握。

2. 策略互补

不同的基金获利手段不同，作为一项长期投资，寻求策略的互补是重要任务，市场的调整会给我们创造重新审视策略互补性的机会。

四月以来股市的大幅调整，钟情大盘股、绩优股的基金均获得不错的收益；以往涨势更好、热衷概念炒作的小票基金反倒偃旗息鼓，遥想当年川普当选时，川大智胜涨停，四月则跌了 20%，这两类就是互补性的基金组合。当雄安行情爆发时，有一类基金涨势不错，它的持股相对集中，根据预判埋伏了相关股票，获得了不错的收益，同时，它的仓位灵活，没有被之后雄安概念股的下跌行情中伤，是很棒的交易型私募。当翻开一些私募的介绍，会发现投研人员比较多，甚至占到一半以上，这类私募通常仓位较高，不会轻易加仓、减仓，通过对持仓结构、股票的调整，高抛低吸，赚企业成长的钱，获取长期回报。2015年股灾发生时，这类私募不少依然高仓位运作，硬扛到底，跌得深，反弹快，也有使用做空股指期货等手段，是研究型私募的代表。

若组合中的基金都发生了较大幅度的亏损，首先要看它们的策略是不是类似，其次要看未来的操作思路会不会重合。当听到一家衷情创业板的私募突然说要改头换面买银行股时，最好把它视为一家新私募，正如“戴上紧箍咒的至尊宝，忘却前缘尘世”。

有时会听到朋友交流黑天鹅太多，白天鹅太少，越想越害怕，万一中国经济崩溃了怎么办，万一朝鲜开战了怎么办，国内货币发得太多、人民币变废纸怎么办，诸如此类问题往往是微信朋友圈的常客。我们并不否认策略的互补性在黑天鹅面前会失效，正如《人民的名义》中的祁同伟，算来算去还是难胜天半子，但这类归于“上帝”思考的话题，对普通投资者来说，意义不大，不如多思考能力范围内的事情。

随着年龄的增长、财富的增加，孤注一掷付出的代价越来越难以承受，尽可能多的分散配置，寻求东方不亮西方亮的互补性，是不二选择。回想2015年股灾亏损最惨的基民(基金持有人)，不少是只抱着创业板的基金不放手，怎么上去，怎么下来。

3. 风格飘移

在漫长的资本市场磨砺中，每位基金经理会或多或少形成自己的投资风格，学历背景、成长经历、职业履历等都是参杂其中的因素，有善于交易的，有热衷选股的，有喜欢重仓的，有喜欢分散的……正如森林中的老猎手，有的喜欢玩弓箭，有的喜欢玩猎枪，有的喜欢设陷阱……如果不按自己的套路出牌，就称之为“风格飘逸”，“风格飘逸”并非必然体现为投资的亏损，有时甚至是获利。正如去肯德基点汉堡套餐：薯条＋汉堡＋可乐，上餐时才发现，薯条被换成了土豆泥，反正都是土豆做的，将就一顿没关系，但是作为长期用餐，我们会尽可能多地追求确定性。就像在餐馆点鱼香肉丝的时候，不要上成青椒土豆丝，当然市场也在变化，就像猪肉丝没了，会拿鸡肉丝来替代，但别偏离太远。

每次股市的血流成河都是对基金经理投资体系的考验，同时也是言行一致最好的测谎仪：如果标榜擅长金融股的管理人，这轮股灾也跌得很惨，要么是风格漂移，明明应该买金融股，实际大部分却买成了中小盘，擅长金融股成了幌子，要么是学艺不精，重仓了民生银行、第一创业之类；如果号称是绝对市场中性的对冲基金，也跌得稀里哗啦，八成是买了中小创股票。以沪深300股指期货做对冲（在过去小市值股票行情好的时候，这类策略的收益很可观），虽然一开始能做到市值的匹配、对冲，但以中小创惨烈的跌幅，做空沪深300股指期货也很难挽回，而买沪深300范围内的股票，同时做空沪深300股指期货，是较为接近市场中性对冲的做法。

4. 动态管理

任何一只基金，认购只是开始，远非结束，正如播下一粒种子，少不了浇水、施肥，长歪了得修修剪剪，结果了要及时采摘。

隔壁老王喜欢吹牛买股票时有“内幕消息”，但是却越来越难赚到钱，要么是故意放出的消息找人接盘，未能识别出圈套，要么是确有此事，尴尬的是朋友抛的时候忘了通知，留下老王独处深闺被深套。没有哪只基金或股票是稳赚不赔的，付钱将其收入囊中只是获得了博弈的筹码，刚上牌桌拿了牌，后面怎么出才是关键。

对于基金投资来说，组合定胜负，而非某个基金一时的输赢。最简单的套路，持有基金的同时，搭配基金市值30%左右的资金作为备胎，这部分资金以短期理财的方式存在。当持有基金发生较大幅度的亏损时，若风格没有漂移、未来操作可行、市场行情转暖，就应该将备胎资金分步投入，等待反弹回升，更复杂的组合中会囊括不同仓位变化、不同选股风格、不同投资市场等因素的基金。对一揽子投资组合的管理绝非被动等待，各家基金经理对未来有什么看法，打算以什么方式应对，最终应对的结果怎么样，哪些方面考虑欠缺，有没有致命错误，风格飘逸是否发生等，这一系列问题都需要长期跟踪，是继续持有还是赎回、抑或是追加认购，操作也是动态变化的。

2015年股灾开启的三波下跌，砍伤了很多投资人，有一类基金最遗憾，持有的股票是不错的品种，初期应对得当，无奈仓位过高，为了应对投资者的赎回，被动地以地板价割肉，基金净值更低，形成恶性循环。《大空头》中的基金经理为何固执地选择封闭基金，就是担心发生“踩踏”；有一类投资者最悲催，急跌造成的心理冲击太大，在最需要沟通的时候，身边的客户经理玩“失联”，原本是不错的基金管理人，应该选择追加投资，但是，恐惧压垮了防线，未能等到后期上涨便离场了。在市场的波动中，如何享受其中一段行情带来的收益，有基金的选择、追踪，更有情绪的控制、理性的力量，能有一位陪伴着经历市场阴晴圆缺的战友，是很幸福的事情。

5. 为何一直被套牢

隔壁老王哀叹，自己的人生就是一部A股套牢血泪史，2007年五千点入市，随后深度被套，卸载了炒股软件，忘掉了交易密码；熬到2015年解套，好不容易找回了证券账号，在遍地股神的四月份，筹集资金，重整旗鼓，准备大干一场。两月后的股灾，从1.0到4.0，各种摧残接踵而至，一怒之下又卸载了炒股软件，忘掉了交易密码，一百多万资金豢养在暗无天日的A股里，十年颗粒无收。

老王躺倒装死的方法虽然笨，但是不无道理，只要不是很烂的股票，抱着传宗接代的心态，在奇葩的A股总有解套的一天，甚至3600点被套的票，在3000点解套也不是新鲜事。我们在过去八年间曾对十家私募的表现做过统计，任一时点买入，持有六个月赚钱的概率是63%，持有一年赚钱的概率是72%，持有三年赚钱的概率是96%，持有周期与赚钱概率之间没有因果性，但有相关性。当您持有基金或股票的时间很短，老是换来换去，赚钱当然更难，难怪不少投资者抱怨，股票或基金买了好久不涨，刚一卖掉就涨，懊悔不已。

持有六个月为什么赚钱的概率只有63%呢，原因之一在于进入时点，

2015 年 3 月到 6 月之间股票基金销量最好，结果那时买的基金收益却大多不佳。相反市场越是平淡，基金销量糟糕，收益反而不错。巴菲特名言：在别人恐惧时贪婪，在别人贪婪时恐惧，如雷贯耳。对于五千点杀入股市的股民、基民而言，三千点的股市更应考虑逐步介入。

铁打的市场，流水的过客，没有“买到即赚到的基金”，更多的时候像打掼蛋，若手里一把对子、一个炸，对手却在不停出顺子，只能耐心等待，等他们剩下一堆单牌，再放炸弹夺牌权、上对子，打出自己的节奏。同理，持有基金的过程大部分是平淡无奇甚至惊心动魄的等待，当基金经理抓住市场机会时，才会有可观的收益。

伴随着资本市场的成熟，庞大的散户参与者必将被专业机构投资者所替代，在操作系统的速度、信息分析的能力、股指期货等工具的运用等方面，散户均处劣势，把钱交给基金管理人也会是一种新常态。

最后，再次感谢朱一顺先生、蔡金平先生给予本文的指导与把关，祝福所有读者都能享受到资本市场的胜利果实！

本期助阵嘉宾：

朱一顺，江苏汇鸿汇升投资副总经理，十四年以上投资项目管理及证券投资操作经验，荣获 2016 年中国对冲基金年会“最佳基金产品奖”“TOP30 对冲基金经理”等多项殊荣。

蔡金平，早年参与江苏平安筹建，关注三十多年资本市场，经验丰富：如港股投资周期十年、收益十倍；2007 年、2015 年两波股灾发生前离场；2017 年再入市因重仓绩优股未受波及。

炒股，最大的风险是踏错节奏

友情提示：本文约 3 000 字，需占用您 4 分钟时间，初创于 2018 年 4 月 18 日

关键词：考验信仰　最大风险

在川普唾沫横飞的叫嚣声中，全球股市迎来韭菜绿，分外养眼。月明星稀的夜晚，隔壁老王发来一张照片，打开一看：热气腾腾的韭菜鸡蛋面，外加一行小字：唉，又得关灯了！每逢市场大跌，老王总喜欢关灯吃面，似乎是惯例，也成为神圣的仪式。

问君能有几多愁，恰如吃面泪千行。

1. 考验信仰的时候到了

细算下来，这次也称得上是股灾，余震未了，涨跌互现，又到了选择何去何从的十字路口，忆往昔，以史为鉴。股灾 2.0 时，舆论也是一片哀叹，不少股民选择割肉，甚至悲观到跑去换黄金、换外汇。

与彼时的私募大佬交流，其基金在股灾中也被打得灰头土脸，不过风采依旧，讲了不少内容。技术面分析可以略过，印象最深的一句话是：决定选择坚持还是离开，就是信仰！相信这个国家有希望，相信我们的企业有竞争力，自然会留下，如果不相信，自然会离开，不仅会离开股市，也会离开这个国家。但是，谁也无法赚到你不相信的那份钱，绝无可能一边想着中国崩溃论，一边还能从股市中赚大钱，毕竟股市接连暴跌很容易摧毁投资人的信心，割肉离场不奇怪。大佬的基金选择了坚守，趁着别人割肉，调仓换了不少好股票，等到大盘企稳回升，给客户填平了亏损，也赚了不少钱。

如今，川普提起了贸易战的大棒，带着轻蔑的微笑、辛辣的嘲讽缓步而来，全球股市都吓尿了，这正是考验信仰的时刻。

2. 贸易战不恋战，与时间赛跑

贸易战分析的文章有很多，对世界格局、资本市场的影响众说纷纭。

美国人就像村里的大地主，中国人正如长工，开始干的都是力气活，任劳任怨，而且聪明好学、有上进心。地主在外面沾花惹草了那么多年，回头一看，长工都快自立门户了，心态失衡是肯定的，直接拿起砍刀动武 PK 代价太大，贸易战的方式既能扳手腕，还不至于流血，自然成为擂台之一。

半年前，曾参加国家信息中心范剑平主任的讲座，最核心的一点是：与时间赛跑，我们的对手不是美国人，是中国人口的老龄化，2027 年中国就进入老龄社会了，未来十年是关键期，只要经济发展不被打乱，加把劲就能率先实现现代化，如果没搞定，变成未富先老就悲催了，能不能上就差一口气！回过头来看，强化核心意识、大部制改革、反腐扶贫、打压金融地产、三去一降一补等都是要拼一口气，抓紧时间和老龄化赛跑。从这个角度来看，贸易战不会失控，见好就收，做出让步是大概率。

最近举办的中国发展高层论坛，在央视出镜的就有贝莱德、黑石、戴姆勒、苹果、IBM 等全球商业巨擘掌舵人，光诺贝尔经济学奖得主就来了七位，纷纷隔空喊话，反对川普贸易战，体现了合纵连横的智慧。当然，博弈不会那么快偃旗息鼓，但更不会完全失控。

3. 最大的风险——踏错节奏

令隔壁老王无比胸闷的一点是，年前暴跌刚割完肉，看着上涨又买回来，转眼又遇上暴跌，两边挨刀的滋味很难受。

今年资本市场征战，一方面要相信国运，类似贸易战这种声势吓死人的事件不会少，料想全球韭菜绿还会再次上演，没有大心脏就只好不断割肉了，想想都郁闷；另一方面要调整好节奏，今年股市全面牛市的概率几乎没有，慢牛的说法在之前讨论过，感觉 A 股用“鸡飞狗跳”来形容更贴切，除非“国家队”撒手人寰，不然全面熊市的概率也不高。如果认同震荡格局，那每一次下跌都是分批进场的时机，而不是忙着割肉。

4. 家家有本难念的经

翠花——抱着一堆公募：

翠花买了三百多万的公募基金，绝大多数时点都在2015年5月前后，几乎站在了高高的山岗上，三年之后还是惨不忍睹，咨询应该怎么办？

从三个维度考虑：一是看基金管理人，从业年限、过往业绩等，悲催的是翠花的基金大部分由两年左右经验的管理人操刀，其实水平不比韭菜高多少，部分基金管理人变动非常频繁，更是劣势；二是看前十大重仓股，这很体现基金管理人的能力，如果十大重仓股占比很低，选的股票又不行，还不如买指数基金，如果十大重仓股占比较高，也能捕捉到时下热点板块，则可以持有观望；三是看最大回撤，也就是最大亏损，或者看距离15年的业绩高点有多远，如果慢慢爬上甚至超越自然是好基金，如果离得太远还是赎回算了。

翠花的二十几只基金一一分析完，除了坚决赎回和持有的，中间模棱两可的基金咋办呢？建议翠花设定一个赎回期，比如十个月，每个月赎回持有基金的10%，逐步赎回，这样做自然无法赎回到基金净值的最高点。但我一直认为抄底和逃顶都是上帝干的事情，这样做的优势是不断“熨平”净值，分段之后等额赎回，虽然不是最优方案，但是不会最差，也更为可行。

如花——卖房买私募：

如花代表一类新入的投资者，由于国家房地产调控，融资利率抬升、首付比例提高、信用贷清查、限制信用卡套现等政策接连落地，以往熟悉的炒房套路玩不转了，于是看中了资本市场发展的机会，毕竟政府一行三会合并，依然保留了证监会，说明是有所期冀的。

选择私募而非公募也有所考量：一是激励机制，私募赚钱动力来自于收益分成，只有帮客户赚了钱才有权利分，如果实力很强，分到的钱不会少，而公募主要是管理费收入，相对稳定，出色的管理人在公募拿到的钱和自身的高水平不相称，所以“公奔私”才屡见不鲜；二是团队稳定，基金盈利能力依托于管理团队的稳定，如果是私募普遍采取的合伙人制，离职概率比较低，如果是打工仔的公募制度，管理人频繁更换并不鲜见；三是经验积累，能够自立门户的管理人经验更丰富，公募基金更像培训学校，等基金经理水平牛了也就离开了。

但是，并非买了私募就万事大吉，不同私募的特点不同，需要持续跟踪，有的波动大，需要准备加减仓，有的盈利方式特别，需要关注盈利可持续性。更重要的是，在较短时间内，不建议对同一家私募做过多追加认购，等配好了两种以上不同风格的私募再追加也不迟，今年的市场押注一头赚大钱的概率并不高，碰到全球韭菜绿一起下跌的概率倒不小。

老王——股票套牢中：

老王的状态大家感同身受，其实A股机构化的速度比想象中快一些，散户的话语权越来越弱，在大盘上下震荡中失血严重，更别提有些股票一直拿着却连个像样的反弹也没碰着。所谓“民间股神”即使没被监管“拍死”，也被国家队、私募等机构虐得够呛，股票交易能力看似简单，买卖谁不会呢，但它却是门槛非常高的行业，就和足球一样，国家队男足踢得再烂，绿茵场上虐一堆球迷还是绰绰有余的。

我建议老王做个转换，股票被套牢的时候盘点资金，看看能不能出一百万买只老牌私募，在股市跌得惨的时候买入，后期市场回暖时，自己的股票也会有盈利，顺势减掉一些，当然私募大概率也会向好，后期不断减少股票仓位，直至都置换为私募等投资机构的资金。初次选择私募，建议找老牌的、活得久的，毕竟做二级市场的私募基金和做一级市场的股权机构都是两极分化很厉害的领域，最好的和最差的都在里面，那些笼统谈私募平均收益率的都忽视了这点，选择能稳定在前5%的私募管理人胜率更高。

5. 危机应对之策

近期朋友圈流传了很多危机何时来临的帖子，单纯猜测什么时候发生自然毫无意义，但是不妨碍我们提前应对。在之前文章《流动性和资产配置之锚》中，我们从流动性的视角探讨了理财规划需要关注的问题，譬如维持家庭合理的负债结构、看好流动资金的运转等，从理财品种的配置角度，可以考虑在以下三个方面同时应对：

一是选择实力强劲的金融机构配置固定收益理财，毕竟风控能力、应对危机的水平之类是需要时间沉淀的；

二是配置一定比例的保险产品，兼顾保障和理财，安邦事件震动很大，公司被托管，但是并未影响到客户权益，类似的托管行为在国内已经发生过两次，保险公司重组也不是什么新鲜事，同样不影响客户。放眼海外，2008年金融危机时，政府对于保险公司的救助一向态度鲜明；

三是选择中性量化对冲基金，自从被监管限制之后，市场贴水、波动率等状况持续堪忧，影响了它的盈利能力，近期才有所好转。我们国家并未开放股票期权，量化对冲基金无法做到完全对冲，虽然够不上真正“中性”的称号，但是五轮股灾下来，中性量化对冲基金的表现不俗，在今年的两次股市暴跌中甚至是赚钱的，显示了它在极端风险状态下的抵御能力，未来若“资管新规”落地，固定收益理财逐渐消失，中性量化对冲基金也算是退而求其次的选择。

当然，很多朋友还有不少土办法，比如买小块黄金、黄金ETF等，都可以作为补充，这些理财品种之间相关性比较低，正如井水不犯河水。所谓危机应对之策，就是把财产切割成不同的部分，然后放到好几个相关性较低的资产类别中。

如果将国家比喻为上市公司，那么每个人生下来的出生证就是入股凭证，彼此荣辱与共，休戚相关。唯愿国运绵长，顺利渡过此劫！

孩子鼻炎要当心，腺样体手术记录

友情提示：本文约2 400字，需占用您2分钟时间，初创于2018年4月8日

关键词：腺样体肥大　保险报销

大宝腺样体手术之后总算松了一口气，住院后才发现有这么多小朋友都有类似的经历。家长先是以为慢性鼻炎，用药后迟迟不见好转，最后发现是腺样体肿大需要切除，甚至还有家长并未意识到孩子腺样体出了问题，还以为是个人体质。毕竟从我们家长的经历来看，未曾多见，这也侧面反映出如今的空气污染等环保问题不得不重视，没有这么多外部刺激，怎会如此高发？

1. 久治未愈的"鼻炎"

孩子两岁开始经常有鼻塞、流鼻涕之类的症状，由于家长有慢性鼻炎，病症看起来差不多，我们也没当回事，直到后期变得严重了，晚上睡觉有很重的呼吸声，甚至会打鼾，才去医院，医生诊断为过敏性鼻炎，治疗的药品中，"顺尔宁"是抗过敏的，"匹多莫德"作为调节免疫系统的辅助用药。此外，还有"糠酸莫米松鼻喷雾剂"，这是激素类药，需要先用生理盐水把鼻腔清洗干净然后再喷，不然鼻腔里鼻涕太多喷了也没用。

但过了几个月发现孩子没有明显好转，又去中医院，希望试试中医治疗，专家开了不少中药，对于缓解"鼻炎"有了效果。也尝试过艾灸治疗、小儿推拿，但是一直未能治愈，晚上睡觉呼吸声依然很重，深度睡眠时间也短，很容易醒。

有"鼻炎"的"前科"，一有"风吹草动"娃就扛不住了，南京几次流感潮都中招了，去年底还得了肺炎，大宝很快传染给二宝，结果两娃一起住院，那一刻深深感觉到二胎家庭的无力感，人手严重不足。

期间家长有件事很后悔，儿童医院医生怀疑是腺样体肥大，建议拍片，不过河西分院的拍片室是需要躺着的，大宝怎么哄都不肯，我们也没再做强求。直到后面再去同仁医院，医生还是建议拍片，这家医院是可以站着完成拍片的，小朋友也接受，片子出来后发现腺样体已经堵住80%的气道，扁桃体也是二级肿大，医生建议直接手术切除。

2. 何为腺样体肥大

腺样体和扁桃体一样，出生后随着年龄的增长而逐渐变大，10岁以后会萎缩。腺样体因炎症的反复刺激而发生的病理性增生就称为腺样体肥大，常伴有慢性扁桃体炎或扁桃体肥大，这是有家族遗传因素的，如果父母小时候得过就要格外留心。

小孩打鼾是最直观的症状，由于呼吸不畅，无法实现深度睡眠，孩子睡觉时一碰就醒，休息不好自然精力不够，这对生长发育是有害的，如果还在读书，会明显感觉到孩子的成绩下滑。与此同时，由于鼻子不通气，小朋友习惯张嘴呼吸，一方面容易感染病菌，另一方面会导致腺样体面容，如腭骨高拱、牙列不齐、上牙突出，平时留心观察，腺样体肥大甚至不用拍片，看“面相”就能猜到。

如今，在不少医院的儿科诊室旁，也开始设置了腺样体宣传栏，介绍相关知识(见图3.6)，此处为白衣天使们点赞！

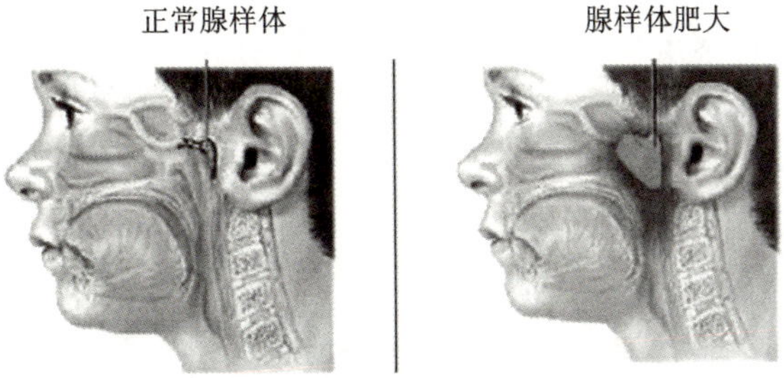

图3.6　腺样体对比示例

3. 腺样体手术

由于腺样体肥大往往伴随着扁桃体肿大，做手术是一并切除的，开始我心里挺排斥的，毕竟需要全身麻醉，担心会不会对孩子的脑部发育不好，为此咨询了不少医生，也和经历过此类手术的宝妈宝爸交流过。总体来看，腺样体手术已经很成熟了，不必有太重的心理负担。

宝妈小时候也做过扁桃体切除，当年主要是医用剪刀，手术之后口吐鲜血，蛮吓人的，我也脑补了各种画面。和医生反复确认了，现在流行的技术是等离子刀，以一条细小的高温喷气切除，失血少，创伤面也小。

手术住院前后刚好一星期，周二手术，上周日就办理了住院，一开始先输液，主要是凝血类药物，减少出血量。周二临近中午才开始手术，一针麻醉之后，娃就失去知觉了，大概过了一个多小时，手术完成。等恢复了知觉，感觉到娃还是蛮疼的，不过出血量确实不多，鼻涕中会夹杂一些。吃饭当然是不行的，术后会输营养液之类的物质，整个人消瘦得比较快，第一天只能喝牛奶，第二天可以喝排骨汤之类的食物，第三天能喝小米粥之类的流食，住院前特意买了迷你煲汤锅，还蛮有用的。

每位小宝的体质都不一样，手术前会做检查，如果在模棱两可之间拿不定主意，医生会建议再做一项睡眠检查，佩戴类似“小米手环”的仪器，评估睡眠质量，当然，这项检查也可以带着仪器回家做。

手术做完后，大宝的声音开始变得很温柔，与以往的大嗓门完全不同，我也纳闷会不会变声了，直到半个多月后，音量逐渐加大，原来是我多虑了。

4. 哪类保险能报销

此时住院费用累计花了一万七，我有点意外，办理出院退钱时（住院前交了押金）还有点小期待，想着会不会多退点钱，结果只退了三十六块，心碎了无痕。

这类手术通常有三条报销途径：

第一是医保，主要看使用的药品、耗材等是不是在医保范围内，如果医保目录能找到就给予一定比例的报销。

第二是单位买的商业团体保险，大部分团体保险保障的是员工，少数福利好的单位，提供的团险福利中可以报销孩子的医疗费用，具体要事先咨询人事部门。

第三是自己买的商业保险，常见的误区是认为商业保险都是骗人的，看病只要医保就够了，其实商业保险和医保是互为补充的，应该理性看待。如果不是大病，治疗的用药、耗材都在医保范围内，医保的报销比例也很难做到百分百，通常是70%，剩余30%就可以通过商业保险报销。如果是大病，出于治疗效果等因素，通常会用到进口药品、耗材，很多都在医保目录外，这笔开销是走不了医保的。如果买了涵盖医保目录内外的商业医疗险，就可以向保险公司申请理赔，保险公司就像“算盘先生”一样逐笔核对费用明细，符合规定就能拿到赔款，这类商业医疗险会设置“免赔额”，若“免赔额”为一万元则意味着超出一万元以上的部分才能报销，这对大病治疗来说很实用。商业保险就像一只大衣橱，涵盖的内容非常细碎，不同商业保险产品之间的差异也比较大，如果你买的是“裤子”，但是理赔时才发现自己需要的是“袜子”，那就比较尴尬了，规划商业保险方案是要花心思的。对于住院治疗来说，“住院日额津贴险”也很实用，住一天病房给一天钱，通常会设定免赔天数，比如三天免赔，如果住院七天，则给予四天住院津贴，金额在买保险时就确定了，比如一天理赔400元。建议提前了解这些报销途径，到时留好需要的单据、发票，以免遗漏。

近期政府成立了国家医疗保障局，推进医疗、医保、医药“三医联动”改革，统筹药品、耗材等采购和管理，对于降低医疗成本，规范过度用药很有帮助，同时也会协调医保和商业保险，各取所长。相信未来类似手术的费用会更低。

随着医疗技术的发展，以往谈之色变的手术方式，逐渐走下“魔”坛，大家不必太过揪心。与此同时，现在的空气污染、病毒入侵等形势严峻，去年甚至出现了流感用药奥司他韦的脱销，多次看到朋友圈里有人求药。孩子生病，最心疼的是家长，一方面提倡健康的生活方式，增强宝贝们的抵抗力，另一方面多了解保险等金融知识，提前把银子准备好。

希望所有小朋友都能远离疾病，健康成长！

从俩娃肺炎看小众险种的应用

友情提示：本文约3 500字，需占用您4分钟时间，初创于2017年12月22日

关键词：小众险种　险种组合　三角关系

前段时间，俩娃接连肺炎住院，折腾了半个多月，对我们这样的二胎家庭来说“压力山大”，特别是俩娃相差两岁，年龄又小，我和爱人的工作几乎停摆，加上父母帮忙勉强度过，至今仍然心有余悸。

“肺炎”成了小怪兽，家长变身“奥特曼”：有“洁癖型”的家长，家里花了不少银子安装最新型空气净化器，窗帘、床单之类的用品半个月换洗一遍，小孩放假待在家里倒没问题，一开学就中招，毕竟学校生活没法讲究；有“认命型”家长，小孩几乎年年得肺炎，来医院和度假差不多，一切驾轻就熟，身上在哪打针家长比护士还专业；有“手忙脚乱型”家长，尤其碰上小孩初次住院，恨不得组织一支亲友团陪同，五六个人忙前忙后热火朝天，此时方显人多力量大。

住院期间，少不了和病友家属交流，肺炎住院十天半个月很正常，每天医药费千把块钱，算下来一万多能搞定就已经谢天谢地了，毕竟还有后续药品之类的花销。现在大家的商业保险意识很不错，不少病友都买了，遗憾的是，很多朋友只买了重大疾病险，忽视了一些实用的小众险种，导致肺炎这类疾病在住院时，无法得到保险公司的理赔，非常遗憾！

1. 住院日额医疗——当一天和尚敲一天钟

顾名思义，只要住院就会按照住院天数给予一定的补贴，补贴金额是购买时约定好的，支付的保费则根据年龄不同而不同。比如一份住院日额医疗的补贴是十块钱，三十多岁的老王买十份，万一住院每天就能拿到一百块，保险费用就在三百块左右。它一般会有免赔天数，超过免赔天数才能得

到赔偿，如果是三天免赔，老王住院十五天，减去免赔的三天，就可以拿到十二天的补贴，也就是一千两百块。保险公司只认住院多少天，至于理赔的一千两百块，老王是用来看病还是吃了烧烤，那倒无所谓。

实际应用中有三种情况：一是作为附加险种，通常只有买了重大疾病险才能买它，不可以单卖，其费用也不高，具体买多少根据自己需要来选择，若是买了，像肺炎住院就可以申请理赔；二是作为单独险种，针对手术住院的情况比较多，比如老王一年交三千多，连续交十年，七十岁前若手术住院，每天住院津贴有六百块，不仅可以改善自己的伙食，若异地住院，甚至能涵盖家属的酒店费用(快捷酒店标间价格约三百块)；三是作为健康险的保障项目之一，这类以“团体保险”为主，就像公司给员工买的保险，不同的缴费金额有不同的健康险保障项目，此时住院日额医疗的补贴金额是确定的，比如健康险 A 款规定每天住院补贴为 1 000 块，健康险 B 款规定每天住院补贴为 2 000 块，您只能在 A 和 B 两套方案之间二选一，无法自主调节。

2. 费用报销型医疗险——精明的管账会计

费用报销型和提前给付型是相对的概念，所谓提前给付型，以重大疾病险为代表，只要医院确诊客户得了保险合同范围内的某种大病，保险公司就会一次性把理赔金打给客户。比如老王买了五十万的重大疾病险，某天诊断得了胃癌，保险公司就像土豪大哥，一旦查实立即给老王打款五十万，至于后面老王看病花了多少钱，保险公司并不关心。现在不光重大疾病，一些轻度重疾，如原位癌等，确诊了也会得到保险公司一次性赔付。费用报销型就是老王看病花了多少钱，就赔多少钱，这时保险公司就像记账会计一样，核一笔账，出一笔钱，同一张发票只能报销一次，不可以重复报销，比如老王住院总共花了两万块，社保报销了一万五，剩下的五千块就可以通过此类保险报销，哪些费用能报，哪些不能报完全照章办事。

这类险种需要注意三点：一是看老王有没有社保，有社保的话，就看社保报完后还剩多少钱，再通过它来报销；没有社保的话，会给出一定的报销比率，若是 60%，意味着花一万块可以报销六千块。二要看医药费在不在社保范围内，肺炎等疾病用社保范围内的药品基本可以治愈，事后报销问题不大，如果是治疗肺癌等重病，进口药的效果更好，但药品往往不在社保范围内。只能报销社保范围内用药的医疗险更便宜，涵盖社保范围内外用药的医疗险更踏实，需要搭配考虑。三是看免赔额有多少，如果免赔额是一百，意味着社保报销完还剩的一百块以上的部分都能报销，若社保未能报销的钱不足一百自然也报不了，如果免赔额是一万，则是一万块以上的部分可以报销。目前，畅销的互联网医疗险以免赔额一万居多，报销上限普遍在百万以上，价格也实惠，当然，和免赔额低的险种搭配效果更佳。

3. 看护津贴——患难时的大哥

我们在江苏省中医院住院，对面就是南京市妇幼的小广场，一条马路之隔，时常看到一位年轻父亲在弹唱，音箱旁边躺着爱人和两岁小孩，孩子被确诊癌症，家里没钱给小孩治病，父亲工作也丢了，只能在医院门口卖唱募捐，我也表示了一点心意，心中五味杂陈。

小孩生重病，如果父母在工厂打工，多半会丢掉工作，即使是城市白领，收入肯定也有影响。这类看护津贴险就是对父母收入的补偿，如果小孩确诊得了重病，父母就可以向保险公司申请看护津贴。通常这类津贴是按月支付的，根据约定的津贴标准，每月金额从几千到几万不等，当然也有支付上限，对于缓解家庭经济压力很有帮助。

4. 意外医疗——百搭“好好先生”

小孩难免淘气，磕磕碰碰比较多，倒霉的还会碰上猫抓狗咬，如果只是门诊治疗，并未牵涉到住院，社保就很难报销，但这类意外发生的医疗费用通过意外医疗险可以报销。

意外医疗大多作为附加险，是所有险种中的“好好先生”，和谁都能搭上线。如果您给小孩买保险，不论是看中收益的分红型，还是侧重保障的保障型，抑或是灵活多变的万能型，甚至是性价比很高的宝宝卡、学平险，几乎都能看到它的身影，甚至您打算带全家人出去旅游，选购的旅游保险套餐里也会包括意外医疗，它和航班延误险是旅途中最容易引发理赔的险种，与重大疾病相比，发生的概率高不少，价格又经济实惠。

5. 投保人/被保险人豁免——家庭稳定器

老王给孩子小王买了一份保险（谁掏钱买谁就是投保人），交二十年，每年交一万，悲催的是第八年的时候，老王诊断得了肺癌，家里又多了一笔不小的医药费。如果保单增加了豁免投保人功能，当把老王确诊肺癌的消息反馈给保险公司，小王剩下的十二万保费都不用交了，被保险公司豁免了，但保单功能依然有效。现在豁免范围也不限于重大疾病，如果老王得的是原位癌，也就是轻度重疾，还没肺癌那么严重，也可以被保险公司豁免，小王的十二万也可以免交。与此相对，被保险人豁免指的是小王得了重疾或轻度重疾之后，剩余保费可以免交，豁免功能对于改善家庭现金流有积极的意义。

前阵子有朋友结婚，我开玩笑说等结了婚就可以发挥豁免功能的最大功效，比如张三娶了赵四之后，要互相给对方买一份保险，都加上投保人、被保险人豁免功能，如果张三被诊断得了重疾，由于张三既是自己保单的被保险人，也是赵四保单的投保人，可以同时豁免两张保单今后的保费，这就缓解了不少资金压力。如果张三和赵四不是互相给对方买，而是自己给自己买，那张三得了重疾，自然不用交张三自己的保费，但是赵四的保费还得继续交，效果当然大打折扣。

6. 把握好三角关系

曾经帮不少朋友配置过保险，也协助处理过许多问题保单，很多朋友提起保险是既爱又恨，它确实是家庭理财不可或缺的一环，但是大家又感觉市场混乱、内容庞杂，难以把握，更别提还有被忽悠过的。

归纳起来，即处理好一个三角关系：险种组合、后续理赔和服务人员。

本文提到的小众险种即是险种组合中的一部分，通过不同险种的搭配，一是覆盖大部分常见风险，比如买了一大堆重疾险，却没买意外险就不合适，近几个月来，某公司百万以上的理赔案件中，意外险理赔占比几乎有一半呢；二是关注不同险种的发生率，比如前文提到的航班延误险发生的概率不低，如果是“空中飞人”，自然要有意识增加配置；三是不断优化性价比，比如同样的保险责任，是作为附加险种，还是作为独立险种，最终支付的保费也不一样，这是动态调整的过程。

买保险最怕理赔难，后续理赔要关注两点：一方面是保险公司，不光要看过往的理赔效率怎么样、手续是不是繁琐、理赔网点是不是方便，还要关注公司治理结构是不是稳定。曾有朋友拿着保险合同火急火燎地问保险公司跑路了该咋办，后来才发现是公司重组后更名了，虚惊一场；另一方面是家庭保障梳理，不少朋友有个坏毛病，买完保险后，合同一摔，脑海里只是有个印象，具体内容搞不清楚。后续建议做一张 EXCEL 表格，把所买险种的保险责任、免赔条款、理赔所需资料等罗列出来，万一得了肺炎，或是摔伤等，只要点开表格，哪些能赔、能赔多少，一目了然。

服务人员引发的问题是保险行业诟病最多的，销售误导是一大典型，卖保险时说得天花乱坠，等您买了以后才发现问题多多，曾帮不少朋友解决过很多问题保单，我坐对面都能感觉到他想跳起来打人……服务人员频繁变更也让人大呼受不了，很多保障型险种缴费期在十年以上，如果老王买了保险，第二年缴费时发现原来的销售离职了，老王的保单就成了“孤儿单”，公司会指派新的保险销售为老王服务，万一发生出险理赔呢？想象一下，如果五年内换七八个服务人员，老王一定欲哭无泪。保险行业属于人力密集型，各种招聘会最不缺的就是保险销售岗，近些年保险行业回暖，迎来人力大发展，如果一百个人入行，一年之后能有三四十人还干保险就已经很不错了。即使留在保险行业内，也会面临严重的二八分化，有 20％的保险销售日子会很滋润，剩下 80％就比较辛苦了。虽然看起来保险没啥门槛，但是有不少犄角旮旯的地方，不干三五年是很难有体会的，需要经验的积累。

当然，险种组合、后续理赔和服务人员需要统筹考虑，不可偏废。

我们都希望每个家庭和和美美，健康平安，但是也不愿将之完全交由命运裁决，万一不幸发生时，通过保险等金融工具的应用，至少能将冲击和危害降到最低。

想起某天午后，听到市妇幼广场那位父亲唱起《送别》，感慨万千！

天之涯，地之角

知交半零落

人生难得是欢聚

惟有别离多

假疫苗引爆，保险公司会赔么？如何查询真伪

友情提示：本文约 2 800 字，需占用您 4 分钟时间，初创于 2018 年 8 月 6 日

关键词：标准体　查询方式

最近假疫苗事件持续发酵，底线再次被突破，令人痛惜。猛然间发现，也许更迫切的不是提高我们发展的上限，而是抬高生存的底线，毒奶粉、地沟油、假疫苗……这一朵朵盛开的彼岸花露出了血腥的花蕊，撕裂了残破的心灵。

监管第一时间行动起来予以查处，甚至证监会也连夜修改了退市制度，明确涉及公众健康安全等重大违法行为将强制退市。

1. 回顾假疫苗事件

舆论汹涌，甚至到“不杀不足以平民愤”的地步，只要家里有小孩子，几乎都中招了，毕竟不接种疫苗，连上学的资格都难有。家长们焦急地翻看疫苗本，“长春长生”成了高频词（见图 3.7）。

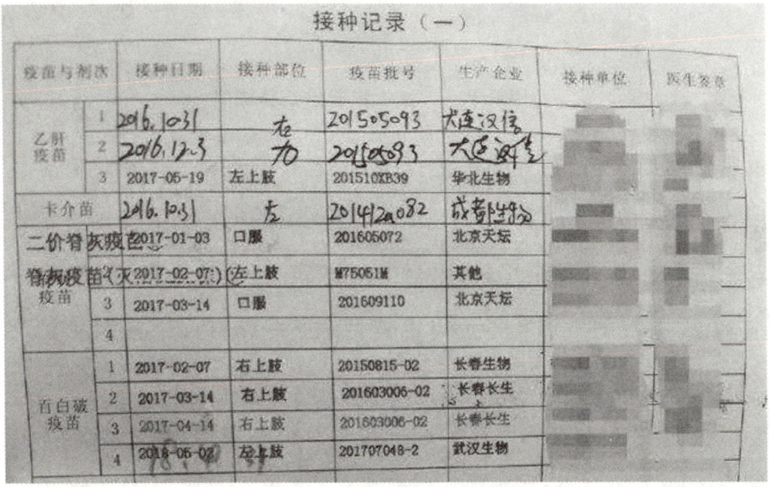

接种记录（一）

疫苗与剂次		接种日期	接种部位	疫苗批号	生产企业	接种单位	医生签章
乙肝疫苗	1	2016.10.31	右	201505093	犬连汉信		
	2	2016.12.3	右	201505093	大连汉信		
	3	2017-05-19	左上肢	201510XB39	华北生物		
卡介苗		2016.10.31	左	2014120082	成都生物		
二价脊灰疫苗		2017-01-03	口服	201605072	北京天坛		
脊灰疫苗（灭）		2017-02-07	左上肢	M75051M	其他		
疫苗	3	2017-03-14	口服	201609110	北京天坛		
	4						
百白破疫苗	1	2017-02-07	右上肢	20150815-02	长春生物		
	2	2017-03-14	右上肢	201603006-02	长春长生		
	3	2017-04-14	右上肢	201603006-02	长春长生		
	4	2018-05-02	左上肢	201707048-2	武汉生物		

图 3.7　疫苗接种记录示例

有人爆料说中国的疫苗产业几乎被垄断，孩子难逃魔掌。有些人更是直言，这种人应该判无期不得假释。

假疫苗令人震惊之处在于其影响范围之广几乎超过了此前所有的民生热点，又事关下一代。不少观察家认为中国人最大的“信仰”是“下一代”，为了培养“下一代”可以省吃俭用，甚至忍饥挨饿。现在“下一代”信仰被挑衅，政府不下重手何以平民愤。之前长生生物生产的疫苗不合格仅被罚了344万，这哪里是监管，有点像玩过家家。

如果单纯是为了赚钱，长生生物已经很成功了，图3.8是长生生物股价走势，从今年2月中旬以12.01元启动，到5月中旬涨到29.99元，短短三月股价翻了一倍多，支撑股价高歌猛进的是出色的业绩。

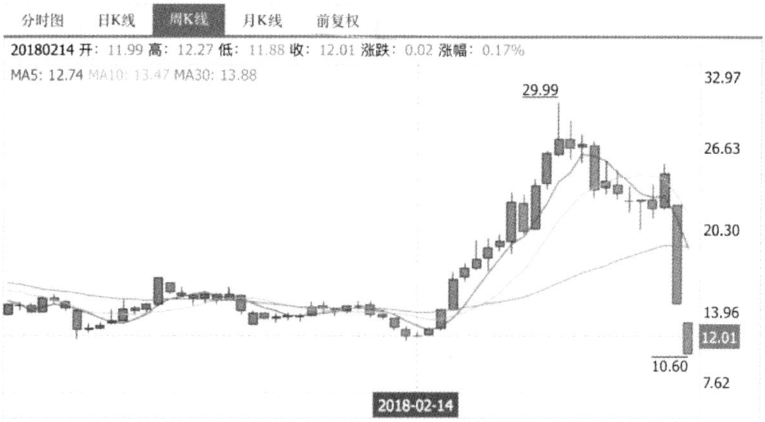

图3.8 长生生物股价走势图

反常必有妖，疫苗行业与民生挂钩，按老百姓理解，稍微赚点就行了，毕竟是民生工程，但是近三年间（2015年至2017年）净利润复合增长率达39.17%。同时，其被挖出黑料，对至少四省21名国家工作人员行贿、每年占总成本60%左右的5.83亿元销售费用（公关费用）、过去六年销售疫苗1.1亿支实现净利润17.5亿……

要说赚钱，连贵州茅台这样的印钞机都甘拜下风，长生生物曾以91.59%的毛利率击败贵州茅台（毛利率91.31%）。贵州茅台毕竟不是技术型公司，老祖宗留下的配方，只要水好料好就行了。疫苗算是“高科技”，需要不断地研发投入，可悲的是长生生物宁愿拿20亿闲钱买理财，研发费用才1.22亿，占比营业收入的7.87%。和沃森生物相比简直汗颜，连全球四大巨头葛兰素史克、默沙东、辉瑞、赛诺菲的研发费用占营业收入比都很少低于14%。

人心惶惶之际，突然有人想到了保险，碰上假疫苗事件保险会不会赔呢？

2. 保险的本质

要想解答疑问，首先要了解保险的本质，当然长篇大论式的书本概念就不提了，免得读者犯困，我们来讲个古时候镖局的故事。

隔壁老王穿越回古代开了家镖局，张员外要从扬州运一批绸缎到南京，怕碰上打劫的，就去找老王的镖局。老王一看这也没多少路，而且江南富庶，路上相对太平，收五百两银子就行了。绸缎顺利抵达南京，一路也没碰上土匪，如果张员外早知道土匪没来，是不是就用不着镖局了呢？能不能找老王要回五百两银子呢？当然不行，这些毕竟是事后诸葛亮，谁也说不准，所以镖局的存在才有意义，因为它转嫁了风险，如果有土匪来袭，镖局会殊死搏斗，万一丢了货也是要赔的。回到现实，镖局就是保险公司，张员外就是客户，五百两银子就是所付出的保费，绸缎就是保险对象。

又过了些日子，张员外又要运绸缎，只不过是从扬州运到苏州，同样是富庶之地，不过距离变长了，需要的镖师也要多些，老王一看收一千两银子吧。不少朋友会问，收钱的依据在哪里？其中关键是要找准参照物，第一趟扬州到南京就可以视作参照物，在保险概念中，这类参照物又被称为标准体，通过计算标准体发生风险的概率来计算客户需要支付的保费，比标准体风险低的少收点，比标准体风险大的多收点。比如扬州—苏州就比扬州—南京远，路远了风险自然增加了，当然要多收点，如果是紫金山—夫子庙距离这么短自然便宜些。

经过两次合作，张员外对隔壁老王的镖局非常满意，紧接着提出下批绸缎珍宝要从扬州运到莫斯科，让老王报个价，老王一听就傻眼了，距离远就算了，还出了国，自己只会南京话，俄罗斯语都没听过，中间还要经历一片战火连天的土地，于是婉拒。

张员外不高兴了：给你钱为啥不干啊？这次出五万两银子！

隔壁老王哭笑不得地说：不是自己不愿意干，这钱根本没法算，不知道出事的概率有多大，自然就没办法报价。

张员外：难道还有你们不做的生意么？

隔壁老王：还真有，这些就叫除外责任，比如正常护镖，出事的概率有多大我们心里有数，但要经过战乱地区就完全没法算了，说不定你进去十次，十次全栽了。

老王不去战乱地区，有所不为，保险公司也一样。

疫苗出事的概率是可以通过数据计算出来的，但本次假疫苗事件中，涉事疫苗均是效价指标不合格，通俗地说，打了疫苗跟没打一样，但是对身体无害，像长春长生的“狂犬疫苗记录造假”行为，估计是在狂犬疫苗有效成分上造假，导致其含量低于药典标准的 2.5 IU。这类事情保险公司一方面没法测算风险，另一方面是厂家问题，自然会加入“责任免除”中（见图 3.9）。

当我们了解保险的本质是对标准体发生风险概率的测算后，自然能够明白，有些事是算不出来的。有时看看朋友圈里指责保险公司“不作为、该赔的不赔”时，顿觉可悲，我们缺乏的不止有理智，还有常识。

3. 应对之策

这次假疫苗风波，让人钦佩的是马云先生，他第一时间要求支付宝推出扫码验伪疫苗服务，只要扫码或输入药品信息，就能很快查询到是不是出事的疫苗，方便快捷。

打开支付宝首页中的“更多”，自动弹出很多应用界面，见图 3.10。

单击“医疗健康”按钮，会弹出不少医疗服务，见图 3.11。

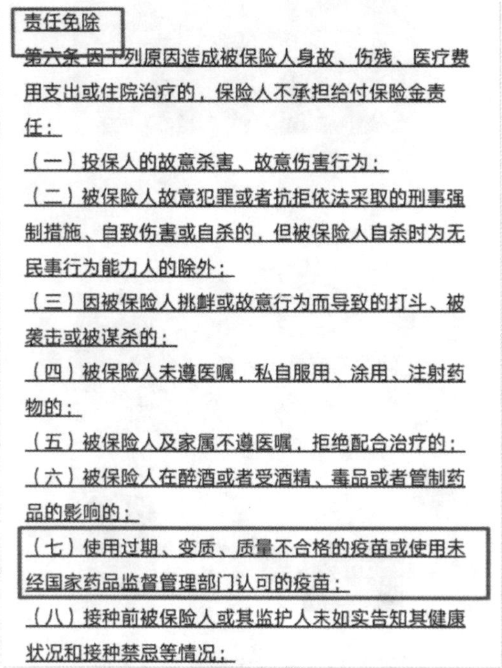

责任免除

第六条 因下列原因造成被保险人身故、伤残、医疗费用支出或住院治疗的，保险人不承担给付保险金责任：

（一）投保人的故意杀害、故意伤害行为；

（二）被保险人故意犯罪或者抗拒依法采取的刑事强制措施、自致伤害或自杀的，但被保险人自杀时为无民事行为能力人的除外；

（三）因被保险人挑衅或故意行为而导致的打斗、被袭击或被谋杀的；

（四）被保险人未遵医嘱，私自服用、涂用、注射药物的；

（五）被保险人及家属不遵医嘱，拒绝配合治疗的；

（六）被保险人在醉酒或者受酒精、毒品或者管制药品的影响的；

（七）使用过期、变质、质量不合格的疫苗或使用未经国家药品监督管理部门认可的疫苗；

（八）接种前被保险人或其监护人未如实告知其健康状况和接种禁忌等情况；

图 3.9 保险责任免除

图 3.10 支付宝的“更多”界面

图 3.11　支付宝医疗健康界面

再单击“疫苗快查”，有两个途径可以查询，一种是可以填写疫苗名称、疫苗批号、生产企业，再单击“查询疫苗”，另一种是可以单击界面右下角的“扫码验证”，扫描药盒上的 20 位条形码，也可以求证，见图 3.12。

如果是平时接种的疫苗失效，需要重新安排接种，要确保有抗体存在，更重要的是，我们不能因噎废食，接种疫苗确实大幅降低了很多病症发生的概率，这件事并没有错，该做的事还是要做。最痛惜的是狂犬疫苗失效，有可能导致感染者丧命，说是草菅人命毫不为过。

同样需要扭转的是对保险的观念，不要因为“销售误导”“服务体验差”等感性认识盲目否定，作为转移风险的现代金融工具，保险是很有效的手段。我们真正富起来也就最近三十年的事，父辈们有大锅饭、公费医疗、政府养老之类的优惠政策，那时商业保险作用微乎其微。现在不一样了，大家都有了各自的家业，承载的东西也多了，国家能兜底的也少了。以前还有“遗族学校”之类的机构，家长“走了”，孩子集体来养，生病了不少厂里就有医院，很多时候看病不花钱的。现在呢？

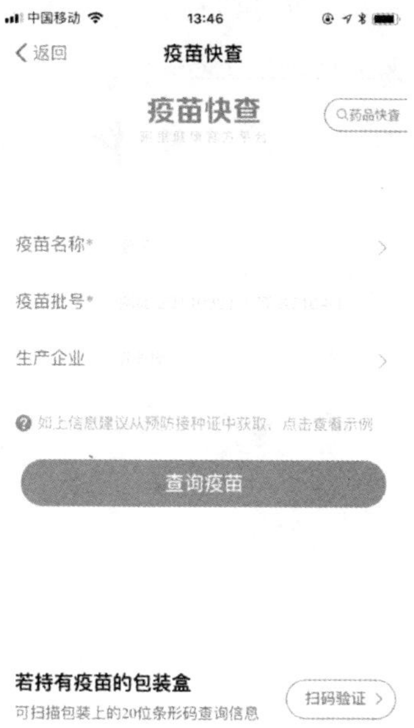

图 3.12　疫苗快查界面

理性的选择就像张员外那样，把风险转嫁出去。疫苗险是相对小众的险种，实际意义并不大，重大疾病险、终生寿险，甚至意外医疗等医疗险才是我们必须要买的，现代社会里，不买保险和裸奔其实没什么区别，因为你的风险是完全暴露的。

比如被猫抓狗咬了，打疫苗不管真假都要花一笔钱，如果买了意外医疗保险，留好发票交给保险公司基本都能报销的，现在理赔电子化后也很方便，下载保险公司的 APP，把发票拍照上传就可以了，后台审核通过就赔钱，省得跑来跑去。

要是打了狂犬病疫苗，结果人还是没了，如果是家庭赚钱的主力，后面家里资金压力会非常大，要是买了终身寿险，比如保额五十万，保险公司拿到死亡证明等资料就会赔五十万，起码家里能缓一缓。很多朋友问，这是厂家责任，我们可以找厂家索赔，道理都没错，但实际操作中太难了！

媒体报道，六年前，张樱山 2 岁女儿因疫苗不良反应住院，打的就是长生生物的疫苗，她质疑疫苗有问题，起诉了长生生物。

法庭庭审后，董事长高俊芳轻蔑地说："你随便告，想去哪儿告去哪儿告，我一年挣好多个亿，还不信摆不平你？"

直至现在，张樱山的女儿依然没有康复，家长不得不辞职在家照顾女儿。

不知高总在夜深人静时，有没有想过：

善恶终有报，天道好轮回。

不信抬头看，苍天饶过谁。

不怕不急，多情A股终会淡忘川普公子

友情提示：本文约2 800字，需占用您4分钟时间，初创于2018年10月17日

关键词：贸易战　中概股　中小市值　现金流

A股正如一位情窦初开、多愁善感的少女，敢爱敢恨，涨起来谁都拦不住，跌起来自己都害怕，常常陷入情网之中难以自拔，多情总被无情伤，这次令她魂不守舍的是曾经风流倜傥的川普。

1. “巧巧”幻灭的爱情

A股一直都很羡慕美股，人家都涨了十年了，顿顿有肉吃，年年有钱花，哪像A股，饥一顿饱一顿，如果说A股是邻家女孩初长成，美股则是一身名牌、出手阔绰的大家闺秀，家世完全不同。豪门世界里灯红酒绿，有多少人艳羡，何况还有英俊帅气的公子哥。

只可惜，这份感情注定是一场孽缘，正如《江湖儿女》中，巧巧对斌哥的爱慕，是不会有任何结果的。A股一直钟情于川普，幻想他会回心转意，但换来的是一次又一次的伤害，看着川普躲在推特里，忽悠墨西哥美眉，挑逗韩国妹子，痛彻心扉。

川普发动贸易战的影响并不局限于A股，但是A股却用情至深，私募重阳曾做过统计，将港股的恒生中国国企指数和A股的沪深300、中证500同期涨跌类比。按理来说，港股市场依托大陆，两岸联系紧密，贸易战同样波及，两者跌幅也差不多(见图3.13)。但是，前三次贸易战交锋中，A股两大指数跌幅均大于港股恒生中国国企指数，毕竟港股以机构投资者为主，经历过大风大浪，对于热点事件相对理性，很少反应过度。A股中证500指数一方面以成长类企业为主，盘子不大，另一方面以散户投资者居多，情绪起伏明显，所以跌幅比沪深300更深，反应更为激烈。当然，正如“狼来了”的故

事，市场听多了，也会麻木，第四次交锋之后，明显缓和。

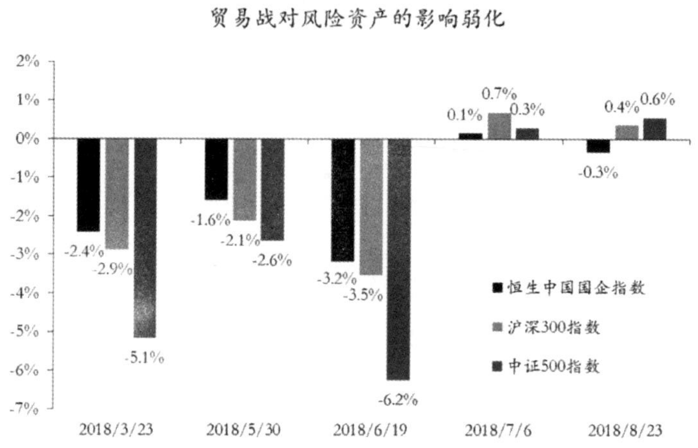

图 3.13　贸易战对风险资产的影响

在高善文的演讲中，提到沃特 USX 中国指数，它是美国市场上首只追踪中国业务板块公司的指数，可以视为中概股指数的代表。在机构投资者主导的美股市场，观察中概股指数与纳斯达克走势可以了解成熟投资者对贸易战的认知，见图 3.14。3 月 22 日，川普签署备忘录，根据对华 301 调查报告，对进口中国的 500 亿美元商品征收 25%的关税，正式为中美贸易战拉响警报。A 股一上来就跌惨了，但是美股中概股的走势却未受大的波及，5 月 20 日国务院副总理刘鹤与美国财长努钦曾达成一致，不打贸易战，这段

数据来源：Wind，安信证券

图 3.14　沃特 USX 中国指数与纳斯达克指数走势图

时间中概股指数与纳斯达克走势相似，美股投资者认为双方摩擦会在可接受范围内，未在川普一出招时就乱了阵脚。直到6月中旬，白宫推出500亿美元征税清单之后，变本加厉，威胁制定2 000亿美元征税清单，这时中概股终于扛不住了，大幅下跌，机构投资者开始重新评估中美关系。

如果把股市下跌比喻为有人跳楼的话：

A股跳楼时，听到的是："啊……啊……啊……"扑通一声摔地上。

美股跳楼时，一开始是听不到喊声的，接着才听到一声大叫："啊……"扑通一声摔地上。

国庆之后，伴随着美股调整，我们再次见识了A股的自信：涨是涨不过你，但是要论跌，咱们从来就没输过。

2. 肝肠寸断有几回

如果将一场慢牛比喻为一段稳定的婚姻，那么美股已经度过了七年之痒，走到十年之约，A股却一直纠结于不断热恋、反复疗伤的阴影中，难以自拔。

千禧年之后，起底A股的四段凄美爱情：

2001年沪指从2 245点一路下跌到998点，历时长达四年，真正的阴跌杀人不见血，诱因是国务院发布《减持国有股筹集社会保障基金管理暂行办法》，规定凡国家拥有股份的股份有限公司向公共投资者首次发行和增发股票时，均应按融资额的10%出售国有股。当时，国有控股企业占上市公司数量近三分之一，不少企业国有股占比超过70%，政策导致市场上流通股供应过剩，池子里的水就这么多，股票想不跌都难，因股市跌幅太快，证监会不得不宣布暂停执行国有股减持，2004年以股权分置改革替代，2005年推进股权分置改革试点，同时社保基金等主力资金入场，最终锁定在2005年6月6日，探底998点。回想今年独角兽回归，有没有闻到熟悉的味道呢，我们的A股虽然"积弱"，但承载的使命却与身俱来，不要谈什么赚钱，A股是用来抒发情怀的。

2007年10月16日，大盘定格在6 124点，随后开启“非常6+1”的暴跌模式，直接从六千一跌到一千六，2008年10月28日止步1 664点。这轮熊市虽然惨烈，但是痛快，如果说2001年开启的熊市是琼瑶式的虐恋，藕断丝连又拉拉扯扯，那么2007年带来的熊市则是韩剧《蓝色生死恋》，老相好美国发生金融危机，命悬一线，A股就像韩剧里的男主角，眼睁睁看着女主角躺在怀里逝去，却又无能为力，只能痛哭流涕，一死了之。

经常有人提起2009—2012年熊市，感觉和现在很类似，都是在一段亢奋的牛市之后，经历熊市大跌，之后步入慢慢修复的过程中。有所不同的是，那时的房地产还可以放手一搏，城市化依旧热火朝天，人口红利尚在高峰，更没有贸易战带来的焦虑，是一段更为纯粹的感情，没什么大不了，就是不合适，相信时间可以抚平一切伤痛。

2015年6月12日开启的熊市更加复杂，有炒股资金加杠杆、有神奇的熔断机制、有人民币汇率贬值影响，还有川普的贸易大棒等，这是一场真正的豪门恩怨，融合了《延禧攻略》《如懿传》等各类宫斗剧情，A股遇冷更像是乾隆失宠的妃子，毫无缘由，跌起来也不清不楚，甚至只能事后找缘由。

重阳曾回顾四次熊市，底部前1年涨幅排名在前10%、10%～20%等区间的股票表现，横轴是四次熊市中，相应涨跌区间在底部前1个季度和前1年的涨跌幅情况。“当前”熊市数据是截至今年10月12日，我们发现即使是强势股，底部前1年涨得好，但是在底部前1个季度跌幅依然很大，这也是为什么很多朋友会觉得，前几轮下跌造成的杀伤都扛过来了，但是最近的震荡下跌中损失惨重，这类强势股补跌需要警惕，比如2007—2008年熊市，涨幅前10%的股票在底部前1年涨了70%，但是底部前1个季度却跌了49%，同期跌幅丝毫不输烂股票。“标准差”意味着强弱股票跌、涨的分化程度，2%已经蛮低了，数值越低意味着普跌、普涨程度越高。今年跌幅不小，市场交易惨淡，考虑到并未发生像2008年级别的金融危机，要说处于底部区域也不为过(见图3.15)。

令人气愤的是，川普天生是挑事的主，怎么恶心人怎么来，每次吹响贸

	01-05年熊市		07-08年熊市		09-12年熊市		当前（20181012）	
底部前1年涨跌度区间	底部前1个季度涨跌幅	底部前1年涨跌幅	底部前1个季度涨跌幅	底部前1年涨跌幅	底部前1个季度涨跌幅	底部前1年涨跌幅	前1个季度涨跌幅	前1年涨跌幅
0%-10%	-16.2%	18.8%	-49.0%	70.0%	-15.2%	23.8%	-18.2%	46.5%
10%-20%	-21.9%	-8.5%	-44.5%	10.3%	-11.8%	-2.9%	-17.3%	1.9%
20%-30%	-21.3%	-18.9%	-42.4%	-6.0%	-12.7%	-13.2%	-15.9%	-12.5%
30%-40%	-22.4%	-24.9%	-47.2%	-17.6%	-12.3%	-20.7%	-14.4%	-21.1%
40%-50%	-22.1%	-29.1%	-43.8%	-24.9%	-12.6%	-26.2%	-13.9%	-27.6%
50%-60%	-23.9%	-33.0%	-44.2%	-30.8%	-11.0%	-30.8%	-13.1%	-32.5%
60%-70%	-21.3%	-36.6%	-44.4%	-36.1%	-13.0%	-35.1%	-12.9%	-37.0%
70%-80%	-21.7%	-40.2%	-43.4%	-41.9%	-12.0%	-39.2%	-14.0%	-41.7%
80%-90%	-27.4%	-45.2%	-45.0%	-48.2%	-11.4%	-44.1%	-13.5%	-47.3%
90%-100%	-25.5%	-56.9%	-47.2%	-58.0%	-10.1%	-52.9%	-11.4%	-58.2%
均值	-22.4%	-27.4%	-45.1%	-18.3%	-12.2%	-24.1%	-14.5%	-22.9%
标准差	2.8%	20.1%	2.0%	35.1%	1.3%	21.2%	2.0%	28.4%

注：剔除上市未满1年的次新股

图 3.15　A 股四次熊市概览

易战号角大多在中国传统节假日，比如元宵节、清明节、端午节、中秋节等，心疼我们的高校老师和研究员，每逢佳节都要赶回来写报告，放假都不得安宁。

3. 期望 A 股变身邓文迪

每一段失恋的阴影都要自己走出来，A 股不能老看着川普在那儿耍宝，更重要的是做回自己。可喜的是，当川普抛出 2 000 亿美金商品关税时，A 股变得稍微冷静了点，不再盲目恐慌。我们都希望 A 股变身邓文迪，找回自己的幸福生活，不要老是哭哭啼啼，无奈的是美股暴跌依然把 A 股吓哭了，未来任重道远。

相信 A 股，毕竟背靠第二大经济体，之前攒下来的家底不薄，腾挪空间也不小。但是有两点变化值得关注：一方面是 A 股点杀，未来 A 股真正杀伤不在千股跌停，而在于单个股票被点杀，比如贸易战下的中兴通讯，又如疫苗风波里的长生生物，再如曾经明星神雾环保，单纯研究股票基本面远远不够，还得盯着崔永元的微博，看着川普的推特……这给散户炒股带来了难题。从收益来看，持仓股票不易过多，三五只足够了，但是若其中一只踩雷，说不定几年盈利都白废，但是若分散持股，降低单个股票踩雷风险，可能又赚不到什么钱。可以预见的是，未来指数基金和主动管理型基金会越来越多地替代股票，成为股市投资主流；另一方面部分中小市值股票会被边缘化，之前炒股，只要拿着不动总有回本的一天，但是随着新股发行，市场股票越来越多，优质股票会赢得更多人的青睐（见图 3.16）。无论是横向对比各大股票市场的交易额占比，还是纵向对比每年股票交易额，市值后 50%的股票会进一步被边缘化，甚至没有什么人来买卖。如果您的股票基本面迟迟不见好转，或是买了消息股被套，那就需要认真考虑，及时处理掉，万一握在手上变成“仙股”就太悲催了。

	2018年市值后50%的股票交易额占比
中国	22.7%
-	-
美国	2.7%
英国	0.8%
德国	0.2%
法国	1.1%
日本	5.3%
新加坡	1.4%
香港	2.0%
台湾	4.1%
印度	0.2%
他国平均数	***2.0%***
时间：20180101-20180727	

来源：Wind、Bloomberg、重阳投资

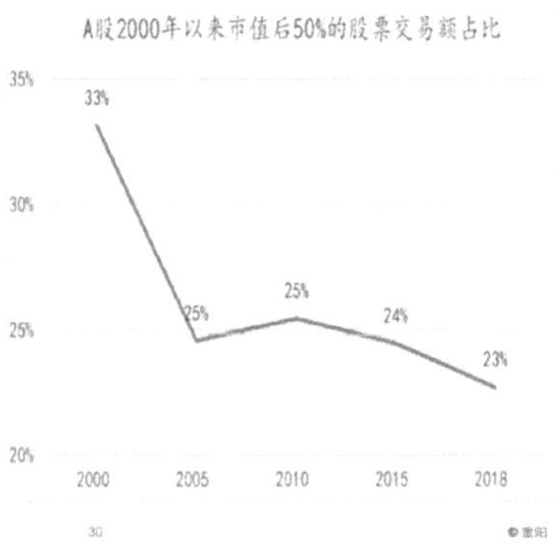

图 3.16　中小市值股票被边缘化例证

每一轮股市底部都有看似暗无天日的理由，需要时间慢慢疗伤，那些曾经无法逾越的障碍、看似走不下去的绝路，最终都会迎来峰回路转。健康运行、充满活力的资本市场是迈向强国的基石之一，贸易战重压之下，股市也是一扫阴霾的绝佳抓手，相信再见三千点不会太远。

唯一需要的是信心和耐心，盯紧自己的现金流，活下去。

第四章　看电影轻松学理财

从《古惑仔》看投资必知的四件事

友情提示：本文约 1 800 字，需占用您 2 分钟时间，初创于 2015 年 10 月 28 日

关键词：债性　股性　波动　风险

当友情岁月演唱会在南京开幕的时候，猛然发现，青春已远，影响了一代人的古惑仔告别刀棍，拿起了话筒，荧幕上充斥着宫廷大戏、真人秀、蚁人、大白等，或科幻或萌动的新英雄早已甩出打打杀杀的古惑仔几条街。这是一个快速变化的时代，喜新厌旧，迭代如翻书，但是仍不影响我们对曾经的青春偶像的喜爱，尽管它也充斥着原罪。

这部 1996 年上映的电影记录了江湖的兄弟情义、搏命拼杀，但是作为内地的市民却不用拿起砍刀就能获得不错的收入，那时的银行一年期存款利率是 9.18%，现在却只有 1.5%了。单看利率变化是够胸闷的，好在还有美国的 0.25%，日本的 0.1%，阿 Q 一下，还是蛮开心的，但一细想，西方的现在万一是我们的未来呢？这就彻底不淡定了，辛辛苦苦挣的钱，总不能眼睁睁地看着缩水吧，看着市场上眼花缭乱的理财，累觉不爱，心碎了无痕。与其被各种专业术语绕晕，倒不如用简单的办法先分类，虽然不够严谨，但至少不容易踩雷。

1. 第一类——债性

古惑仔里的山鸡跑路到台湾，陈浩南送了一块劳力士手表，最后山鸡不

光还了劳力士手表，还带了一帮台湾兄弟和大笔钞票支持南哥，这是南哥为数不多的成功投资案例。

现实中常见的形式有国债、高利贷等，信托产品中的政府项目、地产项目，之前异常火爆的企业债都归于此类。既然是债，就要看借款人的信用（有没有违约记录）、实力（借的钱能不能还得起）、担保（小弟没钱老大来还）、抵押（不还钱就卖）。

投资于债性资产就要时刻紧盯市场上的无风险利率。譬如去年一年期信托产品收益在10%，今年普遍下行，若还是死守着10%的收益标准不放低，要么买不到产品，要么买错产品给自己埋颗雷，日后只好烧高香了。之前跑路的P2P理财，固然有误导欺骗、项目坏账、资金链断裂等因素，但投资人也得问问自己，在实体经济陷入泥潭的时候，如果以16%的利率借钱出去，干什么行当能把钱挣回来呢？

2. 第二类——股性

常见的形式有地产基金、私募股权投资等。

古惑仔里的陈浩南曾经和一位马来西亚商人合伙投资赌场，说好股份一人一半，每年分红，陈浩南出工出力，最后却发现上当受骗，自己的股份根本不存在。这类投资，一看行业前景，毕竟自己算半个老板，那时的赌场生意还不错，不像现在高压管制，这点南哥看得准；二看资源运用的平台，南哥的合作对象和自己一样，有着传统的赌场业务和稳定客源，产销一条龙，容易复制；三看团队合作，正所谓谋事在人，南哥输在轻信他人，栽了大跟头。

所有股性资产的投资，不光要看到被市场吹得神乎其神的高收益，更要做好亏光所有本金的准备。这部分投资的资金绝对是闲钱，毕竟私募股权投资动辄五到七年，中途缺钱想退也不太容易。

3. 第三类——波动

佛家有云："非帆动，汝心动"，这是属于投资大师的广阔舞台，对波动的投资就是对人性的体察，恐惧、贪婪、绝望、希望，种种人性面孔勾勒出一条条K线，从股市、到汇市，甚至到炒房、炒红木，不胜枚举。

今年股市惨烈的暴跌敲碎了无数中产的美梦，撕下了无数股神的面具，也让很多投资人明白，不是所有人都适合这里，更多的投资者应该远离。曾听一位华尔街归国操盘手感慨，国内的股市简直是天堂，美国股市的量化对冲基金收益也不高，但是在国内却可以轻松做到10%以上，究其原因，我们有大批可爱的散户，而在美国，更多的是机构杀机构，机器杀机器，很难占到便宜。

不少投资人累觉不爱之后，委托私募打理，但仍然印着散户追涨杀跌的思维，听闻市场哪家私募收益最高、故事最动听，然后全力买入。若是表现疲软、收益不佳，便各种怀疑、各种国骂，想着自己操盘都比这家私募强，还是换家更牛的私募吧，换了以后发现，新私募没见起色，老私募倒是雄起了。投资人万分后悔，买私募变成了炒私募，想想也心疼。

选择私募，更多的是投资理念的契合，投资人和操盘手共同认可某种投资逻辑、看好某些板块的发展等等。再次强调，这部分投资的钱绝对是闲钱，有波动自然就有高峰低谷，但谁都不能料事如神，永远低买高卖，若是在低谷中急用钱，被迫赎回，岂不比窦娥还冤。

4. 第四类——风险

曾经有个游戏，翻纸牌，比大小，很简单，但我们每天都在玩，和谁玩？和撒旦、阎王爷，只要活着一天，就说明今天的纸牌游戏，你赢了，但明天呢？谁也不知道，未知的不确定就是风险。

浩南哥带着兄弟们在外面混，大天二被死敌摔下楼，他家中妻儿自然是南哥照料，有这么可靠的大哥，也算风险提前锁定了，但万一哪天南哥被人砍死了咋办，所以需要法律认可的契约，保险便应运而生。各种天灾人祸，已经不需要再提及保险的重要性了。以寿险来看，对于家中的经济支柱，充足保障至关重要；身价险、重大疾病险、意外险必须要到位，翻纸牌的游戏不是每局都会赢，但万一输了也不要输得一无所有。随着这周央行宣布降息降准，原来看不上眼的偏理财型保险也会焕发第二春，“稳定增值”是最大卖点。

经过粗浅分类之后，我们对主流的投资方式有了大概的认识，再具体到某一款理财产品时，可以把这款理财先归类，看看属于哪一套投资逻辑，再了解清楚这类投资的优势和劣势，最后，结合产品本身的细节做出最终的判断。

《西虹市首富》里的发财故事，孰真孰假

友情提示：本文约 2 200 字，需占用您 3 分钟时间，初创于 2018 年 8 月 13 日

关键词：信托基金　夕阳股票　脂肪险　家族信托

电影《西虹市首富》近期热映，轻松搞笑的剧情贯穿始终，在如今资本市场的瑟瑟寒风中，显得暖意融融，推荐朋友们看一看、乐一乐，生活需要一张一弛。至于被人诟病的“金钱导向”价值观问题，不必苛求，作为理财专栏，我们也不会讨论“高大上”的话题，从小处着手，聊聊剧情中的理财故事，它们的可信度有多高呢？

1. 光明信托基金

可信度：☆☆☆

作为丙级球队的守门员，主角王多鱼生活一团糟，真正的转机在于发现“保险大亨”二爷留给他 300 亿遗产，要想拿到这笔钱，需要在一个月内合法合规地花掉十亿，像慈善捐赠、黄赌毒之类都是违规的。这笔遗产是交给光明信托基金持有的，由殷先生和赖先生共同管理。

现实中，光明信托基金就是大家常说的“家族信托”。诸如二爷这样的富豪，在生前都会设立家族信托，从自己的财产中拿出很大一部分放入家族信托基金中，实现资产隔离，影片中提到的这笔遗产并没有缴纳遗产税，一方面遗产税在我国尚未出台，另一方面“信托法”规定放入家族信托的资产并不属于二爷的遗产，即使开征，家族信托也有一定税务筹划的功能，这是国际通行规则。

殷先生和赖先生虽然贵为光明信托基金的管理人，但是影片里却成了反面人物，甚至合谋给继承人王多鱼下套。在我国，家族信托必须由信托公司设立，信托公司会单独为二爷开个账户，账户里管理的资金与信托公司自

有资金是隔离的,会报送监管备案。即使信托公司破产也不能动这笔钱,而信托公司为二爷服务的人员并没有那么大的权力,即使遗产不给王多鱼,那也是留在光明信托基金,这两位动不了一分钱。现实中服务二爷的是一批跨部门的团队,比如客户服务经理、产品经理、风控经理、法务经理等,只有角色的差别,人员也并非固定,所以要害王多鱼,仅凭两人能力有限,作案动机也不足。

影片中的家族信托只关注王多鱼是不是能够经受住考验,能经受就继承遗产,经受不住就一无所有。在实践中,确定遗产的受益人(能够拿钱的人)只是第一步,更重要的是:确定遗产的投资方案,不能坐吃山空,确定遗产的分配方案,避免受益人挥霍一空。毕竟很多人设立家族信托基金的初衷是想为子女未来的生活托个底,比如规定每年受益人可以领取五十万,万一花光了或是投资 P2P 亏光了,信托基金里的钱还在,第二年还能再分配五十万,子女生活不愁没有着落,确定制度比"看对人"更重要,何况王多鱼在影片中体现的财富驾驭能力并不出色。

2. 烂尾楼变成学区

可信度:☆☆

影片中提到,王多鱼的好友庄强投资了一片烂尾楼,结果政府规划调整变成了学区房,瞬间升值,赚了十个亿。过去几年的房价飞涨,这个桥段不少朋友有切肤之痛。只不过在一个月内完成这样的升值变现,可信度并不高。

在《上海豪宅开盘,为啥公司扎堆买》(本书第五章)中提到,有不少富豪通过名下多家企业参与楼盘摇号,一方面可以提高中签概率,另一方面也可以隐藏身份,毕竟新房二手房价格倒挂,所谓利润依然"看得见",值得尝试。这篇帖子是 2018 年 5 月发出的,仅过了一个多月,多个热点城市就陆续出台政策,暂停企事业单位、社会组织等法人单位在本市购买商品住房,杭州、上海、深圳等地都关上了企业买房的大门。在王多鱼签下一个月花光十亿的军令状之后，就注册成立了投资公司，可以判定也是以企业名义购入烂尾楼的，考虑到学区房基本都是商品房，这类操作手法在热点城市已经被禁，而非热点城市又不具备足够强的资产升值能力。

3. 买“夕阳”股票赚了钱

可信度：☆☆☆☆

王多鱼建立投资团队后，想通过炒股亏钱，听完投资经理的建议，果断推翻，不买时下热门的概念股，而是买入“冒绿光的股票”，即所谓夕阳产业，比如钢铁股，结果反而大赚一个亿。

所谓夕阳产业仅仅是产业发展的不同阶段，仅以此判定能不能买并不全面，股市中，不止一次看到钢铁股、煤炭股的逆袭，比如某钢铁企业，受益于“去杠杆”影响，产品全线涨价，今年上半年的利润就超过了去年全年，股价也有15%以上的表现。

另外，买入“冒绿光的股票”，价格通常足够便宜，也少有散户资金，基本该割的都割了。王多鱼的资金量还可以，能够收集不少筹码，再加上王多鱼的明星效应，比如和股神吃饭等高曝光率新闻，让股民确信“股票有强庄”，更愿意买入接盘，王多鱼顺利套现也不难。

4. 花光20亿的脂肪险

可信度：☆

正当王多鱼为金钱越来越多而苦恼时，正是通过销售脂肪险，花光了连本带利的20亿，电影中，王多鱼声称“只要你减掉一公斤脂肪，就能得到一千块钱”，引发全民健身热潮。

在现实中，通过脂肪险花光20亿的方式可信度很低。虽然影片穿插了公证员公证的镜头，但是作为一个新险种上市，并非由公证处来决定，而是由银行保险监管管理委员会把控，新险种只有符合相关规定才能上市销售，消费者才能买得到。若以“减掉一公斤脂肪就能获得一千块”作为保险责任，在监管备案通过的可能性不高，这款险种在现实中也是很难出现的。

再者，王多鱼以个人身份发售脂肪险，并没有体现为公司行为，虽然二爷的公司从“西虹人寿”改名为“西虹人瘦”，但是王多鱼并非公司股东，也不是高管，个人的20亿用作公司险种的理赔，逻辑上也是硬伤。

当然，故事中将健身锻炼与保险相结合的方式很应景，已经有不少保险公司推出了类似方案，激励购买保险的客户多锻炼，比如“每天一万步”，坚持一段时间有小礼品，甚至可以增加保险金额（获得更多理赔金）。

影片最后，王多鱼和爱人走进慈善机构，希望将300亿遗产全部捐赠，却难以下定决心。当他们测算完预留给子女的费用时，感觉钱真是不够用，越算要用钱的地方越多，甚至还有生二胎的打算。

当金钱和人性互相拷问时，答案并非完全是拒绝金钱，保留人性，而是找到平衡点，用一套方案来约束金钱对人性的侵蚀，释放人性的光芒。从这个意义上来看，二爷给王多鱼出的考题仅仅完成一半，那就是财富应该由什么样的人来主宰，而王多鱼应该完成另一半考题，即怎样通过金钱的激励，让受益人变成自己期望的样子，变成能够主宰财富的人，这也是家族信托的终极意义。

美国医保、《人民的名义》与共产主义

友情提示：本文约 3 800 字，需占用您 5 分钟时间，初创于 2017 年 4 月 20 日

关键词：医保　风险标准化　大数据

雄心勃勃的复兴计划、目空一切的教父派头，川普曾经无所不能的超人形象开始经受考验，废掉奥巴马医改法案被称为川普的三把火之一，从竞选开始一直鼓吹到现在。然而到三月末，川普最后一刻要求取消表决，撤回了取代奥巴马医改方案的法案，被戏称为“灾难性失败”。

1. 美国梦里的医保阴影

看病难看病贵并非孤例，美国虽然贵为全球领袖，却仍未实现全民医保，悲催的现实依然存在。比如不少健康的美国人不愿意买保险，患病风险高的人群反而积极，保险公司的保费收入难以抵消支付的理赔费用，无奈之下提价，推动了保费上涨，大家一看这么贵，索性更不买了，形成恶性循环。虽然美国人的寿命和我们相差不多，但是人均医疗费用翻了很多倍。

奥巴马医改希望为所有美国人提供可负担的医保，以政策方式强制购买，为穷人买医保提供补助，令游离于医保体系之外的人群获益。对政府来说，负担重了，更别提还想多买两艘军舰玩的川普；对中产来说，保费贵了，保障内容又没变多少，不划算；对老板来说，强制为员工买保险很不爽，宁愿少雇点人。为了 14%的难兄难弟，牺牲了 80%以上国民的利益，套用《人民的名义》台词，这叫共同富裕，奥巴马是一位好同志。美国医疗保险现状见图 4.1。

川普是精明的商人，当然知道划不来，抨击奥巴马医改时很起劲，借此赢了不少选票。但当家才知万事难，奥巴马医改中，从扩大缴费人群入手，以实现全民医保、平衡费用收支的思路并没有错，但部分细节有待商榷，比

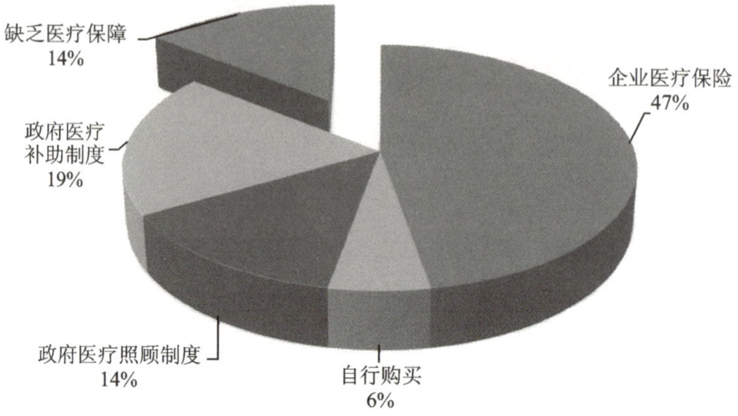

图 4.1　美国医疗保险现状

如要求保险公司对既有病史者不能拒保或是提高保费，违背了保险的规律，得过病的大叔和没得病的小伙子面临的风险当然不一样，收费理应不同，一刀切只会导致整体保费的上升，最终还是全体消费者买单。

2. 风险标准化

将不同的风险标准化，并将其定价的过程，也是不同保险产品诞生的过程。市面上的保险产品五花八门，条款内容生涩难懂，从风险标准化的角度切入，虽不严谨，但更容易理解，也不易被销售误导。

保险行业中的精算师都是宝贝，整天盘算着风险发生的概率有多高，损失有多大，保费该收多少之类的事情。当然，有些风险“实在不好算”，便成了保险合同中的除外责任，比如一般意外险会将核爆炸引发的死亡排除在外，也难以为醉驾带来的后果买单。不同保险产品会有费率表，可以理解为获得保障（风险发生后得到的理赔金）所付出的费用，一般由两个维度组成：年龄，岁数越大费用越贵；性别，男士费用通常比女士高。如购买重大疾病保险时，会要求健康告知，比如有没有高血压，抽不抽烟之类的健康问题，通常是表格勾选，看着简单却要如实填写，它是保险公司测算风险的重要依据；职业分类是必不可少的一环，天天坐在办公室的文员和工地上挥汗如雨的工人面临的风险也不一样。

由图 4.2 可知，粗略筛选之后，聚焦于某类风险，将其量化、标准化，就像包子铺里，有肉馅的，有素馅的，满足不同需求，明码标价。同时，保险目标客户的轮廓会越来越清晰，那幅最接近精算师脑海中的画像，就是标准体，以标准保险费率买单，也不需要有特殊的约定。

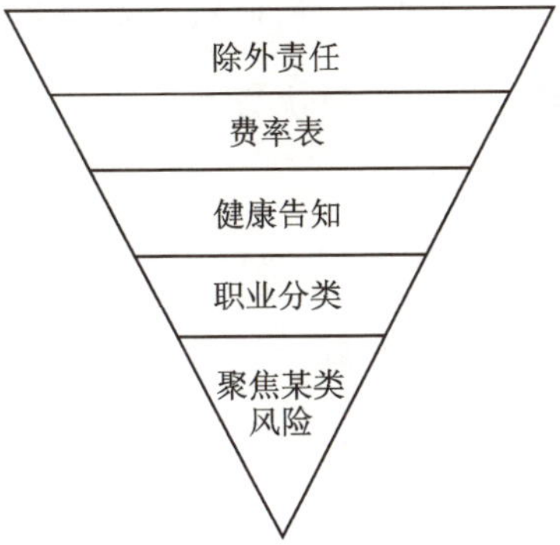

图 4.2　聚焦风险

3. 没有完美的保险

隔壁老张兴冲冲地拿着一沓子保险计划书，附带一本"读书笔记"，将不少保险公司的同类产品条款做了对比，要表格有表格，要图形有图形，展示完"鸿篇巨制"，依然懵圈："原以为产品比得多就明白了，结果却糊涂了。"

这类现象很普遍，打个不恰当的比方，保险公司就像厨子，每位厨子有不同的想法，设计出的产品就像自己炒的菜，菜式不同很正常，也许您看了某家公司产品觉得好，其实也忽视了其他公司更具优势的地方，会有天翻地覆的差异么？当然不会，厨子烧菜，自然离不开保监会的菜市场，今天要只卖青菜萝卜，厨艺再高也做不成鲍鱼海参，所有的厨子都得紧密团结在菜市场的周围，照章做饭，想来一道花哨点的菜式，那得提前报备。"宝万之争"后，报备失败的例子也多了，连上桌的机会都不给，片面追求同类产品的比较自然没了意义。如果哪位厨子在菜市场买了菜却不做饭，跑到赌场里当钱花，菜市场发现了可毫不客气，十年都不卖菜给你，连根葱也别想要，厨子肯定就当不成了。

每个人活着就面临风险，意外和疾病只是常见的两类，配置保险的过程，就是通过不同类型保险产品的搭配，逐步覆盖各类风险的过程。明白了风险标准化之后自然会发现，想用一种保险产品去覆盖所有风险是不可能的。因此，保险配置的出发点在于人，比如看隔壁老张出差多不多，有没有家族病史，有没有子女，有没有背房贷，收入来源是不是稳定等维度，逐步勾勒出老王的主要风险，给出对应的解决方案。

4. 人民的名义

《人民的名义》刷爆了朋友圈，剧中一些人物的境遇不尽相同，但是保险作为家庭理财中的必备模块，也有存在的意义。

一心想着 GDP 的京州市委书记李达康收获了不少粉丝，虽然他无法约束前妻腐败，但是对初心的坚持依然如一。比如自己的妹妹上访都没开绿色通道，也没把她送到王大路的公司挂职拿钱，只是在家里做个保姆的差事，他妹妹独自拉扯一个孩子，很不容易。达康书记的医疗、养老自然不必担心，但是他妹妹就不同了，如果生一场大病，失去了赚钱的能力，以达康书记的阳光工资很难接济妹妹、照顾她的小孩，何况自己的孩子还在外留学。理性的选择是达康书记作为投保人，给自己的妹妹买一份重大疾病保险，如果不幸确诊为条款内的疾病，保险公司会一次性将理赔金支付给她，既有了看病钱，也能弥补工作中断带来的收入损失，尽一份兄长的责任。

郑西坡有着“当代杜甫”的美誉，作为新大风集团的核心高管，一心为职工权益奔波，有着难得的担当。从剧情推测，郑老应该五十多岁，这个年龄段购买重大疾病保险费用较高，毕竟年龄大了，早已不是“标准体”，郑老家境不宽裕，可以考虑老人专属的意外险，最好涵盖意外医疗。上了年纪骨质疏松很常见，万一不小心摔伤，还能赔些钱，这类意外险的费用对于年龄的增长并不敏感，蛮实惠的；如果手头宽裕些，可以考虑添加消费型的医疗保险，所谓消费型是指一年一交，若当年没事，保险公司也不会退钱，第二年接着交，交一年保一年，费用会随着年龄的增长而增加，医疗保险可以简单地理解为看病花的钱可以在规定范围内报销一部分，减轻治疗压力。

侯亮平是省委沙书记手中的利剑，集万千恩宠于一身，家境相对宽裕，作为常驻外地的反贪局官员，考虑到出差稀松平常，他需要在重大疾病和医疗险之外，再增加公共交通意外险，内容涵盖自驾车、飞机、公共交通等风险，建议选择满期能够返还的险种，而非纯消费型，可以理解为用保费在保险期间产生的利息买保障，更划算。同时，人近中年，难免背了房贷，建议附加定期寿险，即在规定期限内死亡就赔钱，期限不短于剩余还贷期，额度尽量与房贷总额相当。如果未来发生不测，以身殉职，家人用保险理赔金还掉房贷，没有了压力，不会出现因无力还贷引发断供的二次伤害，要是人没了，没钱还贷，房子也没了，岂不悲哉！

蔡成功的角色杂糅了许多现实的无奈，作为民营企业家，在市场、政府的缝隙中艰难生存，由于经营不善，间接触发"一一六"事件，导致身陷囹圄，钟爱的"大奔"不得不卖了还债。可惜的是：他没有做到个人财产与公司财产的分离，现实中这样的例子太多了，账务扯不清，企业一停摆，个人家产也得搭进去，借助信托、保险等金融工具、培养账户分开管理的习惯就是要搭起一道防火墙；企业经营并非一帆风顺，年景好时，要考虑预留一部分资金，配置储蓄型保险，一方面用作未来的养老，另一方面这类保险不少有贷款功能，以备不时之需，缴费期选择三年期或趸交，尽量短，以免夜长梦多。

小皮球的父亲陈海，因车祸成了植物人，母亲早逝，只能和爷爷奶奶相依为命，这样脆弱的家庭结构再难承受更多的打击。爷爷陈岩石可以考虑给小皮球办两份保险：一份是储蓄型，为将来小皮球的结婚准备一笔钱，尽量选择十五年或二十年缴费，减轻每年的缴费压力；另一份是保障型，涵盖重大疾病和意外，特别需要注意增加白血病的保障，在少儿疾病中，它越来越常见，不像某些少儿疾病花不了大钱，它的治疗费用居高不下，会为家庭带来沉重的负担，粗略统计之前 MBA 同学中的募捐筹款，白血病占比超过一半。

5. 共产主义不远

随着大数据、量子计算机等领域的发展，我们发现自己越来越透明，用滴滴提取出行记录，用天猫京东分析消费习惯，用银行流水判断资金实力……对人物的画像越来越精准，对风险的识别越来越精确，甚至连恋爱保险、赏月险都能轻松出炉。

遥望课本里的共产主义，没有私有产权，没有阶级制度，没有国家和政府，各尽所能，各取所需，集体生产。大胆猜想，未来的阿尔法狗（人工智能）不仅能轻易量化风险，甚至可以量化每个人的兴趣、能力、工作成效、腐败倾向等因素：当你一起床，阿尔法狗已经安排好一天的日程，无须怀疑，因为都是运算后得出的最优解。常言道君子慎独，就算你想做坏事，满大街的摄像头，全身上下的可穿戴设备不会给你犯错的机会；金钱的诱惑慢慢消散，VR设备带来的场景体验，让你难以区分现实与幻境，无论想当大富翁，还是NBA巨星，鼠标一点就“成真”。

某一天，人工智能成了“上帝”，曾经拿着刀枪的革命者让位于IT技术员，这样的共产主义还会遥远么？最后，再次感谢张力老师给予本文的指导与把关，力求兼顾专业与通俗，希望对大家有所帮助！

本期助阵嘉宾：

张力，北美精算师，南京大学MBA校外兼职导师，复旦大学EMBA项目执行主任，曾任海尔保险总经理兼首席执行官、普华永道审计师等。

中产最后的堡垒是什么

友情提示：本文约 6 200 字，需占用您 8 分钟时间，初创于 2017 年 1 月 25 日

关键词：中产焦虑　保险金信托

近期热映的《侠盗一号：星球大战外传》带给星战影迷满满的回忆，令人惊喜的是，姜文和甄子丹的加入没有丝毫的违和感，一个玩枪高手，一个耍棍行家，期间少不了插科打诨，贡献了许多经典片段，当奇鲁起身上路寻找女主时，贝兹强调："你一个人去需要运气"。奇鲁回应："我不需要运气，我有你。"奇鲁将"原力"作为毕生信仰，至死不渝，贝兹则认为那是鬼扯，但是这丝毫不影响他对朋友的情义，多次对奇鲁出手相救，堪称大保镖。

贝兹这样的好兄弟是每位朋友都期待拥有的，现实中套路太多方显真情可贵。中国自古就有托孤的传统，比如白帝城病榻前的孔明、拯救赵氏孤儿的程婴、大清宝殿下的鳌拜，所托之人圣贤鬼魅皆有，终于明白，人性是经不起考验的，前一刻的忠贞难免成为下一秒的背叛。令人欣慰的是，在现代社会，我们可以通过法律、合同、保险、信托等形式设计出"贝兹"这样的好兄弟，他就像一位虚拟的"大管家"，会严格按照我们的意志打理财产，组合运用不同的工具，设计出的"大管家"在功能、成本等方面会有差异，对中产来说，新兴的"保险金信托（保险＋信托的组合）"是不错的选择。

1. 中产最大的焦虑——把钱留住

谁是中产呢？有人急于承认，有人极力否认，划分的标准千差万别。

相较于收入划分标准的争论，对消费支出的测算更加实际，最近一篇帖子引发了热议，宣称 900 万以上才能算中产，数目不小，但细分下来合情合理，至少南京一套稍好点的房子没有三百万拿不下来（见图 4.3）。

谈到中产的焦虑，似乎有说不尽的话题，就连雾霾天里要不要跑步，学

住房(含房款、装修等)	以3万元/平、90平房子、贷款30年计算还款总额413万元、装修40万元
教育(不含留学费用)	98.4万元
养老(夫妻双方)	67.2万×2=113.4万元
日常消费(食品、服装)	按家庭每月5000元、30年(退休前)计算约180万元
车子(考虑车子的保养、换代等)	60万元

图 4.3　消费支出测算示例

而思的作业要不要叫停都让人心塞，就算好不容易够着了中产的门槛，却也是战战兢兢，因为好不容易积累起来的财富并不稳定，有太多的风险让它灰飞烟灭。什么是财富管理？其实就两句话：把该赚的钱赚了，把该分的钱分好。赚钱只是第一步，如何把钱分好，才是能否继续享受“中产”生活的关键，常言道“富不过三代”，在分钱的时候，我们应拿出一部分来做长远考虑，作为维持子女“中产生活”的防线，“托个底”，构筑起坚实的“堡垒”。

2. 理财变“离财”

俗话说“你不理财，财不理你”，但比起“不理你”，“离开你”显得更为残酷。2015 年的股灾，媒体号称在一年后人均损失 50 万，消灭了 60 万中产，从“人人都是股神”到“人人跑不出跌停板”，终于明白股市是“十赌七输”，甚至有人一气之下卸载了炒股软件；2016 年双十一网购狂欢夜，伴随的是商品期货市场的血流成河，就算专业玩家也难以幸免，不管是买多，还是卖空，撞在枪口上便很快出局，再一次领略了杠杆的残酷。那些远离资本市场、只买固定收益产品的“幸运儿”也难免“踩雷”，从传统思维来看，固定收益产品只要比利息就好，哪个高买哪个，而不少财富公司的接连跑路击碎了这些美好的憧憬；“河北融投”作为河北省最大的担保企业，也是省内唯一获 AA＋评级资质的担保机构，在轰然倒塌之后，所担保的理财项目陆续进入兑付期，面对坏账，大公司咬牙“刚兑”了，实力差点的仍在扯皮，不少客户的钱依然杳无音讯。

3. 房子的信仰

作为对抗通货膨胀的手段之一，房产是为数不多的让大家尝到甜头的投资品种，股灾后，以南京为代表的二线强城市掀起的涨价潮，让不少炒房客赚得盆满钵满。“人与人的距离就是一套房的差别”，道出了多少人的辛酸。

从财富保值增值角度，核心区房产理应占有一席之地，然而，若从财富传承来看，房产的瑕疵比较多，需要谨慎对待：

(1) 流动性困扰，房产价格倾向于边际定价，某种程度上具有欺骗性，比如某个楼盘分几期开发，第一期卖 1 万 5，第四期卖 3 万，楼盘整体就会按照 3 万来计价。卖房时也一样，一方面，售卖、签约周期当然不会短，另一方面，若市场上 3 万的买盘消耗殆尽，房价会直接到 2 万 5，再有新的买盘进来，与跳涨对应的就是跳跌，若大势不好，手上有一把“同花顺”的房叔们处理起来并不容易。

(2) 房产确权，若牵涉房产继承，建议提前通过生前赠予、遗嘱等方式安排好。例如房叔老王过世，手上一大把房子没说过怎么处理，老王的老爹有权利继承，若老爹去世，他原来持有的份额会分割给老王的兄弟姐妹(80 后父辈们哪家不是兄弟姐妹一箩筐呢)，老王的儿子小王就无法全额继承房产，老王家亲友间难免“刀剑相向”，毕竟房产这块利益诱惑太大了。

(3) 处置成本，房产不管选择继承、赠予，还是买卖等方式，像个人所得税、契税、交易手续费、登记费、评估费等(情况不同，税种不同)，算下来都是不小的开支，例如通过接受赠予方式获得房产，又不止一套，自住无所谓，但若出售，个人所得税是 20%。房产所有权是依附于“房主”的，但人的“寿命”是不可控的，这样的组合并不稳定，也要花更多心思应对。至于近期风传的“房地产税”，何时开征不得而知，但如此巨大的蛋糕，完全无动于衷是不可能的，这也是悬在疯长楼市头顶的达摩克利斯之剑。

4. “炮火”凶悍

明清时期，山西的商业巨擘有钱了就喜欢修大院，乔家大院、常家大院、王家大院等目不暇接，规格不输任何王公府邸，然而，这些大院并非一蹴而就，是经历了几代人的耕耘。如果将财富积累比作修大院的过程，我们不光要多攒点“水泥砖块”，持续“添砖加瓦”，还要提防“水患兵匪”，财富的损失并不局限于理财产品的亏损，大大小小的“坑”，多如牛毛。

曾经“恶法”代表——新婚姻法二十四条：债权人就婚姻关系存续期间夫妻一方以个人名义所负债务主张权利的，应当按夫妻共同债务处理。但两种情况除外：夫妻一方能够证明债权人与债务人明确约定为个人债务；夫妻对婚姻关系存续期间所得的财产约定归各自所有的，夫或妻一方对外所负的债务，第三人知道该约定的，以夫或妻一方所有的财产清偿。大白话就是，只要还是夫妻，一方借债双方还，就算离婚了这笔账也得认，很少有债主会宅心仁厚地说：“你们一人还就行。”若无事先防备，后期“翻盘”不易。二十四条是为了应对夫妻利用离婚恶意避债的现象（一方大额借债后，将家庭财产转移到配偶名下，之后离婚），尽管保护了债权人的利益，却可能忽视了夫妻另一方的利益，是一把双刃剑。

判例：重点大学毕业的 W 女士，2013 年 10 月 8 日结婚，2015 年 6 月 12 日离婚。婚后，W 女士通过努力，相继获得了国内注册内部审计师、外企财务分析师等职业资格证，称得上是财务专家。离婚后见到法院传票她才知道，前夫在两人婚姻关系存续期间背着自己借款 300 多万。刚开始，W 女士觉得自己不知情，也没有花借来的钱，找位律师去代理一下就算完事。但判决结果让她傻了眼。某市两级法院终审判决 W 女士需承担连带责任。2015 年 10 月 20 日，因无钱支付生效判决，W 女士被法院纳入失信名单，成为“老赖”。《新京报》统计 2016 年适用二十四条判定夫妻共同债务的案件中，有至少 1.5 万件的被告声称，自己是“被负债”、对原配偶的举债并不知情。

值得庆幸的是，后期修订了“二十四条”，对债务认定更为细致，配偶“被负债”的情况有望大幅减少，但是法律“漏洞”带来的伤害值得警醒。

5. “熊孩子”的“惊人”挥霍

提起挥霍，很多朋友认为是富人的“专利”，容易联想起某明星、大腕的一掷千金，事实上并非如此。2016 年重庆案例：老吴在 2008 年渝北农村的耕地被政府征用开发，得到 20 万的安置补偿款。随后一家人从农村搬到回兴，在新家，老吴仔细地保存着这笔钱，先用纸裹住，再用透明胶封起来，放在家里的一个包里，平时并没有时常关注。当邻居告诉老吴，儿子花钱大手大脚时有些不解，回到家，打开包一看，里面的 20 万元一分不剩！那可是老吴全家的养老钱。生活中这样的案例比比皆是，家庭条件不好，但是花钱同样如流水。由此可见，“财商教育”不是有钱人的专利，需要全民学习。

6. 买保险不是为了图收益

在《蓦然回首，保险封王》（本书第五章）中，分析过保险的基本概念和常见形态，保障类保险作为对抗疾病和意外的工具被人熟知，也很容易被理解。理财型保险不少朋友感觉匪夷所思：“这玩意有什么用?”收益不高，期限还长，要是直接拿去买理财收益可高多了，然而，买这类保险还真不是为了收益。

独居老人的“套路”：隔壁老王年过五十，有两个儿子，虽然都已成家，但是并不贴心，老王担心自己年龄大了以后两个儿子不孝顺该怎么办，千万家财总归还是会留给他们，如果现在就立“平安书（遗嘱）”也行，但是万一想法变了，还要重新公证，太费劲了，也怕子女知道了吵翻天。老王先将财产分了类，不算房子，两个儿子各留 200 万，剩下 600 万为自己买一份理财型保险，受益人写两个儿子，老王作为投保人，可以随时变更受益人，未来哪个孝顺，就写哪个儿子的名字，非常方便，让两儿子“竞争上岗”。相比之下，2015 年有则新闻，一位老人宁愿把钱烧光也不留给子孙（见图 4.4），是愤恨，但也是对很多金融工具缺乏了解，若能引入“保险”，或许事不至此。

老人带21万现金火化全因儿子不孝 宁愿把钱带走也不留给子孙

时间：2015-10-09 14:18:11 编辑： 来源：www.xianzhaiwang.cn

图 4.4 实时新闻

强制储蓄的习惯:“月光”族泛指每月入不敷出的状态,在年轻人中很常见。小林结婚后依然没掌握“收入平衡”的艺术,每当看到银行卡尚有余额,就忍不住淘宝,或者纠结要不要买新款 LV,忐忑的心停不下来,眼看着小宝一天天长大,现在抚养成本那么高,以后还要攒钱上学。对于小林来说,可以将小孩作为被保险人,买理财型的分红险或万能险,自己作为投保人和受益人,工薪阶层可以选择二十年缴费,每年交固定的保费,等到孩子上大学了还能拿一部分作为学费补充。这类保险交了几年就退保,损失比较大,但这是双刃剑,小林要想获得不错的收益,只能硬着头皮攒下来,慢慢培养储蓄的习惯,如果小林买的是基金或是定期理财,万一到期时看见喜欢的包包打两折,怕是会奋不顾身地买下,还是攒不下钱。

股灾幸存者:2015 年的股灾是很多人一辈子都抹不去的回忆。阿明曾经买过一份理财型保险作为养老补充,这类保险有“贷款功能”,临时用钱可以贷一部分出来解燃眉之急,利率比流行的“白领贷”还要实惠。在股市最疯狂的时候,阿明曾经问我,要不要贷款出来,搏一把,很容易抓到涨停板的,相比收益,付出的贷款利息微不足道。谨记“理财抽屉”的故事,您买的任何一款理财产品,都像是放在了抽屉里,它们有着各自不同的功能,不应该互相“穿透”,炒股的钱就这么多,理财型的保险就是用来养老的,专款专用。万幸的是,阿明终究没有做保单贷款,而之前投进去的钱几乎亏光了。

7. 保险金信托接棒

提起信托,不仅是理财产品中的一个门派,更是事务管理的法宝,家族信托是其中的代表，更是国外众多富豪的挚爱，“洋屌丝逆袭”之后的第一件事就是成立家族信托。经过近四十年的改革开放，第一代富起来的“开拓者”，现在思考最多的问题是如何“接班”，若子女争气，又会考虑孙子孙女怎么办？这就是国人的“下一代信仰”。要想实现“接班”，法律的制度保障不可或缺，我国2001年颁布的《信托法》功不可没。相较其他法律，它的“硬伤”很少，与1995年诞生并不断完善的《保险法》和大家耳熟能详的《合同法》等，携手构筑法律上的“双保险”。

《信托法》——信托财产独立

第十五条：信托财产与委托人未设立信托的其他财产相区别。设立信托后，委托人死亡或者依法解散、被依法撤销、被宣告破产时，委托人是唯一受益人的，信托终止，信托财产作为其遗产或者清算财产；委托人不是唯一受益人的，信托存续，信托财产不作为其遗产或者清算财产；但作为共同受益人的委托人死亡或者依法解散、被依法撤销、被宣告破产时，其信托受益权作为其遗产或者清算财产。

第十六条：信托财产与属于受托人所有的财产（以下简称固有财产）相区别，不得归入受托人的固有财产或者成为固有财产的一部分。受托人死亡或者依法解散、被依法撤销、被宣告破产而终止，信托财产不属于其遗产或者清算财产。

信托财产独立体现在两点：一方面是与委托人（设立信托的客户）的财产独立，如果是老张用合法的自有资金给儿子小张设立了信托，受益人只有小张，老张就不必担心“仙逝”后，这份信托财产作为遗产交纳未来的“遗产税”，也不用担心老张日后破产了，这笔钱会被清算；另一方面是与受托人（信托公司）的财产独立，哪怕信托公司破产了，信托的委托人（客户）或受益人再找一家信托公司继续管理就行了。

8. 个性化分配

家族信托最令人艳羡的是个性化分配，相比保险更加灵活。常见的理财型保险往往是一次性分配，比如被保险人死了，所有的钱都会很快给受益人，这存在两个风险点：一、如果受益人不争气，把所有的钱都挥霍一空，被保险人泉下有知，岂不跳起来吐血呐，当年梅艳芳正是担心她母亲大手大脚惯了，才做了家族信托；二、如果受益人是小孩，保险理赔得来的钱会一次性赔给小孩的法定监护人，万一监护人拿了钱就丢下小孩跑路怎么办？信托常见的分配方式之一，就是每年给受益人钱，如果不争气都花光了，那就熬一熬，等来年还有钱拿，基本生活能得到保障。

每一位父母都有对子女的叮咛，希望他们少走弯路，通过个性化分配，父母可以有意引导孩子的成长轨迹。比如，规定子女结婚了可以拿着结婚证领取 100 万的婚嫁金，再细致点可以要求子女 30 岁前结婚领取 300 万婚嫁金，30 岁后结婚只能领取 30 万，以此来督促子女早成家。当然，对那些人丁不旺的家族来说，增加一个孩子多领一份钱的条款也很常见。对于追求人间大爱的朋友而言，也可以选择做慈善信托，将信托财产用于社会公益事业，而非留给子女后代。

在电影《雨人》中，汤姆克鲁斯饰演的查理素与父亲不和，听到父亲死讯后，冷漠地参加葬礼并准备继承遗产，但是得知父亲将 300 多万美元的遗产设立了信托，但受益人不是自己，他只拿到一辆白色的别克敞蓬车，而达斯汀霍夫曼饰演的雷蒙是一位自闭症患者，作为查理的哥哥，却拥有这笔财产。这体现了父亲的想法，后代中强者多劳，弱者要保护。国外的信托想设立很容易，但国内的信托更多的是一种“金融牌照”的概念，就算在国内成立了家族信托，最终还是要落到具体的信托公司来操办。

9. 保险＋信托＝堡垒

传统家族门槛较高，即使是国内入门级的家族信托资金最低也要 600 万以上，能够制订个性化方案的家族信托需要 3000 万以上。好消息是，保险金信托大幅降低了门槛，例如只要交满 100 万指定保单保费的客户即可享受保险金信托服务。家族信托中，设立人活着的时候就能正常运作，而保险金信托中，只有当保险理赔后，理赔金才会进入信托，由信托公司进行投资，做财产的二次增值，并按照财产分配方案来运作，那时设立保险金信托的人已经不在了，因此，保险金信托更适合作为最后的“堡垒”来使用，在自己“百年”后，确保子女在未来一段时间，还能有相对稳定的收入来源，最后尽一份父母的责任。当然，人活着的时候，很多事不难办，最怕的就是人死后“洪水滔天”，这也是保险金信托着力解决的“痛点”。

文章开篇中，我们提到利用法律、合同、保险、信托等工具组合出虚拟的“大管家”，帮助我们完成了部分财富的传承，保险金信托就是结合了保险和信托各自的长处。近期，听闻很多出轨事件，让很多人的“三观”进一步坍塌，人性经不起考验，才有“见财起意”的说法，赚钱是为了给心爱的人花，如果没有将财产分好，怨不得他人垂涎觊觎，自己反倒成了待宰的羔羊，如果财富分好了，想打您主意的魑魅魍魉也会敲起退堂鼓。

别去靠人，要靠制度，更完美的是靠共同的价值观，浩然正气，余韵家风。

《西游记》里的 PE 投资

友情提示:本文约 3 000 字,需占用您 4 分钟时间,初创于 2007 年 7 月 5 日

关键词:火眼金睛　赚钱手段　终极 PK

一千五百年前,朗朗乾坤之中,巍巍大殿之上,唐太宗李世民独享王者荣耀,国力日盛,欣欣向荣。

面对赞美之词,李世民却忧心忡忡,刚接到魏征奏报,幽州城内发生一件憾事,正值炎炎夏日,一位老太在赶路途中昏倒,身旁经过那么多人,竟然没人扶一把,最终身亡。李世民得知暴怒不已,却又无可奈何,天下之大,都管得了么,多年的王朝经营,老百姓日子越来越好,腰包越来越鼓,但精神却似荒漠一般。当年太原起兵,短短数年已成星火燎原之势,原因无它,只因肯为隋帝出力者寥寥。如今老太倒地无人愿扶,来日再遇强敌,又有几人肯为国披甲?

丢失的信仰,一定要找回来!

在李世民脑海里,西天取经计划"私募股权投资(PE 投资)"应运而生,组建明星团队,皇家鼎力支持,兄弟结拜之礼,不仅手书通关文牒,更亲制锦衣行囊。经历重重磨难,它所取得的累累硕果,探寻的文化内涵,成为大唐盛世的有力保障,传承千年不绝。

1. 需要火眼金睛

西游记经常有妖精假扮老弱病残,唐僧慈悲为怀,八戒贪恋美色,沙和尚只顾挑担,白龙马难得复原,只有孙悟空,一双火眼金睛,看透魑魅魍魉。

阿里、腾讯、百度、京东……伴随着一批世界级企业的崛起,股权致富成为新时尚,不仅惠及公司的创业元老,还有背后的私募股权投资人。五年前,一位投资人投资滴滴只花了 70 万,之后账面回报几十亿,"人无股权不

富”已是共识，这是馅饼，也是陷阱。

现在销售 PE 投资产品的机构多如牛毛，纷纷号称过往战绩辉煌、未来预期收益还能翻 N 多倍，我们默默地翻开这张国内 PE 规模与 IPO 规模的对比走势图（见图 4.5）：在 2012 年之前，整体 PE 投资规模小，上市压力不大，鲤鱼跃龙门，高回报并不少见。伴随着 PE 投资的高速扩张，IPO 却未能同步增长，形成所谓的“堰塞湖”，近年来证监会加速发新股实属情非得已。当然，PE 投资选择企业并购等方式退出也能获利，只是再无法“躺着赚钱”。

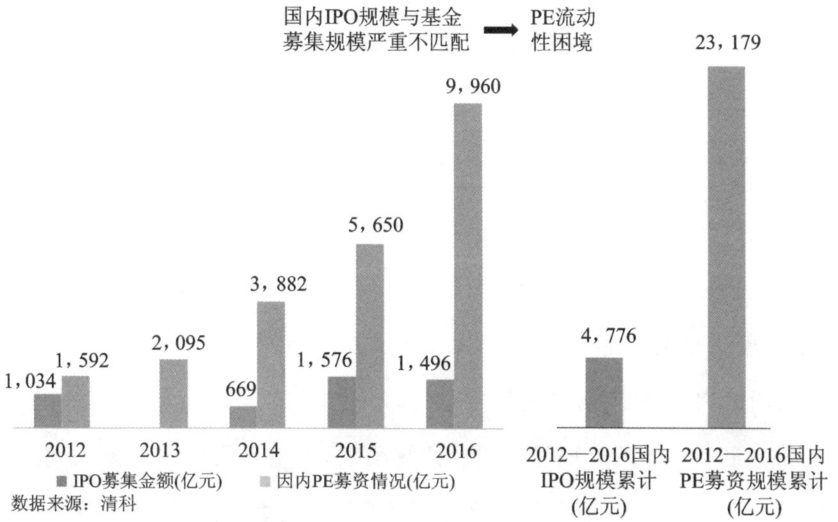

图 4.5　国内 PE 规模与 IPO 规模对比

对国家来说，PE 投资越多越好，既能支持实体经济，培育下一个腾讯，又是投资者自负盈亏，不容易“上街散步”，理论上 PE 投资可以亏得一分不剩，这和 e 租宝用固定收益产品非法敛财还不一样。对个人来说，PE 投资越来越多、越来越乱，大部分投资者难有火眼金睛，无法分辨优劣，大多基于过往的亮丽回报下注一搏，还未观察到市场的新变化，不法之徒更以 PE 投资为幌子，衍生的骗局层出不穷，屡禁不止（见图 4.6）。

当菜场大妈都知道有股权好挣钱的时候，就应更加慎重，从多角度来看待、分析 PE 投资，练就一双慧眼，享受 PE 投资的红利，而非成为烧钱的炮灰。

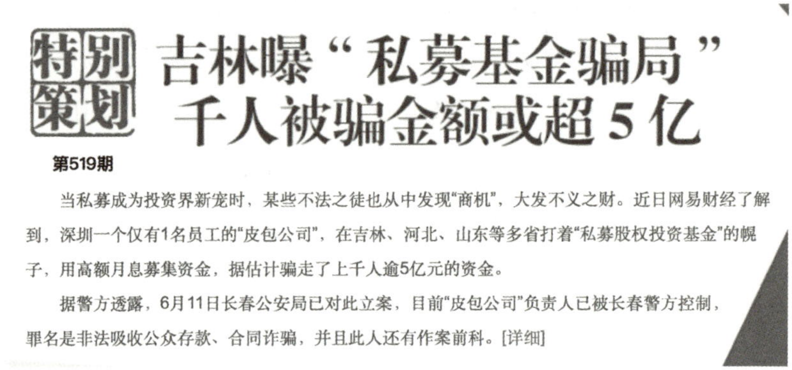
特别策划

吉林曝“私募基金骗局”千人被骗金额或超5亿

第519期

当私募成为投资界新宠时，某些不法之徒也从中发现“商机”，大发不义之财。近日网易财经了解到，深圳一个仅有1名员工的“皮包公司”，在吉林、河北、山东等多省打着“私募股权投资基金”的幌子，用高额月息募集资金，据估计骗走了上千人逾5亿元的资金。

据警方透露，6月11日长春公安局已对此立案，目前“皮包公司”负责人已被长春警方控制，罪名是非法吸收公众存款、合同诈骗，并且此人还有作案前科。[详细]

图4.6　私募股权投资基金骗局示例

2. 钱在手，看政策

时光倒转到1929年，华尔街巨熊利弗莫尔大肆卖空美元，获利一亿，轻松完成小目标，彼时美国的全年税收才42亿，利弗莫尔摇着沾满血色的红酒杯，享受着猎杀的快感，窗外，大批美国人失业，在寒风中拿破报纸充当棉絮，“朱门酒肉臭，路有冻死骨”。

同是金融泰斗的摩根好言相劝：“收手吧，做空自己国家的人，不会有好下场。”利弗莫尔置若罔闻，历经多年浮沉，在大雪纷飞夜，突然举枪自尽，留下字条：我的一生是一场失败，摩根一语成谶。

作为唐太宗的结拜兄弟，玄奘接过取经重任时，就注定了未来的辉煌：大唐倡导对外交流，佛教文化开枝散叶，国家利益、政策导向、现实需求高度一致，这也是优秀PE投资的必备条件。

近期，监管部门重拳出击，封了不少微信公众号，大部分内容以博眼球为主，不辨真假，为了流量什么都敢写。然而，对不少投资人来说，无异于晴天霹雳，以某微信公众号为例，封号之前，股权估值刚过五亿人民币，最新融资5000万元，新投资人还能嚷嚷着退钱，老投资人只好关灯吃面，自求多福。在2000年，政府就颁布了《互联网信息服务管理办法》，可知政策早已定调。

曾有传言浙商喜欢看《新闻联播》，被误认为是作秀，其实不然，每一项政策背后都是真金白银。又如,国家去产能的口号喊了好久,面对钢铁、煤炭、矿产之类产能过剩、周期性强的 PE 投资,应慎之又慎,即使投向周期性行业的固定收益类产品也要警惕。

3. 老司机,带上我

当唐太宗启动西天取经计划的时候,摆在面前的人选有很多,唐僧脱颖而出,至少有两点原因:一是名门之后,他是东汉名臣陈寔的后代,曾祖父陈钦,曾任后魏上党太守,祖父陈康曾任国子博士,父亲陈惠曾做江陵县令,一出生就自带主角光环;二是专业为王,别看他那时年轻,在佛学界可是一名老司机,师从多位高僧大德,当同龄人还在学习佛法的时候,他已经致力于统一中国佛学思想的分歧。

在 PE 投资的判断中,识别老司机是重要的一环:

名门之后,一方面是学校背景,比如国内的清华系、复旦系、北大系等,普遍学习能力超强,又有师出同门带来的广泛人脉关系,特别在某些高精尖领域,能读到博士就已建立了壁垒;另一方面是企业背景,不少 PE 基金的大老板就是集团公司,它会沿着上下游并购,建立自己的生态圈。对于被投企业本身的成长很有帮助,从单纯的财务投资转向赋能式投资:不仅给钱,还会输出管理、技术,甚至帮被投企业解决产品销路,典型的案例是平安入主汽车之家,利用集团优势全方位帮扶,一年股价翻了一倍多,体现了市场认可(见图 4.7)。

专业为王,即可以理解为门槛的高低:现在 PE 投资这么泛滥,门槛低意味着容易被复制、被扼杀,就像某知名 IT 企业,被誉为国内的盗版之王,屌丝企业好不容易开发出来的游戏,它拿来一山寨,屌丝企业就被挤垮了;也可以理解为门槛的弹性,弹性若太大所谓专业就没谱了,特别像影视类 PE 投资,拍一部片子,一百万可以,十个亿也行,等电影上映了看票房,影响因素更多。比如排片,《百鸟朝凤》那么好的片子竟然没几家影院放,还有烂片财大气粗地买票房,明明没人看,硬是自掏腰包营造出"全员观影"的效果,

2017年06月15日09:51 来源：证券日报 分享到：

原标题：汽车之家在平安入主一年后基因突变 转型数据平台初步成功 股价飙升

从去年6月正式入主汽车之家至今，平安让这家拥有12年历史的汽车垂直网站，变得越来越不一样。

最简明且可以量化的就是业绩和股价。汽车之家一季报数据显示，2017年一季度营收13.48亿元，同比增长23%；净利润3.27亿元，同比增长34%。在业绩上涨的同时，股价也很配合，接连创出新高。6月13日，汽车之家股价收于44.33美元/ADS，而在一年前平安入主之初，汽车之家的股价曾跌至19.32 美元/ADS。“我真没想到汽车之家的股价会涨成这样”，有业内人士对记者表示。

图 4.7 平安入主汽车之家成绩单

粉饰业绩。难怪今年四月传言，影视、娱乐、文化类再融资和并购重组项目要劝退，您要买了这类 PE 投资还得搭一盒速效救心丸，怕市值忽上忽下，您的心脏受不了。

4. 翻不了的筋斗云

小时候看西游记，一个问题曾经困扰我很久：孙悟空一个筋斗云就是十万八千里，西天取经路途遥远，走得那么辛苦，为何不让孙悟空背着唐僧，翻几个筋斗云不就上西天了么？

估计吴承恩听了，棺材板怕是压不住了，要真让孙悟空翻着筋斗云带着唐僧玩，西游记用两页纸写就够了：唐太宗早上刚送别唐僧，中午还没开饭，就看着唐僧取经回来了。当然，看到后来才明白，经历九九八十一难，才能取得真经，这是佛祖的考验。

很多人眼红 PE 投资的高收益，但是却没想过收益的来源，我们赚的是什么钱？主要有两部分：一是套利的钱，一二级市场之间有着不小的鸿沟，所谓企业一上市，野鸡变凤凰，持有的股权在上市之后才会更有价值；二是企业成长的钱，随着时间的推移，一家优质企业的盈利能力、市场竞争力会越来越强，即使无法上市，仍然会有实力更为强劲的财团洽谈收购，这家企业的股权依然会实现增值。

孙悟空拉上唐僧，翻着筋斗云取经就是在赚套利的钱，正如市场上有不少短期的PE投资产品，目的是尽快上市套现，不过证监会未必答应，政策的变化谁都无法掌控，套利最悲催的就是丧失流动性，和炒房炒成房东是一回事。比如之前火热的新三板基金，原来是想投了以后通过转板等途径退出，结果产品到期后发现退不出来，既面临亏损，又找不到接盘侠，只好请投资者签延期协议；再如曾经火热的定增基金，减持新规一出，原本18个月结束的产品，很多不得不延长到30个月。

与其和证监会玩躲猫猫，挖空心思钻套利的空子，更为理性的选择是赚优质企业成长的钱，一方面，给予管理人充分的时间自由来运作PE投资项目，以更好的价钱卖掉；另一方面，剔除好讲故事、善做PPT的泡沫企业，真正识别、培育创造价值的公司，与下一代"阿里""腾讯"一起成长对投资人而言也是很美妙的事情。

5. 终极PK是信仰

当唐僧踏上取经之路，支撑着他克服艰难险阻走下来的是信仰。通常PE投资的时间需要七年，跨越一个经济周期，期间任何情况都有可能发生，而投资者的钱一旦投入，只能被动等待，当所投项目退出时，才会看到回报，这是非常考验定力的投资品种。

当您下注PE投资时，就已坚信：国家会越来越强大，会给予更为公平公正的交易环境；管理人会尽心尽力，抓住每一次市场机会帮您挣钱；销售PE投资产品的公司会越来越好，持续提供投后服务。所有PE投资者的终极PK是信仰，若一点风吹草动就惶惶不可终日，那这七年就是画地为牢，宛如身处炼狱一般，然而，投资终究只是生活的一部分，还有诗和远方、烧烤和小龙虾。

善恶浮世真假界，尘缘散聚不分明。

备注：本文史实纯属虚构，请以正史为准。

从《芈月传》和氏璧案看“宝万之争”

友情提示：本文约 2 000 字，需占用您 2 分钟时间，初创于 2015 年 12 月 22 日

关键词：万能险　投资弱点

2015 年 7 月 8 日，为优化保险资金配置结构，促进资本市场长期稳定健康发展，保监会发布《关于提高保险资金投资蓝筹股票监管比例有关事项的通知》，放宽了保险资金投资蓝筹股票监管比例，对符合条件的保险公司，将投资单一蓝筹股票的比例上限由占上季度末总资产的 5%调整为 10%；投资权益类资产达到 30%比例上限的，可进一步增持蓝筹股票，增持后权益类资产余额不高于上季度末总资产的 40%。

现在是信息超载的时代，这条信息很快被淹没，直到“宝万之争”，大家才回过神来，注意到了宝能的钱袋子——前海人寿，这家曾经刷爆南京地铁线的保险新贵，很多人到现在都搞不清楚它具体是干啥的，像极了去复仇的基督山伯爵：

“不要问我从哪里来？”

“只要知道爷有钱就行。”

英雄不问出处，王老板口中的“野蛮人”，出手粗狂，行事却低调细腻。王老板的情怀，姚老板的钱，两者激情碰撞，堪称贺岁大片，各路大神的点评铺天盖地，不转发下朋友圈咱都不好意思出门。

神剧《芈月传》中，公孙衍布局用假和氏璧除掉张仪，以《山海经》之谜做成机关，假和氏璧下暗藏毒针，本以为天衣无缝没想到却误伤芈月。与现在的“宝万之争”何其相似，宝能拿下万科大把股份，却不被认可，相当于买了只假和氏璧，不同的是，那根毒针不是刺向万科，而是刺向宝能，这根毒针就是宝能的资金，钱是从哪里来的？能够支撑多久？王老板也看到了宝能的七寸，风传他投诉姚老板是洗黑钱的，要能把这条坐实，真就把毒针插进了

宝能的心脏，可惜被宝能一篇中规中矩的声明挡了回去。

宝能资金来源有很多，其中前海人寿呼声最高，打开它的官网，产品少得让人心碎，当年我也在寿险公司上过班，对着满屏的保险产品写胶片，看着前海的画面美的不忍直视。但是我们很快就能留意到，从 6 月开始，前海人寿出现了万能结算利率超过 7%的产品，其中前海海鑫利 3 号(A)年金保险(万能型)(2015.7.21 及之后生效保单)的月万能结算利率高达 7.45%，从 7 月一直持续到了 11 月，前海人寿的万能险是 1 000 元起，并且满一年后退保不收取任何费用，相当于存了一年定期，不同的是，一般定期存款是到期日结算，但是万能险是每月结算，每月的万能险结算利率是浮动的。

例如芈月今年 7 月买了 1 万块前海海鑫利 3 号，7 月万能结算利率是年化 7.45%，当月收益就按照年化 7.45%计算，但 8 月可能万能结算利率就变成了 3%，则 8 月的当月收益就按照年化 3%来算。

前海人寿的这款产品与常见万能险有四点不同：

(1) 结算利率较高，目前主流公司的万能险结算利率在 5%左右。

(2) 首年没有初始费用。一般万能险缴费当年退保会损失一部分钱，这些钱就是初始费用，但是前海人寿的保单清楚地显示锁定期一年之后退保金大于本金。

(3) 不收取保障成本。保障成本一般是保险公司根据被保险人的年龄、性别等因素制定的，就像你找个保姆，保姆也得看看你们家情况跟你谈价钱，但是保姆前海竟然不需要钱，直接帮你干活。

(4) 产品 1 000 元起投，门槛也是低到跪了，恍惚间还以为买的是基金。

看到这，有这样一种“错觉”，前海人寿的万能险更像是披着保险外衣的理财产品，利用极低的门槛，以互联网的方式吸纳资金。近期可观的万能结算利率想必已经吸引了不少的投资客，更何况万能险是有最低保证利率的。投资客一想资金锁定一年，最低保证利率 2.5%，目前 7%，后面可能更高，只要 1 000 元就行，为什么不做呢？

前海人寿的弱点：

目前尚不清楚，在宝能的资金里，有多少前海人寿的资金参与，但前海人寿资金的弱点很明显：

（1）一年期限算临界点，一年以内有退保费用，投资客放一年可能性较大，时间是否更长取决于万能结算利率的高低。

（2）成本较高。客户收益若在7%，整体成本应在9%左右。

（3）资金分散，更容易出现羊群效应（又名“从众效应”，个人的观念或行为受真实的或想像的群体影响或压力，而向与多数人相一致的方向变化）。今年股灾，不少公募基金体会了“挤兑”形成的恶性循环——基金表现越差，赎回压力越大，然后表现更差，1 000元起的资金项目不会有什么忠诚度的，一旦不好的苗头出现，跑得比谁都快。

（4）前文提到险资投资单一蓝筹的资金最多是上季度末总资产的10%，前海人寿三季度末总资产在1 500亿元左右，有150亿左右可以投资万科，传闻已经消耗100亿，还有50亿弹药就会封顶。考虑到杠杆的存在，前海人寿的这部分资金其实是一盘散沙勉强地被捏在一起做地基，然后建起高楼大厦。

保监会打开了潘多拉的魔盒，放出了部分险资，险资增持蓝筹后权益类资产余额不高于上季度末总资产的40%。宝能的突袭打得万科措手不及，前海人寿的资金也算一大功臣，正所谓天下武功，唯快不破。

当我们分析了这部分资金之后会发现，时间的天平站在王老板这边，只要能撑得住，或者发现宝能资金的破绽，原本刺向万科的毒针也会转而刺向宝能。如果王老板希望通过定增夺回话语权，险资依然是值得寻求的帮手。看重险资的还有恒大，许老板刚拿下的恒大人寿，近期也出了类似的万能保单，结算利率也已经超过7%，以许老板的作风，恒大人寿募来的钱不玩玩资本市场实在有点亏，“宝万之争”后的下一个谜题会是谁？好戏才刚刚拉开帷幕。

所有的精神偶像最终都会走下神坛，离婚前的王老板一直是完美的，这次又挨了这一刀，我却不情愿接受王老板失败，在情怀和资本面前，还是希望情怀能赢。民族五千年的生生不息，情怀绝不属于少数人，它根植于每个人的内心，等待着被点燃。

从《一出好戏》的货币史，看为啥“数字货币”大多不靠谱

友情提示：本文约 2 700 字，需占用您 3 分钟时间，初创于 2018 年 8 月 25 日

关键词：货币　数字货币

黄渤导演的处女作《一出好戏》令人惊艳，并非他的呈现手法有多么高超，而是作为一名偏喜剧风格的艺人，展现出了更深层次的思考，有人性的多变无常，有社会的发展简史，还有爱情的重重考验，诚意满满。

影片中对于货币的起源有着精准的描述，堪称神来之笔，很多朋友谈起理财来头头是道，但是对于货币的认识却略显生疏，这是理财的根基，却最容易被人忽视。看清了迷雾中的货币，自然不会误入歧途，对于癫狂的“数字货币”会有更加清醒的认识。

常言道：理财、理财，理的不就是钱么？那什么才是钱呢？

1. 货币起源

影片中的黄渤是一位失意大叔，开着“七手”的小车，恋着单位的女神，除了跟班“小兴”，几乎一无所有。公司老大张总组织团建活动，由王宝强饰演的导游王带队，不料遇上海啸，一行人被海浪冲到了无名小岛，精彩故事就此展开。

为了生存，公司二十多人不得不回到原始部落的状态，同时，抛开原来世俗社会形成的社会等级，依靠生存技能和掌握资源的不同，逐渐分化成了两派人马：一派以导游王为首，善于采摘野果，以洞穴为生；另一派以张总为首，占据了一艘沉船遗址，得到部分现代化工具，靠捕捞海鱼为食。

两派人马曾经为了食物发生争抢，结果发现谁也灭不了谁，就像汉朝初期与匈奴的关系，打仗也能打，但是打完了发现效果不大，各自损兵折将，还

是得接着谈。如果一方把另一方打趴下了,也就不需要货币了,就像刚登陆小岛时,由导游王统一分配,其他人看着就行。

流通手段:大到国家地区,小到群居部落,只要有交换的需要,就是培育货币诞生的土壤,一边有野果,另一边有海鱼,这些都是人们需要的,自然值得互相交换,以物易物是最原始的状态,后期必然需要一样东西作为媒介,不然天天抱着一箩筐海鱼去换也不方便,货币呼之欲出,但是什么样的东西作为货币合适呢?

2. 为什么是扑克牌

当大家从初到海岛时的惊慌中逐渐平静下来后,各方面的秩序也开始建立起来了。张总拿起两幅扑克牌宣布,以后岛上的任何东西若需要交换,就用扑克牌来表示,比如一张三可以换三十条鱼,扑克牌成为可以衡量其他一切商品价值的尺度,货币的价值尺度就此确立,交换变得更加顺利。

当我们翻看货币发展史,发现贝壳是最早的一类货币,在很多内陆地区贝壳是比较稀缺的,以贝壳来买卖,价值比较稳定。影片中,大家流落海岛,如果也以贝壳作为货币,很容易发生通货膨胀,那"货币"实在太多了,因为贝壳随处可见。然而,扑克牌却是稀缺的,按照张总一开始的说法,整个海岛只有两幅牌(后面发现他说谎了)。同时,以当时的条件,扑克牌是难以复制的,正如制造假币一样,如果张总说是以刻着"张氏"的贝壳作为货币,相信造假的会有不少,公信力会差很多。

扑克牌材质较硬,便于储存,在币值长期保持稳定的条件下,人们也会储藏,那座海岛又不是金银岛,也找不到真金白银,扑克牌自然具备了贮藏手段的职能。

影片中,黄渤和小兴曾因为买鱼被张总的手下一通暴打,他们也想和其他人一样,先买鱼回家烧饭,然后再拿扑克牌来换,就像赊账,买卖时不用现款,到一段时间后再来付款,这就是货币的支付手段。

3. “海岛央行”行长

货币体系的建立看似很成功，直到有一天，小兴发现手中竟然集齐了四张方片2，不是说好只有两幅牌么？这分明至少有四幅牌。黄渤和小兴一起找张总讨要说法，张总承认说谎了，一开始就不只有两幅牌，他偷偷藏了另外两幅，留了一手。这就涉及货币超发的问题，也就是现实中大家会感觉钱越来越不值钱，变毛了。影片中的黄渤大发雷霆，要暴打张总，认为他说谎，难以信赖，这就像当年滥发的金圆券，公然作假，欺骗大众，导致严重通货膨胀，民心尽失。

张总欺骗大家固然该打，但是转念一想，为什么在小岛上没有发生通货膨胀呢？如果张总真的滥发“货币”，那些经常买菜买鱼的员工应该是最先察觉的，小兴沉迷于机器制造，要不是偶然得之，也不会发现。

张总申辩时提到关键的一点：“之前，一张二，能换几条鱼啊？现在，一条鱼能换几个二啊？那么问题来了，我牌没少，但鱼存了不少，那你说现在，是牌值钱啊，还是鱼值钱啊？”

这就牵涉货币的调控功能，通过把握货币供应量达到对社会总需求和总供给两方面的调节，使经济实现均衡。简单点说，以前一张二换二十条鱼，现在捕鱼技术发达，一张二能换六十条鱼了。这时对老百姓来说就郁闷了，就以最小的一张一来看，也能换三十条鱼，但是一顿饭只需要五条鱼，多余的鱼根本不需要，也不愿意找地方放置。市场上流通的货币减少，物价下跌，通货紧缩就发生了，大家一看，捕鱼干吗呢，又卖不了什么钱，还不如在家睡觉，失业就会越来越多。如果刚好岛上的张三欠了李四一张十，发现以前要一百条鱼就可以还清，现在要三百条鱼才能还清，很容易就破产了，社会状态更加不稳定。

因此，“海岛央行”行长张总的过错在于没有如实公布货币纠错机制，如果捕鱼摘果子越来越容易，生产力大幅提高，是可以增加货币供应的，只要不超发货币，没有引起通货膨胀，是能够被接受的。从扑克牌作为货币的功能来看，张总在海岛上的运转是比较成功的，也符合他作为一名成功商人的定位。

4. “数字货币”为啥难靠谱

今年8月24日，银保监会、中央网信办、公安部、人民银行、市场监管总局五部委联合发文，预警“虚拟货币”“区块链”，在“数字货币(币圈)”中掀起不小的风波(见图4.8)。

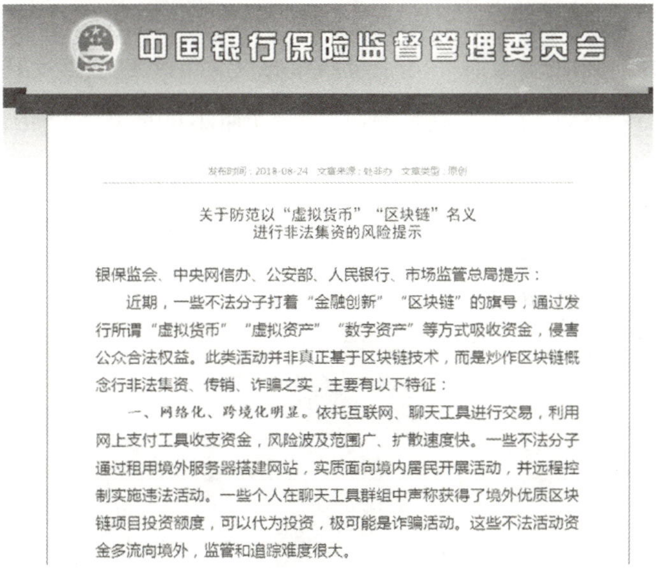

中国银行保险监督管理委员会

发布时间：2018-08-24 文章来源：处非办 文章类型：原创

关于防范以“虚拟货币”“区块链”名义进行非法集资的风险提示

银保监会、中央网信办、公安部、人民银行、市场监管总局提示：

近期，一些不法分子打着“金融创新”“区块链”的旗号，通过发行所谓“虚拟货币”“虚拟资产”“数字资产”等方式吸收资金，侵害公众合法权益。此类活动并非真正基于区块链技术，而是炒作区块链概念行非法集资、传销、诈骗之实，主要有以下特征：

一、网络化、跨境化明显。依托互联网、聊天工具进行交易，利用网上支付工具收支资金，风险波及范围广、扩散速度快。一些不法分子通过租用境外服务器搭建网站，实质面向境内居民开展活动，并远程控制实施违法活动。一些个人在聊天工具群组中声称获得了境外优质区块链项目投资额度，可以代为投资，极可能是诈骗活动。这些不法活动资金多流向境外，监管和追踪难度很大。

图4.8 关于非法集资的风险提示

货币背后体现的不光是信用，还有强权实力作为后盾，正如电影中的两派人马，张总之所以能发行扑克牌，是因为他占据了货船这样现代化的资源作为后盾。正如美国与委内瑞拉，委内瑞拉有自己的货币，但是实力太差，老百姓一有机会还是愿意使用美元，虽然美元是美联储发行的货币，导游王就像委内瑞拉总统，无法掌控自己的金融资源。“数字货币”至少在我们国家，已经被定性为“非法集资、传销、诈骗”，缺乏强力后盾，很难有所作为。

8月22日，不少区块链公众号被永久封号。细数过往，所谓KOL(关键意见领袖)的人设几乎集体沦陷，无一例外，期间夹杂着不少跑路事件，不断挑动着投资者的神经，看似新潮的互联网玩法，原来又是一幕幕骗局。曾经吹嘘“以太币”四个月涨了五十倍的以太坊8，在今年四月初突然下线，投资者血本无归；“数字货币”的火爆，催生了一批代投群体，层层代理，替客户投资各种币，今年三月跑路的一个代投项目，涉及ETH数量超过14万，价值近7亿人民币；就连高智商的资深投资者也难以幸免，拥有20万粉丝的“知乎大V”李雷，是中国科学院遗传学在读博士，论知识层次绝对是顶级了，他看到亏得一塌糊涂的账户，终于幡然醒悟发现上当，跟着他的粉丝哪会轻易放过，纷纷留言冷嘲热讽。

对于A股中的韭菜而言，看看比特币和以太币的走势图（见图4.9），心情自然会好很多，股市里的跌那哪叫跌啊，那叫小风小浪，对“数字货币”来说，涨跌30%以上才值得一看，从2017年底到现在，比特币几乎从近两万美金跌到6 723.3美金，以太币从近1 500美金跌到280.12美金，异常惨烈。

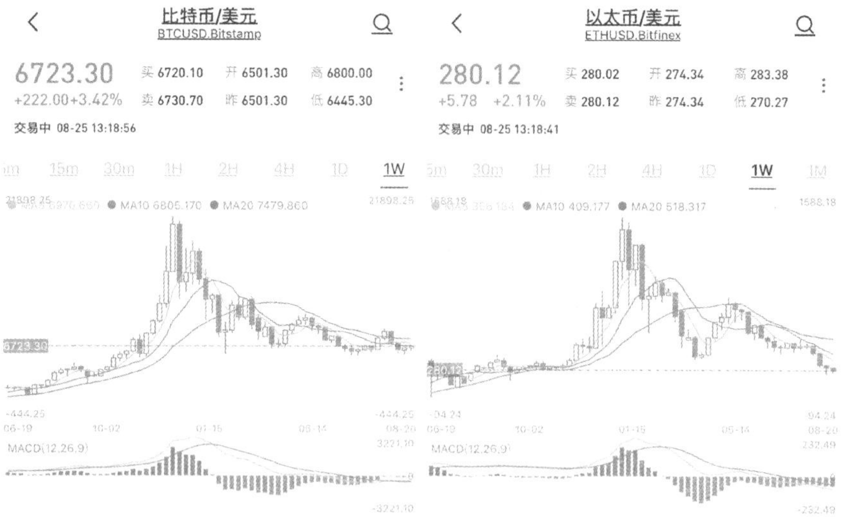

图4.9 比特币和以太币走势图

从《一出好戏》中，我们了解了货币的基本职能，类比火热的“数字货币”，很容易发现荒诞和鬼魅，虽然日本已经合法，但绝大多数国家和地区都秉持打压的态度。那些币真正的魅力在于洗钱，从这个角度来看，它有存在的合理性，难以被完全扼杀，但是对于投资者而言，君子不立于危墙之下，“数字货币”并非一个稳妥的选择，而是诱人的赌场。

第五章　突破财富传承障碍

如何打赢财富保卫战

友情提示:本文约 2 700 字,需占用您 3 分钟时间,初创于 2016 年 12 月 14 日

关键词:黑天鹅　平安书

我们似乎活在了黑天鹅养殖场里。股灾的三板斧砍断了一夜暴富的梦想,楼市的癫狂与限购让投资客沦为阳春白雪,双十一商品期货惊魂夜留下撕心之痛,东北特钢为代表的债券违约屡见不鲜,期间穿插着财富公司跑路、人间蒸发成了佐餐小点,逐渐麻木着我们的神经。

世界上最长的路是理财的套路。不同的角度观察会得到不同的结论,在过往的专题中,我们曾着重探讨如何赚钱,当投资市场与实体企业面临越来越多的不确定,赚钱难了,更多的朋友开始关注如何守住财富。俗话说打江山易,守江山难,这绝不是找到收益高一两个点的理财产品就能解决的,它涉及金融知识,更与法律相关,是具体的财务安排,也会融入思维意识的改变。

1. “马奇诺防线”的崩塌

二战中,法国人耗资五十亿法郎,建设起数百公里的马奇诺防线,里面堡垒、厨房、发电站、医院、工厂等一应俱全,内部四通八达,甚至纳入了有轨电车,在法国人看来,要想突破如此梦幻、完美的防御体系,必将付出惨痛代价。无奈造化弄人,德国人绕过马其诺防线,偷袭阿登高地,古德里安一战

成名。单靠某一条“防线”，在复杂多变的现实环境中会显得苍白无力，财务规划应构建起多条防线，层层抵抗，没有哪一种金融工具或者法律手段是万能的，组合使用、灵活搭配更为务实。

2. 隔壁老王的囤金故事

隔壁老王商海浮沉几十年，风格极其保守，对未来的看法比较悲观，他对黄金一直情有独钟，囤积了价值上千万人民币的金条。老王考虑到未来出台的遗产税，所有金条均是不记名购买的，无法查证到持有人，银行当然不能放了，于是老王购置了一个十分先进的保险箱，为方便出手，金条均是 5 g、10 g 的小规格。

单纯从黄金的购置来看确实考虑周到，但他至少忽略了两点：一、黄金本身是避险品种，想抱着金条跑赢通货膨胀蛮难的，退一万步讲，乱世之中，坐拥大堆金条自然会成为打劫目标，招来祸端；二、不记名购买黄金虽然规避了潜在的遗产税，但万一被盗或遗失，没有相关票据，追索难度极大。和隔壁老王一样喜欢“囤”的朋友不在少数，有“囤”美金的、钻石的、房子的，当然也有“囤”字画的，字画是国际上公认的“财富传承”工具之一，隐蔽性很强，是富豪的挚爱，当然，偷字画的也不在少数，电影《纵横四海》中的名画《赫林之女仆》就成为了争夺的焦点，如果把大半身家寄希望于“囤”，摊上“事”了很难迅速调整，和守着马其诺防线的法国人又有什么分别呢？

3. 正视黑白之间的灰色

从小接受的“脸谱化”教育，很容易产生非黑即白、非好即坏的错觉，用一把标尺“理所当然”地去衡量，然而，现实中却需要我们不断正视、不断修正，特别是要理解法律的局限。

4. 早立“平安书”，家和万事兴

遗嘱听起来不吉利，却被很多法律大咖称之为“平安书”，早立“平安书”

可以避免不少日后的家庭纠纷，正所谓家和万事兴。当年康熙爷立下遗诏，江湖传言是“传十四子”被改成了“传第四子”，由此可见，“平安书”马虎不得。

老张习惯了用电脑，网上下载了一份“平安书”样稿，改好了电子版，直接打印出来签名就自以为万事大吉了。其实不然，我们国家的《继承法》在1985年颁布实施，那时的打印机跟街上的兰博基尼一样稀有，只规定了自书、代书、录音、口头等形式，因此，仍然建议老张一笔一画把“平安书”写下来，虽然累了点，但是瑕疵少呀，要多容忍一点法律的过时与老旧。

“平安书”不仅能熨平潜在的家庭纠纷，也能规避法律的瑕疵。不久前，江苏爆出一个案例，黄婶有一个姐姐、一个弟弟，在父母去世后留下了三套房，子女一人一套，也算皆大欢喜，当黄婶去办理房产过户时，被告知需要做“继承权公证”，即要求黄婶出具她父亲的父母已经过世的证明。尴尬的是，黄婶的爷爷奶奶早在新中国成立前就去世了，找派出所人家没法办呐，她爷爷奶奶在世的时候是新中国成立前，但是不出这个证明，房产就无法过户。原因很简单，如果她的爷爷奶奶还在世，有权分到黄婶父亲的房子，凭什么都给黄婶，大家说得都有理，但事却办不了。如果黄婶的父亲当时考虑周到些，通过生前赠予、“平安书”、公证等方式，把房子提早赠予给子女，就免去了现在的麻烦。对于那些手握多套房产的“包租公”而言，今后如何处理是门学问。

5. 假离婚风潮中如何自处

去年掀起的购房潮，让假离婚成为新时尚，网友惊呼敢离才是真爱，早在很多年之前，假离婚通常作为逃避债务的手段，比如老公欠了一屁股债，和老婆离了婚，仍然可以保持妻子的生活水准。

为了打击恶意逃债，在之前的最高人民法院《婚姻法》中规定，结婚期间夫妻一方的债务都会作为夫妻共同债务来处理，也就是说老公欠了债，老婆也得跟着还，除非和债主事先约定过老公独自还债（通常债主乐见多个人还债，怎么会轻易答应呢）。不少律师称其为“恶法”，无奈胳膊拧不过大腿，以后妹子们结婚要擦亮眼，创业的男友慎找，做生意开公司，个人债务不一定清楚，发达了还不一定带你一起享福，创业的朋友更要对老婆好一点，贤内助不离不弃实属不易。

最近，南京曾经的明星企业——汉恩数字互联文化股份有限公司老板留下7亿的欠款跑路，带着老婆孩子远走高飞，猜测也是考虑到了“恶法”的威力。这些法律中存在争议的灰色部分，不必纠结和争论，但一定要上心，了解法律的规定和人们的判断之间，其实存在距离。再次感谢许乃义主任对于本文的指导和把关，祝福读者朋友家庭和美，一帆风顺！

本期助阵嘉宾：

许乃义，现任南京市律师协会民事委员会主任、博爱遗嘱库管委会主任、江苏东恒律师事务所高级合伙人兼财富传承事业部主任。

开年望税，税影凶猛

友情提示：本文约 4 200 字，需占用您 6 分钟时间，初创于 2017 年 1 月 11 日

关键词：税务核查　新税种　二胎

在现代社会，除了有意仿效鲁滨逊式的生存方式外，要试图寻找一个脱离税收影响的空间是徒劳无益的。18 世纪末，美国著名发明家、政治家本杰明·富兰克林说过一句在西方国家广为流传的话：这个世界上只有死亡和征税是确定无疑的。

——时任财政部长　肖　捷

只有死亡和税是永恒的，多么痛的领悟。我们赚的每一分钱都要考虑纳税，走进琳琅满目的购物中心，无论是名牌包包、进口香水，还是蔬菜水果、大米油盐，只要您潇洒地买下，就已经在纳税了。税的政策并非一成不变，当您低头挣钱的时候，也要抬头望"税"，今年以来，国考税务招录扩张、财长换帅、CRS 浮出水面等一系列招式凌厉，税影凶猛！

1. "兵马"未动，政策先行

当川普终于赢下了总统宝座，身边的朋友长舒一口气，这次跌宕起伏的大选我们比当地人还上心，谁是总统最后一刻才揭晓。相比而言，我们都是预言家，提前几年就能知道结果，在纷繁复杂的形势中，政策的延续有巨大的优越性，同时也为我们带来捕风捉影、提前预判的可能性。未来公务员的支柱是谁？众说纷纭，但是，税务官员绝对有一席之地，2017 年的国考又是主力，近四年税务招录也很可观。

基层税官扩招的同时，高层也做出了调整。曾任国家税务总局局长的肖捷接替楼继伟出任财政部长，肖部长曾写过一篇文章叫《中国宏观税负有上升需要和空间》，文中指出："宏观税负是广受多项条件影响的矛盾体，需

要辩证地认识和把握，不能简单地评论税负水平孰高孰低。今后一个时期，中国宏观税负不仅有上升的需要，也有提升的空间。如果政府收入不能满足履行公共服务职能所必需的支出，或者税收收入增长无法保证公共财政政策的连续性，政府要么通过发债等方式筹措资金，要么削减预算开支。实践证明，过度发债极易导致通货膨胀，受影响最大的是低收入民众，经济体也会受到侵害。”

目前，我们国家的税负是否沉重暂且不论，至少国际上通用的一些税种，我们还未成气候。比如，王土豪仙逝，留下一个亿，在国内他的儿子继承财产是不需要交税的，若按照税率50%来计算，他的子女要先拿出五千万交税，然后才能继承财产，这就是国外“先税后分”的遗产税；他的儿子王金宝继承了一个亿的家产，拿出其中的两千万赠予好友三胖，三胖拿了钱，首先要感谢组织，因为他拿的两千万在不少国家是要交赠与税的；三胖拿着两千万，跑去买理财，到期后连本带息拿回来，挣的钱也不用交税，此税种叫资本利得税；三胖看南京的房价蹭蹭地涨，去年下手买了十套房，房产增值赚了不少钱，持有房产有什么成本呢？也就物业费之类而已，但在西方，房产税必须得交，对炒房客更狠，加拿大就对国外炒房客征收15%的额外房产税，今年1月又开征0.5%～2%的空置房征税，收税收到你怀疑人生。

这些税什么时候开征呢？2015年实施的《中华人民共和国立法法》规定，“税种的设立、税率的确定和税收征收管理等税收基本制度只能制定法律”，也就是说开征新税种必须经全国人大或全国人大常委会以立法的形式制定税法。一方面，回溯性收税（追缴之前税款）的行为屡见不鲜，若等到立法时才着手应对、处理财产，怕已逃不出“如来佛”的手掌心。另一方面，国家财政部和税务总局可以通过发布财税文件的形式进一步明确征税内容，比如最近的140号文中，明确区分从保本产品取得的收益（按6%缴纳增值税）以及从非保本产品取得的收益（不征收增值税）。

2. 万物留痕

当街边卖红薯的大爷都能用支付宝收钱时，一个时代来临了，这意味着我们每个人都可以被数据化，被各种各样的参数定义，隐私成了奢侈。而对于税务官员来说，这是好消息，雁过留痕嘛。

一方面收税需要清理“杂音”，降低识别难度和成本，另一方面要揪出隐匿财产，特别是转移到国外的。前者，从去年（2016 年）12 月 1 日起，央行推出的银行卡新政可见一斑，根据功能分为Ⅰ类、Ⅱ类、Ⅲ类账户，其中Ⅰ类权限最大，同一家银行只能开立一个，若之前持有多个Ⅰ类账户，多余的则会被清理，这样大额资金流向就更为清晰，过往通过大笔现金交易的行为也会越来越少；后者，则是最近刷爆朋友圈的 CRS，这是 Common Reporting Standard 的缩写，即“共同申报准则”。名字看着高深，其实事儿简单，目的之一就是打击海外逃税。

故事还要从美国人说起，“世界警察”虽然当得开心，但国库却越来越空虚，一查都是一群逃税的主，收税和收保护费还不一样，有各种途径绕出去，老美急眼了，FATCA（Foreign Account Tax Compliance Act）即《海外账户税收遵从法案》应运而生，俗称“肥猫法案”。一方面，美国的公民和绿卡族海外资产超过 5 万美金都要申报，否则罚款，甚至坐牢；另一方面，海外金融机构必须提供美国公民、绿卡族、或者美国税务居民（如当年在美国境内居住至少 31 天，并且在过去三年内居住在美国境内 183 天，该实际居住天数计算方式为：a. 当年居住在美国境内天数以 100％计；b. 过去的第一年居住在美国境内天数以 1/3 计；c. 过去的第二年居住在美国境内的天数以 1/6 计）的账户资料，不给就罚钱。

正所谓“倚天一出，谁与争锋”，这招够狠，看见发财机会大伙一哄而上。在经合组织的推动下，一百多个国家联手合作 CRS，套路和老美的 FATCA 一样，纳税人在相关国家的财务信息和纳税记录都会被披露出来，并且互相交换，以前可以编个瞎话，反正税官也查不着，这下黄了，人家看得一清二楚。当然，美国并没有加入 CRS，它本身有 FATCA，已经实现全球追税，自然没动力将账户信息披露给其他国家。

最近的地缘政治显示全球化在倒退，然而，全球联合征税却是欣欣向荣，现在大家日子都不好过，看见苍蝇都是肉，动不动罚钱的阵势让金融机构如履薄冰，科技这么发达，藏根毛都能找出来。

我们国家从今年(2017年)1月1日开始，对新开立的个人和机构账户将开展尽职调查，并在2017年年底前完成600万元以上个人金融账户的尽职调查，在2018年12月31日前，完成对存量个人低净值账户和全部存量机构账户的尽职调查，高净值客户在金融账户里的钱会被政府摸得一清二楚，招聘那么多税官，可以视为未来征税的人才储备，账户复核、清查、追逃税款都需要人手。而在CRS成员中，主流避税天堂，如香港、英属维京群岛、开曼群岛等赫然在列，隐匿的财富会重见天日，当然，还有94个国家或地区未加入CRS，比如伟光正的朝鲜、美丽宝岛台湾、盛产美女的乌克兰等，若海外账户在这些地区，暂时还能喘口气，但东躲西藏并非长久之计，尽早适应并运用规则才是上策。

3. 早知如此，何必当初

美国梦激励过很多人，先进的教育、新鲜的空气、干净的食品令人神往，加入美国籍看似是一件无比幸运的事情。《中国合伙人》中，女主拼命练习英语就是为了移民，然而，美国粉可能忘了肯尼迪的名言：

Ask not what your country can do for you,

(不要问你的国家能为你做什么，)

ask what you can do for your country.

(而要问你能为你的国家做什么。)

一位移民美国的朋友，因为忘了申报留在中国的财产等原因，查出后被罚了150万美金，这么多钱要多少年才能挣回来啊？真是追悔莫及。如果想退籍，正应了老话“请神容易送神难”，老美的税官可能会从你拿绿卡时算起，所有资产都要纳入退籍清算中，交一笔不菲的弃籍税。正如钱钟书先生笔下的围城，2015年有4 279人选择放弃美籍，而在2008年，仅有231人。向谁纳税并非是一刀切，对于那些持有美国绿卡的朋友而言，向美国纳税还是中国纳税，还要看居住地等多重因素，并非单纯根据国籍来定。

4. 谁该移民美国

经常碰到不少朋友为了子女教育，全家办理美国移民，这并不稳妥，特别是对于那些老公担任赚钱主力，老婆专职相夫教子的朋友而言。

相较美国税法的严丝合缝，我们国内的税法漏洞不少，很多税种也没有开征，若老公保留中国国籍可以少交不少钱。在美国税法中，也有合理的"漏洞"可以钻，比如老公作为非美籍居民，将财产赠予入籍的老婆，可以免税，超过10万美金申报即可。若必须一家子移民，至少要在国内找好"代持人"，比如父母，将所有产权信息都变更稳妥再登陆美国，但"代持"仅能解燃眉之急，牵涉的道德风险、寿命长短、婚姻状况等都是未来的隐患。

5. 借力金融工具

当你感受到全球政府的征税热情，心里拔凉拔凉的时候，也应该意识到，不少国际通用的金融工具是可以帮上忙的，保险和信托就是其中的代表。

保险的魅力之一在于天然杠杆，这种杠杆是无风险的，代价就是被保险人的死亡。比如，隔壁老王花300万给自己买了一份纯保障的保险，指定老婆翠花为受益人，只有等隔壁老王死了，翠花才能拿到钱，但这类保险的杠杆特性，让它的理赔金远高于所交保费，若交了300万保费，险种组合（主险＋定期寿险＋意外险）的累计保额做到千万以上难度不大，也就是说，到时翠花可能得到千万以上的理赔金。

很多朋友会问，人死了才能拿到钱有什么意思呢？有两点需要注意，第一，人死了总会留点钱给后代，至于这钱是存银行的，还是保险公司赔的，其实并不重要，况且保障类保险的高杠杆令人着迷；第二，这笔保险理赔金，很多情况下是免税的。以美国为例，税务局规定：Life insurance proceeds paid to you because of the death of the insured person aren't taxable unless the policy was turned over to you for a price(由于被保险人死亡而支付给你的人寿保险收入,除非保险单以某种价格交给你,否则不纳税);以中国为例,个人所得税法第四条规定:保险赔款免纳个人所得税。

信托在国际上是非常成熟的金融工具,从洛克菲勒家族,到默多克家族,再到川普家族,在每一支豪门的背后,总会闪现信托的身影。可以将它理解为一位“财务大总管”,不同的是,它是由各种合同、协议等堆砌起来的不死之身,严格按照您的意愿(合同约定条款)打理财产。

不严谨地看,以设立信托的属地是在境内还是境外,可以分为在岸信托与离岸信托,对移民客户而言,离岸信托更为实用。比如王大锤要移民美国,他的父母仍然保留中国籍,通常设立可撤销信托,大锤父母作为委托人,大锤作为受益人,如果将来大锤父母离世了,会自动转换为不可撤销信托,大锤拿了美籍就要交纳诸如资本利得税之类给美国的税官。为了持有更多类型的资产,通常会在可撤销信托下成立离岸公司,由离岸公司持有保单、公司股权、房产、金融资产等。尽管 CRS 的落实可能会曝光很多离岸信托的实际控制人,私密性有所降低,但是信托的核心要素之一不会改变,那就是作为“财务大总管”,严格按照委托人的意愿决定家族财富怎么分配、向谁分配、多久分配,不必担心子女一次性继承财富后败光,也不必恐惧子女婚姻破裂后,被分走一半家财,助力实现富过三代。

凶猛税影之下,我们所要做的是提早规划,将干净的钱与灰色的钱相分离,最好把干净的钱放入保险或信托之中加以保护;将个人的钱与公司的钱相分离,避免在税官面前理不清糊涂账;将入籍的钱与代持的钱相分离,避免“带病”入籍被罚钱。西方智慧正如国际象棋,讲求简单直接、左突右杀;东方智慧正如围棋,讲求步步联营、势起事成。希望读者能合理利用法律规则与金融工具,不求连连妙手,但求被围而不破。

正值此文即将完成之际,中央经济工作会议对 2017 年做出了更为明确的决策,指出要坚持“房子是用来住的、不是用来炒的”的定位,综合运用金融、土地、财税、投资、立法等手段,加快研究建立符合国情、适应市场规律的基础性制度和长效机制，既抑制房地产泡沫，又防止大起大落。其中“立法”一词备受瞩目，结合国家税务总局日前发布的《“十三五”时期税务系统全面推进依法治税工作规划》表示，推动环境保护税和房地产税立法。那些“税影”，距离现实已在加速落地，如何合理税收筹划会越来越迫切地被摆上案头，当然，在金融与法律之外，还有一招税收筹划良方。

回想 2011 年 1 月，上海市开展对个人住房征收房地产税的试点，房产税征收范围包括上海市居民家庭在上海市新购且属于该居民家庭第二套及以上的住房，以及非上海市居民家庭在当地新购的住房。上海市居民家庭人均不超过 60 平方米的，其新购的住房暂免征收房产税。其中，“人均”一词突显以“家庭”为单位征税的逻辑，生二胎会不会成为避税新时尚呢？让我们拭目以待！

资管新规摁下“财富再分配”按钮

友情提示：本文约 3 800 字，需占用您 5 分钟时间，初创于 2017 年 12 月 17 日

关键词：传统理财转变　净值化　限制杠杆

11 月 17 日，《中国人民银行、银监会、证监会、保监会、外汇管理局关于规范金融机构资产管理业务的指导意见（征求意见稿）》应声落地，单看这一连串监管部门的名字就知道来头不小，对投资者而言，除了规范已显混乱的理财市场，还将改变不少传统的理财习惯，初读此文，金融强监管锋芒毕露。

1. 如何亏钱最冤

征求意见稿出台后，金融民工忙得不可开交，赶紧做好解读、评估影响，大多数投资者反而没啥感觉，甚至都没听说：一方面，毕竟是征求意见稿，还未完全落地，还有相互博弈、逐步完善的过程；另一方面，它设置了较长的过渡期（新规发布后至 2019 年 6 月 30 日），同时实施“新老划断”，不搞“一刀切”。短期来看，难有巨变，但投资者需要尽快了解、适应其中的方向性要求，明白哪些能做，哪些要提高警惕，切莫抓着老观念不放。鉴于理财产品与大多数人的生活密不可分，这则重磅文件的出台代表了新一轮财富再分配规则，因不了解规则而亏钱是最冤的。

2. “车同轨，书同文”

长期以来，我国金融业实行分业监管，比如银行、信托公司归银监会管理，券商、基金公司归证监会管理。分业监管的优势在于分工明确、专业性高，劣势在于不少情况下缺乏统一标准，要是既能按照银监会的规则来，也能按照证监会的方法办，自然看谁家的门槛低、管理松、成本低，哪家实惠就拜哪家的码头，按哪家的要求来，由此同一款理财就会有不同的“马甲”，容

易给投资者带来困扰，这也是为什么不少朋友反馈好不容易总结出来的理财经验很快就用不上了，“马甲”太多，辨别真伪谈何容易。近些年来，随着跨界金融产品的涌现，治理监管“盲区”越来越力不从心，当年“宝万之争”，宝能系通过保险公司前海人寿募集资金，加上银行配资，在资本市场吃进万科股票，惊得证监会主席大呼“野蛮人”“害人精”，横跨保监会、银监会、证监会的操盘着实大手笔，从分业监管来看貌似每一步都合规，但结果却不尽如人意。金融毕竟是为实体经济服务的，难怪董明珠怒斥“野蛮人”：“资本若破坏了中国制造，那就是罪人！”

征求意见稿的出台，就是要在分业监管的大背景下，给出相对统一的判断标准，大家一视同仁。类似于秦朝统一六国之后施行的“车同轨，书同文”，让金融机构少挖空心思钻监管的空子，多努力提高资产管理能力，多服务实体经济发展。

3. 颠覆传统理财习惯

传统理财方式：

老王：“这理财产品收益多少啊？”

销售：“一年5%。”

老王：“保不保本？”

销售：“保。”

老王：“好，那我买！”

老王的问法很常见，大多数投资者关心的就是收益多少和本金的安全，尽管保本保息是监管明令禁止的，但仍有不少投资者一定要听到这个答案才肯罢休。之前有些跑路的财富公司，甚至给投资者提供过保本保息承诺函，加盖公司公章，如此违规操作正是顺应了投资者的心理。然而，理财毕竟不是“过家家”，公司跑路之后才发现，一纸空文难以当真。

4. 买者自负

征求意见稿要求对资产管理产品实行净值化管理，换句话说理财收益率是浮动的、不确定的，不一定“刚性兑付”，亏了买者自负，这和大多数投资者的理财习惯格格不入。

这条路注定崎岖，但是监管不得不做。以前投资者买固定收益理财发生亏损，第一反应是找政府要说法，无论在南京发生过的百人围观新街口，还是其他地方发生的围堵政府办公大楼甚至媒体大楼，处理起来都很棘手，这些年更是愈演愈烈：渤海钢铁、亿阳集团、山西联盛等企业深陷债务危机，导致相关理财产品无法兑付；e租宝、易乾等财富公司干脆以高收益理财为诱饵，发展为旁氏骗局，数百万投资者蒙受损失。如果坚持“刚性兑付”，我们完全可以通过低成本的融资渠道贷款、举债，把借来的资金用于买高收益理财，赚取差价。比如不少上市公司以4%左右发债融资后，去买7%左右的信托理财，而非投入生产经营，这就形成了金融空转，当卷入的资金越来越多时，金融看似繁荣，实体一片凋零，正所谓“实体太虚，虚体太水(耿强老师语)”，不改怎么能行呢？

5. 强者恒强

监管一直呼吁打破“刚性兑付”，在征求意见稿中规定了“刚性兑付”的认定规则，如果有金融机构发现产品兑付困难，采取了“刚性兑付”的方式，就会有相应的处罚措施。如果投资者发现这类行为还可以举报，监管查实后甚至给予适当奖励，这就开辟了发财致富的新路子。

这份征求意见稿花了不少篇幅介绍打破“刚性兑付”的监管要求，可见决心之大、力度之强。对金融机构而言，考验的是主动管理能力，就和“掼蛋”一样，要看打出去的牌能不能收回来，比如出了一手小顺子，结果敌家一手大顺子压上，自己后面的顺子不够大又没炸弹，害得对家只能消耗一手炸弹挽回，这个回合就相当于对家帮您“刚性兑付”了。如果对项目的把控能力很强，实现圆满兑付，或者在发生风险之前顺利退出，自然也不会牵涉“刚性兑付”，要做到这一点，越强大的金融机构越有优势，比如议价能力、风控措施、处理经验等。

6. 阿基米德的杠杆

阿基米德曾说:“给我一根杠杆和一个支点,我就能撬动整个地球。”

在资本市场,我们已经见识过高杠杆的威力,无论是 2015 年“直上直下”的股灾,还是资本大鳄对实体企业的围猎,它的魅影不可或缺。征求意见稿提出消除多层嵌套和通道,通俗地说就是降杠杆,将阿基米德手中能够撬动地球的杠杆砍去大半,让他只能去撬动石块。

高杠杆的凶悍曾在“宝万之争”中显露无遗,宝能系手中的自有资金只有 67 亿左右,经过加杠杆之后,撬动了两百亿以上的资金,吃进万科股票犹如秋风扫落叶(见图 5.1),如果不加以制止,这套打法可以“血洗”很多上市公司的当家人。

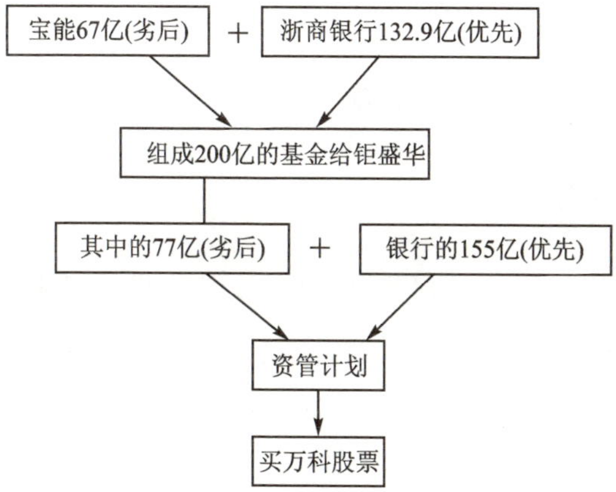

图 5.1　宝能吃进万科股票的杠杆原理

如果说“宝万之争”是高杠杆小试牛刀,那小燕子收购万家文化则将绣花针玩出了金箍棒的效果,原始资金仅有 6 000 万,却撬动了 30 亿的资金盘,不仅可以对上市公司实现一定程度的控盘,还可以借机炒高股价,然后通过抛售股份等方式兑现收益,那些跟着小燕子买入股票的散户自然成了接盘侠(见图 5.2)。

征求意见稿不仅限制杠杆,同时提出:分级资产管理产品不得直接或者间接对优先级份额认购者提供保本保收益安排。无论是宝能系,还是小燕

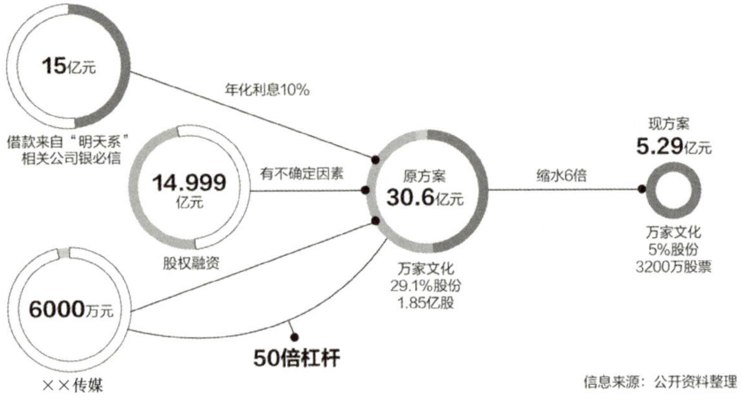

图 5.2　小燕子收购万家文化资金来源

子，之所以能借到钱，是因为他们有一定的保本保收益承诺，例如“宝万之争”，银行资金就可以视为优先级份额认购者。如今监管出手叫停，料定这类模式一时再难搅动江湖。对投资者而言，如果今后碰到类似项目要敬而远之，保本保收益说得再漂亮、收益再高，也应保持敬畏。

7. 阿尔法狗能逆袭么

自从阿尔法狗击败大神柯洁，横扫人类围棋界，关于阿尔法狗能力极限的争论就从未停止，据说麻将将成为人类智慧的最后圣地，一时难以攻破。原本“高大上”的金融业早已被人工智能惊出一身冷汗，当红炸子鸡当属“智能投顾”。

曾经徐翔被奉为神灵，未来有一位比徐翔还要强悍的交易天才，只不过它不是人类，而是阿尔法狗的炒股版，想想都心颤，七八年才能长成的韭菜以后怕再也没有上桌玩牌的机会了。

征求意见稿“贴心”地要求开发机构根据不同产品投资策略研发对应的智能投顾算法，避免算法同质化加剧投资行为的顺周期性。通俗地说，金融机构也不能互相抄来抄去，若研发出的智能投顾大同小异，会变成市场助涨助跌的帮凶，毕竟国人的“山寨”能力太强了，估计监管也心有余悸。

8. 抬升的门槛

资管产品销售：

"互联网＋金融"被一些不法分子玩成了"互联网＋旁氏骗局"，互联网理财的便捷性容易让大家忽视隐含其中的风险，各类理财产品眼花缭乱，甚至有不少打着知名金融机构产品的旗号兜售自己的理财，普通投资者哪能分得清李逵和李鬼，上当受骗的有不少。征求意见稿明确指出未经金融管理部门许可，任何非金融机构和个人不得代理销售资产管理产品，力图正本清源。以后大家尽量到正规金融机构购买理财，切莫贪图收益，最后本金没了更悲催。

投资者认购：

资产管理产品的投资者分为不特定社会公众和合格投资者两大类，简单点说，能够面向不特定社会公众发行的产品可以打广告、发传单，只要不怕被城管撵，举个大喇叭上街喊也可以，合格投资者就要求有一定的经济实力，比如信托产品就是面向合格投资者发行的，不能广而告之。

征求意见稿进一步提高了合格投资者的门槛，对个人客户来说，要求家庭金融资产不低于 500 万元，或者近 3 年本人年均收入不低于 40 万元，且具有 2 年以上的投资经历。家庭金融资产指的是银行存款、理财产品、股票账户等，并不包括房产、珠宝、黄金、字画等。

认购额：

现在有不少固定收益理财产品起点只有五万、十万，使用方便，起点亲民。征求意见稿提出，合格投资者投资于单只固定收益类产品的金额不低于 30 万元，对小额理财产品的供应是不小的打压。同时，封闭式资产管理产品最短期限不得低于 90 天，也就是说，新规实施后，三个月以内的固定收益理财也会越来越少，对大家在资金安排上提出了不小的挑战。

随着征求意见稿的发布，社会上也涌现出不同的声音，比如希望过渡期再次延长到 2020 年，认为急于打破"刚兑"会引发市场动荡，净值型产品不符合投资者习惯等，意在监管进一步松绑。

征求意见稿是一份纲领性文件，还有很多内容有待细化，相信最终稿出台也会综合考虑各方面意见和建议，但是从金融市场发展来看，国内庞大的“刚性兑付”需求在全球都是异类，发达国家理财也多数以净值型产品为主。联想到前不久的“习特会”，中国政府宣布将放宽金融领域的限制，鼓励国外投资者参与我国金融业发展，与国际接轨会成为不二选择。对投资者而言，只愿买固定收益理财的日子怕是会越来越少，建议利用好过渡期，多学习了解、尝试配置基金、保险等不同类型的理财品种，以免监管正式实施后被打了闷棍。

蓦然回首，保险封王

友情提示：本文约5 300字，需占用您8分钟时间，初创于2016年3月24日

关键词：黄色文明　裸单　标准化保单

从问题疫苗的发酵，到俄罗斯空难的调查，再到比利时恐怖袭击的爆发，一连串天灾人祸叩问着我们的承受底线。当雾霾难散，蓝天成了奢求，房子装修，净水器成了必备，传说中的中产成了最焦虑的一群人，我们需要理性的声音，但理性的声音却在“段子手”的夹缝中艰难生存。曾经被妖魔化的保险避之不及，在现代社会中，却如拼图般不可或缺，了解它、熟悉它、运用它，为我所用而不被其所伤，是更为理性的选择。

3月6日播出的《对话》栏目中，《2016年中国经济生活大调查》数据披露，保险以36.79%得票率荣登百姓投资榜首。“十二五”时期，全国保费收入从2010年的1.3万亿元增长到2015年的2.4万亿元，年均增长13.4%，近三年保费增速分别为11.2%，17.5%，20%，芝麻开花节节高，在国内经济的萧瑟秋风中，昂首向前！

1. 脱胎于黄色文明的保险文化

“黄色文明”源于对土地的爱恋，蓝色文明始于对海洋的探索，在两种文明的孕育下，浇灌出的保险文化却不尽相同，保险作为抵御风险的手段也有不同的含义。黄色文明以血缘、地缘、师生等关系为纽带，如《琅琊榜》中有一出“朝堂论礼”的戏份，梅长苏依靠一枚玉蝉请到了大儒周玄青先生，赢得了论战，这玉蝉是周老先生的挚友、梅长苏的老师——黎崇的信物，睹物如见人。这体现了国人朴素的保险哲学，平时攒的是情分，他日有难，一封书、一只禅，便可跨越大半个中国，救故人于水火，艰难险阻在所不辞，恰如滴水之恩涌泉相报。

“蓝色文明”更依赖于契约，这也是没招，茫茫大海，要碰到一个同村的实在太难了，像古罗马帝国时代的士兵，会以集资的形式为阵亡将士的遗属提供生活费，大家在一张纸上写得明明白白，出了事谁也别赖谁，谁也甭想着多捞钱，就这么定了，简单干脆。现代社会，人口流动频繁，“蓝色文明”的契约式保险更顺应潮流，“黄色文明”的人情式保险日渐式微。有人说中国人没有保险意识，其实是误读，相比一张薄薄的保单，中国人更相信攒下来的关系人情，这是根植于文明的DNA，短期内难以撼动。

仿佛在一夜之间，朋友圈开始充斥着对环境污染的担忧、对某位朋友的爱心捐助、对某场天灾人祸的感慨感悟，越来越多的朋友开始重新看待保险。作为曾经的保险老兵，感到了《集结号》里的谷子地，最终被政府认可时的热泪盈眶。当年入行时，保险“行格”低，码产品胶片时也曾偶尔怀疑“这玩意有用么”，直到一幕幕案例让我更坚定起来，献过血、捐过款、帮过人，身处其中方感五味杂陈，领会保险存在的意义。况且，在时代浪潮的汹涌席卷下，“黄色文明”的关系人情越发脆弱，也难怪，光房贷就能压得一家人喘不过气来，哪有多余心力成就君子之交。

在保险一鸣惊人的背后，一方面，伴随着资产荒的发酵，P2P跑路潮起潮落，兑付危机时有发生，收益也在逐步降低，若是嫌一年8%的收益低咋办？别纠结，收益也有可能降到7%的，没有最低只有更低，习惯就好。恰在此时，回报稳定且安全边际高的理财型保险产品被重新拾起，逐渐受到热捧，每年年初都是各大保险公司理财型保单销售的旺季，今年1月，国内保险业保费收入达6 376.73亿元，同比增长59.20%，其中寿险公司保费收入5 397.19亿元，同比增长73.35%。另一方面，从各国发展的经验来看，人均GDP达到8 000美元后，将会出现消费升级的趋势(2015年中国人均GDP为人民币5.2万元)，在消费升级的大背景下，对人的“关注”会更多，火爆的各色餐饮、不断刷出新高的票房等早已习以为常，体现生命尊严与价值的保险更是如此，加之风险意识的增强，越来越多的朋友开始认同保险的价值。

2. 如何理解保险

很多朋友向我抱怨，保险条款看不懂，产品多如牛毛，读起来和高数课本的感觉差不多，睡意绵绵。其实也不尽然，保险的本质是什么？是一种对标准体概率的经营，带着这样的思维看待保险产品，会更容易理解为什么保险公司会在合同中约定期限、为什么有费率的差别、为什么有些人买不了保险之类的问题，至于那些专业术语，让我们再来回顾一下上海滩的故事就明白了。

遥想当年争霸上海滩，许文强一边加紧招兵买马，一边也在想如何让兄弟们死心塌地的跟着干。很多人漂泊在外，家中老小都指着他们的工钱吃饭，平时打打杀杀免不了挂彩，万一真休养疗伤，家里人可咋办？冯程程出了个主意，兄弟们在每月领取工钱之前，先扣一枚银元，这枚银元并不发下去，而是单独存起来，如果这月谁受伤了就给谁一百银元，专门用来疗伤，这枚银元就称为保费，这一百银元就是保额，因为是按月享受保障的，保险期限就是一个月，下月哪位兄弟要跳槽了，保障也就没了；而保险责任就是交了一枚银元的兄弟们所享受的权益，即负伤的时候会得到一百银元，投保人就是许文强，被保险人就是手下的兄弟，受益人就是兄弟们的家人。

有一天，许文强发现，有些人为了得到一百块银元竟然自残，当即宣布，自残引发的挂彩不予赔付，这就称之为保险的免赔条款。丁力也跟着模仿起来，但他发现，每月许文强手下受伤的就一两位兄弟，自己却有一二十个，每人赔一百银元，这哪能受得了啊？收来的保护费都不够赔的，索性让每位兄弟从交一枚银元提高到交三枚银元，这就是保险费率的提升，这时张三有意见了，觉得自己武艺高强，受伤概率小，为什么和那些初出茅庐的新手交一样的钱呢？丁力一想也是，要不以李四作为标准，李四没张三那么能打，但是比那些生瓜蛋子强，日后，张三只交两枚银元，李四照常交三枚银元，但是新手要交四枚银元，李四就是保险常说的标准体，费率就是以标准体为参照，计算标准体发生风险的概率。过了 N 年，手下的兄弟们都上岁数了，许文强不得不考虑兄弟们的养老问题,以前工钱里扣的一枚银元如果不受伤是一分钱都拿不到的,这称为消费型保险。后面强哥在涨工钱的同时,每月要扣兄弟们五枚银元,等到他们五十岁的时候,每年可以领取一百枚银元,等去世了家人还能拿到两百枚银元的抚恤金,这就是储蓄型保险。

3. 实际案例分享

虽然保险是家庭必需的理财品种,但遗憾的是国民教育中保险基础知识的缺失、行业内的销售误导等因素,让一些朋友走了弯路、交了学费,有些共性的问题值得分享。

老王的无奈:裸单=鸡肋

所谓裸单,就是没有附加任何险种,只有主险的保险产品,即通常说的人挂了才能赔。老王给我看他保单的时候已经交了三年(需要缴费五年),一般保险缴费后会扣除初始费用等,不会和商场退货一样把所有钱都退回来,如果选择退保,老王交的保费损失不少,理性的选择是交满五年,等现金价值积累到一定程度时可以选择退保,所谓现金价值可以粗略理解为退保能拿到的钱,它通常会随着时间慢慢增加。

裸单大多是人情保单,老王的二姑卖保险,实在不好意思就买一份吧,他二姑也知道老王是在帮她,不是看重保障,所以就用裸单成交,裸单不附加额外保障、保额也不高,交的钱自然也少。当时皆大欢喜,事后就成了鸡肋,老王的保单保障功能少得可怜,理财功能也谈不上,退保又损失一笔钱,“食之无味,弃之可惜”,好在交的钱少,就等时间慢慢熬吧。

大白的焦虑:一定要覆盖房贷的缺口

最近南京的房价已经不忍直视,不仅是钱的问题,高房价带来的社会问题正在悄无声息地蔓延。两年前读 MBA,同班同学告诉我,他的同事因意外去世了,前不久刚和新婚妻子买了房子,现在人没了,新婚妻子的收入无力承担房贷,只能把房子再卖掉,尽管他们单位组织了捐助,但是杯水车薪。上周,大白和一位朋友联系我,竟然问了同样的问题,都是买了房子,背了百万房贷，担心自己发生不测，希望买份保险以防万一。

三十多岁正值盛年，是家庭的经济支柱，同时花钱的地方多，预算也很紧张，从设计思路来看，基本保险至少要覆盖一年的收入。比如大白年收入30万，万一大白得了大病或是挂了，保险公司能够赔给大白的亲人30万，家庭生活不至于一下没了着落。之后，在三方面予以补充：

(1) 疾病：搭配50万消费型健康险，万一哪天住院了，发生的相关费用都能报销，上限是50万；

(2) 意外：搭配30万长期意外伤害，因意外挂了或伤残都会得到赔付，另外搭配了100万交通意外，大白经常往返于城市之间，因自驾或乘坐飞机、火车等公共交通挂了，就会得到100万赔偿金；

(3) 强化保障：搭配了保额30万、保障期间三十年的定期寿险，这三十年间，只要挂了，不问原因，都赔30万，同时搭配了豁免条款，即大白的爱人为大白买保险，如果大白的爱人发生重大疾病、身故等，大白今后的保险费就不用交了，但是保单依然有效。另外，如果大白发生重大疾病，除了得到理赔外，附加的长期保险也都不用交费了，依然有效。有朋友会问，你搞得这么费劲干吗，买一份保险解决问题不就行了么？一方面，世上没有一份保险能解决所有问题，保险是概率的衍生品，“黑天鹅”谁都无法预测；另一方面，大白预算有限，从成本考虑，保单的保险责任越纯粹自然费用越低，不同保单之间的合理搭配也是降低费用的有效手段。

4. “标准化”保单：行业发展之殇

保险业的销售人员一年之后的留存率有多少？实在不容乐观，作为金融属性的劳动力密集型行业，人员的大进大出是常态，您翻开通讯录会发现，亲戚朋友从事这行的不在少数，但做得久的少之又少。“标准化”保单自然应运而生，保险公司为了让新人更快地有产出，在培训中就会加入这部分内容，依据数据和经验，把保额、保险期限、附加险种等预先设定好，以格式化内容，做成“标准化”保单。菜是做好了，但能不能适合顾客的口味，自然另当别论。

孝心保单要尽心：陈姐拿着他父亲一年买前的保单给我看，我扫了一眼，这是一张“标准化”的万能险保单，问题在于陈姐的父亲买这份保险的时候已经五十多岁了，万能险保额可调、兼具理财等优势没有发挥出来，但是保障成本高、保障范围有限的缺陷暴露无遗。很多朋友为了尽孝心会为父母买一份保险，但五六十岁的人显然不是“标准体”，建议重视意外伤害（老人骨质疏松容易摔伤），为了获得更全面的保障，选择消费型的健康险更合适。

选择最优组合：雷老板的保单很有趣，单从险种搭配来看，考虑全面，该有的都有了，但是意外伤害的费用偏高，超过了疾病的费用，显然不合理，意外伤害包括像航空意外能赔 100 万之类的保单，乍一看雷老板好像“赚”到了，但从概率来讲，意外发生的概率更低，费用自然应该更低。从险种搭配来看，建议雷老板删去这份保单中意外伤害的部分，购买单独的意外伤害险，便宜很多，去年不少保险公司就有 5 块钱秒杀险——保额一百万、期限一年的航空意外险，5 块钱能解决的问题干吗多掏一千块？

下一代信仰：公知评价如今的国人是没有信仰的，但是也有大咖反驳，说我们有信仰啊，就是下一代信仰，自己省吃俭用也要让孩子吃饱喝足。去年，小明刚生了儿子就想着要买保险，拿了一沓子“标准化”保险单子给我们看，打算选一份买，小伙伴们都惊呆了。在家庭的现金流中，小孩是不产生收入的，相反还会消耗积蓄，小明作为主要的收入贡献者，自己没有任何保障，如果挂了，家庭现金流就中断了，所以应该先给自己买。那小孩考虑什么？有两个风险点，一是小孩发生不幸，会消耗家庭更多的储蓄，今年我的朋友圈中，已有三次父母因没钱给小孩看病发起众筹募捐活动，我和不少朋友都参与了，记忆犹新；二是小孩正常的教育等费用没有得到及时的储备。前者，预算多的话可以买少儿保障型险种，费率比成人低多了，而且增加了小孩高发的特定疾病，预算少就到各保险公司网上商城看看，几百块的少儿保险卡保障责任也不少，价钱也不贵；后者，选择理财型保单，它的优势倒不在于每年的收益率，而在于复利，时间越长，滚动产生的收益越可观，难怪爱因斯坦感叹复利的威力堪比原子弹。

5. 香港保单 PK 内地保单

近年来内地保险业不断刷新纪录，香港保单也得到越来越多高净值人群的青睐，不明真相的群众也跟着起哄，哪个更好争论不休，搜索朋友圈都是《香港保单，你还敢买么》《内地保险十大不足》之类夺人眼球的文章，我也看过不少，80％真不敢恭维，靠标题骗点击率，文章复制粘贴就 OK，很多是硬伤，用度娘就能证真伪。这是两套保险体系，甚至社会体系之间的较量，背后对应着不同的标准体，香港是城市社会，人群之间偏差不大，身体素质普遍较好，内地是多元社会，吸惯了北京雾霾的人和山青水秀的丽江人偏差当然大，整体保险费率自然贵些。香港保单不是最近才有的，为什么突然火起来了？不光是大家的腰包鼓了，视野广了，看看美元升值的大背景就明白了，内地 5 万美金的换汇限制是不是很捉急，用人民币买香港保单，选择美元分配的方式曾经可以绕过外汇管制，香港某些保险公司有段时间人多得快成菜市场了。这就和南京的房价一样，其实和很多人已经没关系了。至于香港保单和内地保单孰优孰劣，这就和你问馒头、花卷哪个好吃一样，看口味、看需求呗，对于那些有小孩出国留学打算的家长、想分散人民币贬值风险的朋友，自然会更关注香港保险。

像我这样的工薪阶层，买香港保单还要盘算下去香港的机票钱，就算知道香港保险保障多哪几种病，但赌得这几种病的概率和买彩票也差不多，相反，可以通过补充医疗健康险弥补短板，至于香港保险的费率低些，若累计保费不高的话差别没那么明显。任何拿单一险种比较的做法，都和想象当年关公战秦琼有异曲同工之妙，保险更像是做拼图，按照发生概率由高到低不断地覆盖风险，罗马不是一天建成的，风险管理更不会一蹴而就。对香港保险感兴趣的朋友，建议看看“香港保险索偿投诉局”网站，百度搜索就能找到，有很多经典案例的整理，可以对其有更直观的认识。

还有不少朋友是看重了香港保单的高分红比例，动辄7%以上，吓死人了，在不少香港保单的建议书中，明确标明了保证分红和非保证分红，保证分红类似内地保单的生存金，金额相差并不大，真正拉开差距的是非保证分红，从实际运作来看，不少年份都达到或超过了当初假定的非保证分红比例。究其原因，不得不提保险资金的投资结构。

截至2016年1月，内地保险业资金运用余额为113 586.6亿元，其中银行存款占比22.05%，债券占比34.51%；股票和证券投资基金占比13.61%；其他投资占比29.83%。然而，以一家香港保险公司2015年投资组合为例，银行存款占比仅6%，公司债券及结构证券占比52%，政府及政府机构债券占比42%。两者比较，内地险资“进攻性”(盈利能力)自然较弱，一部分原因在于监管限制。好在从去年开始，保监会一步步为险资松绑，明确提出投资权益类资产的余额占上季度末总资产比例达到30%的，可进一步增持蓝筹股票，增持后权益类资产余额不高于上季度末总资产的40%，今年又提出，险资可投资创业投资基金等私募基金，进一步拓宽了投资渠道。我相信内地保单的分红比例一定会提升，但正如葛大爷的名言：“步子迈得太大容易扯破裤子。”宝能系的钱袋子前海人寿稍一发力就差点掀翻万科的大船，甚至举牌的险资都会被冠以“野蛮人”的称号，可见，前途光明，但道路一定曲折。

保险产品看似简单，但是需要经验的积累，还有很多内容值得关注。有时听到朋友说保险都是骗人的、没用的，其实是因为不了解，正如你去商城买了条裤子，然后投诉说这条裤子为什么不能当毛衣穿一样，原本两码事却混为一谈，现实中屡见不鲜。

宝宝挺住,与“信托君”携手重来

友情提示:本文约 2 000 字,需占用您 3 分钟时间,初创于 2016 年 8 月 18 日

关键词:家族信托

周末宝宝的婚变传闻刷爆朋友圈,公众人物的一切都成了大众的消费品,当然也包括隐私,一瞬间激起了看戏群众的好奇心,贵圈一向很乱,但是牵涉“老实人”宝宝还是大跌眼镜。宝宝从《天下无贼》一鸣惊人,演绎了北漂逆袭的经典案例,他的境遇并非孤案,而是一类人群的代表:他们家境一般,处于社会边缘,依靠努力、勤奋、智慧赢得一席之地,醉心于工作挣钱,信奉“君若不离不弃,我必生死相依”的处世哲学,却忽视了财富经营,若真如某网贴所言,宝宝要输得只剩“底裤”了,令人扼腕。

相信宝宝未来还有机会,凭借他的吸金实力,再聚亿万家财不是难事,但他要先过自己心里那道坎,对于财富经营还需要结识“信托君”。

1. 信托是什么

信托就是信任托付,最有名的段子当属刘备白帝城托孤,刘备是委托人,诸葛亮是受托人,刘禅是受益人,蜀国江山就是财产,诸葛亮鞠躬尽瘁、忙活到老,就是不想负刘备所托。现实中,诸葛亮这类角色就是信托公司,刘备就是客户,受益人由客户指定,财产不限于金钱,还包括公司股份、保险理赔金、银行存款等。当然,由于法律规定信托业只能向特定对象,以非公开方式运作,所以很多朋友没听过信托。

诸葛亮被后世尊为“两汉以来无双士、三代而后第一人”,自然很靠谱,现实中信托公司会受到《信托法》的约束。这部 2001 年颁布的法律,是信托行业的根基,有力保障了传承资产的安全性,让客户按照自己的意愿规划财产。比如其中第十六条提到,信托财产不得归入受托人的固有财产,受托人

死亡或者依法解散、被依法撤销、被宣告破产而终止，信托财产不属于其遗产或者清算财产。说白了，就算信托公司倒闭了，客户交给信托公司的钱依然还在，再换家信托公司继续管理就行。第五十一条说明，设立信托后，受益人对委托人有重大侵权行为，委托人可以变更受益人或者处分受益人的信托受益权。借用宝宝的案例，发现妻子的不轨图谋后，可以将妻子从自己的信托受益人中除名，可惜宝宝没有在婚前做信托。

2. 守护神——家族信托

家族信托被称为富人的守护神，翻开世界豪门，从洛克菲勒到李嘉诚，甚至同在圈里的王菲，都已办理了家族信托。套用小沈阳的俗语：人世间最痛苦的事，莫过于人死了，钱没花了。当资产量达到一定规模，理财收益就不再是考虑的第一要素，怎样把辛辛苦苦挣的钱保住，花在该花的人身上，才是核心。

家族信托有很多功能：比如遗产税的合理筹划，遗产税有多狠，可以参考媒体给王永庆先生算的一笔账，595 亿遗产要交纳 119 亿税，遗产税开征有多远呢？今年 8 月 15 日，国民经济研究所所长樊纲坦言遗产税开征是大势所趋，值得注意的是，樊纲曾出席今年 7 月的经济形势专家座谈会。按照《信托法》规定，委托人死亡，信托财产不作为其遗产或者清算财产，既然不是遗产，对家族信托征收遗产税显然不合适，也就有了进行税务筹划的法律基础。

再如，把财产交给想给的人。宝宝这次虽然囧，但能早点爆出来也是万幸，万一东窗事发前，宝宝发生意外过世，大笔的家财留给妻子，然后妻子带着情人逍遥快活，那才是悲剧。在这个功能上保险与信托有相通之处，区别在于保险很难做到个性化定制，宝宝在家族信托中，可以增加很多个性化条款，比如宝宝希望一双儿女以后学业有成，就可以在信托合同中约定，儿女考上哈佛、耶鲁奖励 200 万，考上南大奖励 180 万，宝宝希望儿女早日成家立业，约定 30 岁前结婚奖励 1 000 万嫁妆，30 岁后结婚奖励 500 万嫁妆。通过这些个性化的条款，在孩子成长路径的重要阶段设定目标，引导小孩以自己希望的方式成长。受益人甚至能够囊括小孩的下一代，宝宝希望后代能出个奥运冠军，也可以在合同中约定，比如得冠军奖励 1 000 万。那为什么富豪还热衷于买保险呢？除了节税，保险的“杠杆”是非常迷人的，若宝宝的保额做到一个亿，保费支付三千万左右就够了，宝宝过世后，保险公司就会赔一个亿，保障型保险国际通行做法是免税的，这一个亿放进宝宝的家族信托里，再按照约定的条款执行，两全其美。若要通过投资的方式把三千万变成一个亿，难度大得多，而且不确定，但保险合同里写得很清楚，不管宝宝怎么死的，只要过世了就赔一个亿。

又如，财富的保全。常言道富不过三代，遑论三代呢，就是一生也有跌宕起伏。《叶问 3》上映，泰森有不少戏份，表演得很僵硬，但没办法，前些年太“作”，本来有大笔银子，又是拈花惹草，又是离婚官司，结果“人活着，钱没了”，只能勉强上阵。就算生活自律，像张卫健一样，1997 年在香港大举扫楼，他原打算买房养老，结果碰上金融风暴，苦了六七年才把债还完。宝宝以后要赚了钱，先买好养老保险，可以自己做投保人和受益人，小孩做被保险人，这种投保方式就算宝宝离 N 次婚，这笔养老保险都不可能分出去一分钱，都是宝宝的。宝宝设立家族信托后，通过合同条款的设置，可以确保财产在宝宝的掌控之下，针对其妻子的风险，信托公司在做尽调时会通过律师协议等形式预防，同时也会对放进家族信托的资产进行梳理。

国内家族信托近些年来发展迅速，有三千万起步的家族信托，可以满足宝宝的个性化需求，也有六百万起步的标准型家族信托。当然，家族信托最理想的状态是孕育出家族信条，将家族财产的使用和家族信奉的价值观结合起来，刚柔相济，至于永恒。

上海豪宅开盘，为啥公司扎堆买

友情提示：本文约 1 500 字，需占用您 2 分钟时间，初创于 2018 年 5 月 16 日

关键词：公司认购　家族信托

上海内环备受瞩目的老牌豪宅翠湖天地开盘，户型为 290 平和 390 平的大平层，共推 118 套，单价在 12～19 万/平，总价 3 500 万起步，别看贵，依然靠抢，百分之三十中签率，众多大咖挤破头皮也要买一套。

1. 疑似明星出没

这次豪宅争抢上头条不是因为贵，要论单价和 2015 年差不多，几乎也没涨，让吃瓜群众无比兴奋的是摇号排序名单中，疑似众多明星上榜，顿时气氛欢乐。想象一下，哪天在小区公园里散个步，不小心踩到了梁朝伟的脚，或者进电梯时撞倒了刘嘉玲，是应该说声对不起呢，还是应该先要签名呢？

当然像我这把年纪，奔四的人了，除了喜欢看五月天的演唱会，对其他明星也没啥感觉，更关注的是参与认筹的 385 组客户中，有 214 组是公司客户，占比超过一半。通常这类住宅发售，个人客户是绝对主力，比如南京大热的楼盘中甚少出现公司客户的身影。

这是为啥呢？一时间争论不断。

2. 提高中签率

由于限购限价，热点地段楼盘基本靠抢，想提高中签率，只能寄希望于多找人认筹，甚至不惜代持，毕竟人多力量大嘛，但是牵涉到道德因素，代持风险蛮高的，未来豪宅价格涨一倍，代持人还能心如止水么？如果以公司名义认购，理论上动用企业数量是无限的。如果隔壁老王是实际控制人，同时安排五家甚至十家企业认筹并不难。

当然，如果隔壁老王这样做，也可以很好地保护自己的隐私，通过复杂的股权结构，实现某种程度的“隐身”。

实际操作中，公司名义认购需要一次性付款，银行很难借到钱，代价有点大，同时契税也不享受优惠。

3. 降低企业成本

这是另一种流行的说法，公司购买房产后，可以通过折旧等方式，抵扣部分企业所得税，还有增值税的进项抵扣，降低企业经营成本。

不过，代价也不小，公司名下的房产，每年需要缴纳房产税，即房产原值×70%×1.2%，如果是四千万买的，那么每年的房产税是 33.6 万。需要强调的是目前正在立法的是房地产税，并非房产税，一字之差天壤之别，对于企业经营性房产，房产税一直都是征收的。

公司房产如果选择卖出，算上企业所得税、增值税之类的税款，要缴纳至少 30%的税费，这么大的坑决定了后期通过房产买卖的方式并不划算。

4. 最有可能的套路是什么

隔壁老王作为超级富豪，思考的第一问题不是赚了多少钱，而是对财富的绝对控制力，全力做到“掌控一切”才是本色。

翠湖天地地段不错，这类稀缺性房产是保值增值的选择之一，但是老王不会以个人名义买：一是没有隐私，二是中签率太低，三是房产掌控力较弱。特别是第三点，最近几年因为房产打官司，闹得家族分裂的例子比比皆是，作为过去增值最快的资产之一，房产堪称卓越，但是房产分割状况之复杂，不确定性之多，处理起来是不小的挑战。

老王决定以旗下公司的名义去认筹，当然，并非是自己有生意往来的公司，而是比较“干净”、没有债务等乱七八糟事情的，甚至是新注册的公司，经过筛选之后，安排了五家公司认筹，其中有一家“床破公司”摇中房子（见图 5.3）。

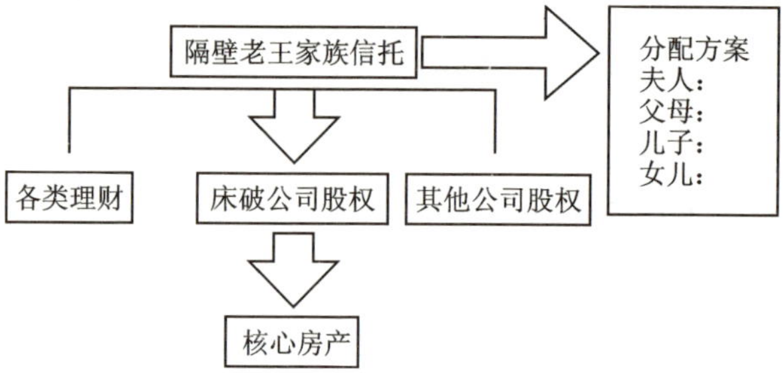

图 5.3　明星楼盘疯抢玄机

老王再以之前成立的家族信托持有“床破公司”股权，“床破公司”再持有这处核心房产。当然，老王的家族信托中不仅有翠湖天地，还有各类理财产品和其他公司的股权，这些放入家族信托的资产，经过税务、律师、信托公司等多方验证，在信托法等法律法规的框架下，可以与已有资产做到“隔离”。同时，家族信托已经安排了稳妥的分配方案，家族成员谁可以拿钱，每年拿多少钱，什么条件下可以拿钱都白纸黑字写出来。至于这套翠湖天地的房子，老王正常居住没问题，但其他人谁也别惦记要了，就放在家族信托里，一直持有到“天荒地老”，有了清晰的分配方案，自然“惦记”的人就会少一些，家庭矛盾化于无形。

实际操作中，在家族信托放入北京的四合院、西湖边的房子、别墅等，已经有不少成功案例，套路类似，基本是客户最核心的房产，未来也不会打算卖的。

上海是风向标，如果这次公司扎堆认购的套路大家看懂了，今后此类核心房产的认购中，公司户会越来越多，后期也会逐步蔓延到次级核心房产，正如涟漪一般，最终走入寻常百姓家。

后记：

两个月之后深圳、上海、南京等地已经出台政策，限制公司名义认购，补上了这一“漏洞”。

明星理财五重境界，冰冰/刚刚在哪里

友情提示：本文约 3 300 字，需占用您 4 分钟时间，初创于 2018 年 7 月 18 日

关键词：明星理财 家族信托 慈善

我们经常用一诺千金、一言九鼎来形容说话的分量，但从未想到崔永元可以轰出一百亿的效果，偷漏税与洗钱指责让影视板块披上了满屏绿，万千股民躺枪，税务等部门紧急介入。当然，这些消息如过眼云烟，还没明星八卦博人眼球，而我们更关心这些明星如何理财，有哪些经验教训值得汲取。

1．第一重：率性而为

代表人物：泰森、吴孟达

现在不少家长开始培养小孩子的财商，这是很有必要的。回顾明星的理财经历，发现很多人对钱其实没概念，缺乏规划，更容易挥霍。

作为曾经的拳王，泰森最近出镜还是因为在电影《叶问》中友情客串，倒不是泰森喜欢拍片，而是攒下的银子太少，不得不出来挣钱。遥想当年，泰森拳赛几乎场场爆满，粗略统计至少赚了四亿美金，这么多钱要交给隔壁老王，真够几辈子花了。不过可能是因为其成长经历，极易陷入纸醉金迷，豪车豪宅就不提了，养宠物都和老百姓不一样，威猛的孟加拉虎成了拳王的“玩具”。

挥霍惯了，沉迷赌博只是时间问题，吴孟达被称为周星驰的金牌搭档，《武状元苏乞儿》《逃学威龙》《少林足球》等都是荧屏经典，然而，他曾因赌博欠债三十多万，找周润发借钱被拒，继而怨恨发哥，没想到在最落魄的时候，反倒是发哥帮他找戏拍，继而重新振作起来。很多陷入赌博的明星却没这么幸运，发哥这样的诤友更是可遇不可求。

2．第二重：韭菜加强版

代表人物：钟镇涛、乐视帮

韭菜并非普罗大众的“专利”，电视里的大明星，同样免不了被当成韭菜割，当然韭菜也不局限于股市，楼市、艺术品投资、原油期货等到处充斥着海妖“塞壬”的迷人歌喉。

钟镇涛又称B哥，原温拿乐队主音歌手，另一位主音歌手就是谭咏麟，在七十年代风靡香港，呼风唤雨。B哥从小节俭朴素，和挥霍扯不上关系，但他在1996年香港楼市火爆的时候，以1.52亿港币在港湾道会景阁、红山半岛、浅水湾道等处购置房产，又陆续以这五处房产做质押，向财务公司借款1.5亿，维持资金周转。亚洲金融风暴后，房产大幅贬值，到了1998年，B哥已经无力偿还剩余借款，累计欠下2.5亿巨债，不得不申请破产，成了香港最著名的破产明星。盲目加杠杆、选择变现能力差的豪宅作为投资品、投入资金节奏过于密集、无视宏观经济风险等，都值得反思。宣布破产后，B哥个人开销被严格管控，自费打的、高级餐厅等全部绝缘，与成名时的光芒万丈相比，令人唏嘘。

镁光灯下并不总是明星魅影，曾经的“大佬”贾老板也喜欢抛头露面，史上最贵自拍照由此诞生，做PPT好的人摄影技术也不会差。现在贾老板还在美国沙滩晒太阳，明星的血汗钱怕是打水漂了。经此一役，反省之后发现辨别是非更应基于常识逻辑，而非迷人梦想和所谓的赵家背景。如果要评选现实版的最佳男主角，贾老板荣膺影帝当之无愧！

3. 第三重：由名到利的快速变现

代表人物：冯小刚、范冰冰

电影《甲方乙方》中，徐帆饰演的著名影星唐丽君请求葛优饰演的“圆梦专家”姚远把自己从大明星变成平凡人，结果刚宣布息影，变成普通人没多久，唐丽君就已无法忍受平凡人的生活了，平时花钱大手大脚惯了，收入锐减之后极其痛苦，只能重新出山。

现实中，帆帆和老公刚刚都是变现名气的高手，刚刚最经典的运作是对公司“东阳美拉”的股权出售，当时“东阳美拉”仅有1.36万资产，还有1.91

万元负债，成立两个月后，华谊兄弟以 10.5 亿收购东阳美拉股东冯小刚、陆国强合计持有的 70%股权。当然，刚刚也做出了对公司发展的业绩承诺，但是名气变现数额如此之大，还是惊呆了一帮子人。

相比刚刚的大手笔，冰冰的名气变现更为传统，由片酬收入，扩展到品牌代言，接着开起了影视艺术学校，成立工作室提供经纪服务、歌手包装、广告策划等多项业务，在加拿大多地开办了面向中国留学生的公寓，甚至有自己的美妆品牌。冰冰的投资节奏把握得很好，稳扎稳打，又善于整合圈内资源，呼之范爷自有道理。

4. 第四重：思考家族未来

代表人物：梅艳芳

大多数明星的职业黄金期很短，能把名气快速变现的窗口期并不多，类似刘德华这样的“常青树”寥若晨星。

曾经的童星释小龙是 80 后的集体记忆，之前他因学业息影，等再次回归影坛时已经无人问津；“浪子”王杰富于磁性的嗓音征服了太多歌迷，多少男生宿舍是边听《一场游戏一场梦》边打掼蛋的，无奈嗓子毁了，如日中天的事业戛然而止。

明星能挣大钱的时间就那么几年，过气了以后，自己怎么办？家人怎么办？谁来养活呢？梅艳芳并不是最早思考这些问题的，但是她的解决方案借助了现代的家族信托模式，给很多朋友带来了启发。

2003 年 9 月，梅艳芳向公众透露罹患子宫颈癌，自知时日不多，在住院治疗期间筹划财产分配，她设立了非可撤销家族信托，将物业房产和银行存款等金融资产放入家族信托之中，由汇丰国际担任受托人（主要负责管理和分配这部分家族信托财产）。受益人中有梅艳芳的侄子、侄女，家族信托会定期给他们教育金，直到完成学业，当然还有梅艳芳的母亲，她每月会获得 7 万～15 万港币的生活费。当侄子、侄女学业完成，同时梅妈过世之后，剩下的家族信托财产会捐给妙境佛学会用于慈善事业。从梅艳芳做长辈的责任到尽女儿的义务，再到人间的大爱，家族信托方案都考虑到了（见图 5.4）。奈何人心不足蛇吞象，梅妈认为家族信托分配不公，坚持要求法庭裁定无效，讽刺的是她打官司的钱大多来自家族信托分配的生活费，而她的哥哥梅启明也并未被梅艳芳列入受益人中，一直在梅妈身后摇旗呐喊。家族信托可不是吃干饭的，官司打了很多年，梅妈全部败诉，梅艳芳的遗愿在家族信托的保护下得以实现。

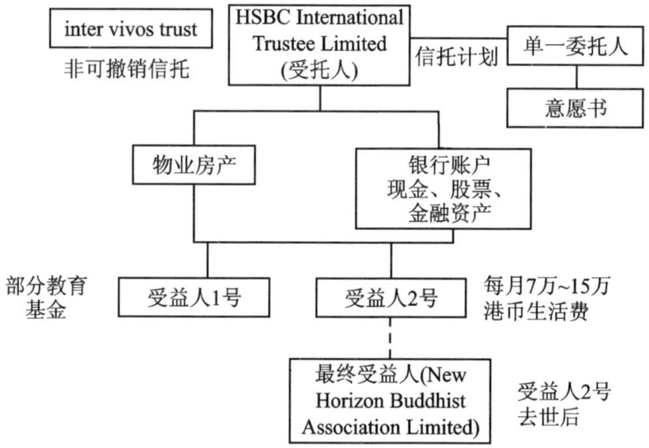

图 5.4　家族信托方案示意图

很多朋友会问，内地的家族信托和香港的有什么不同呢？从功能来看，两边差不多，该有的都有，国内《信托法》等法律也是强力后盾；从受托人来看，香港和国外一般通过律所设立信托公司的架构来管理，而内地是牌照制，只能由信托公司担任受托人，目前信托公司只有 68 家，想做家族信托只能从这 68 家里找；设立家族信托是选择国内还是海外，取决于手里的资金在哪里，如果主要在内地，考虑海外设立家族信托意义不大。

近些年，国内家族信托发展迅速，也有不少骗局出现，避免上当要注意两点：一是选择经验丰富的信托公司；二是注意国内每笔家族信托都要经过银保监会备案核准，才能完成设立，多问一句，“你什么时候向监管报备？”如果对方愣住了，八成是遇到了骗子。成立家族信托之后并非一成不变，客户（委托人）在世的时候可以修改家族信托的受益人、分配金额、投资方案等，他过世后，如果安排了家族信托事务管理人，也有权利修改方案，但如果没有安排，方案便无法更改。这些经过监管点头同意的家族信托，至今也有纠纷发生，但正如梅艳芳的案例一样，想违背客户（委托人）心愿，改变家族信托方案，几乎不可能。

国内家族信托的服务已经日臻完善，有保险金信托（将保险理赔金作为家族信托财产）、标准型家族信托、个性化家族信托、家族信托办公室等多种类型。国人致富也就最近三十年的事，对财产传承缺乏经验，家族信托作为西方的成熟模式，值得借鉴。

5. 第五重：将心比心，推己及人

代表人物：古天乐、李亚鹏夫妇

最近，古天乐捐资援建的第 99 所希望小学正式竣工，此事他从未正面回应过，只是不停地捐钱盖学校，从 2009 年开始已经坚持十年，难怪其粉丝直言：天底下能够黑他的只有太阳了。加之自律勤勉、敬业谦逊，堪称优质偶像。古天乐早年曾做古惑仔，甚至顶包入狱，教训惨痛，多盖学校后孩子们自然有更多的机会读书，不容易在道上混，误入歧途。

所谓明星作秀当然也有，但是个人经历留下的烙印更容易明心见性。王菲和李亚鹏的女儿是唇腭裂儿童，俗称“兔唇”。褪去明星光环，同样为人父母，在等待手术、逐渐康复的过程中，他们成立了“嫣然天使基金”，为家庭贫困的唇腭裂患者提供免费医疗服务。

“将心比心，推己及人”是最纯粹的善良。当年嫣然天使基金是挂靠红十字会成立的，更现代的方式是成立慈善信托基金，它还有税务上的减免，模式和家族信托类似，也是由客户（委托人）设立的，受托人也是信托公司，区别在于受益人是家族成员还是全社会。《慈善法》《慈善信托管理办法》颁布之后，这类模式在李连杰的“壹基金”等机构已经落地。截至 2018 年 4 月，在民政部开通刚过半年的全国慈善信息平台，公布了全国 82 件慈善信托备案信息，规模超过 9.5 亿。

星星之火，可以燎原。

底层收割财商税，中产考验现金流，上流死于瞎折腾

友情提示：本文约 2 800 字，需占用您 4 分钟时间，初创于 2018 年 9 月 3 日

关键词：收割　财商税　现金流

纷纷世事无穷尽，天数茫茫不可逃。也许回头来看，逢 8 皆是收割之年，只不过对象并非丰收的庄稼，而是辛苦积累的银子，更是存量财富的再分配。有网友戏称，韭菜遍布神州大地，可称之为“韭州”。

虽然都是割，但是不同的人群面对的镰刀却不尽相同。

1. 财商税，财商与税率成反比

和隔壁老王闲聊，谈起钱宝，有关部门曾经做过统计，把南京市内的投资者按照所属地区进行标注，发现投资者数量最多的前三甲：第一名大厂，第二名江宁，第三名秦淮区。大厂是老工人聚集地，家庭条件并不富裕，理财知识近乎空白；江宁地盘最大，村民不少，很多人也搞不清楚状况；秦淮区有不少老南京，年龄偏大，与金融发展几乎脱节。钱宝投资者数量最少的是鼓楼区，这里是政府机关和传统高校积聚之地，知识层次普遍较高，老牌金融机构扎堆，很容易探听虚实，不容易上当。

钱宝的投资者中，固然有财大气粗的，一次投资几百万、上千万的并不鲜见，从绝对量来看确实惨痛，但是这部分人往往家底也厚，亏得多但也亏得起，虽然心情十分抑郁，但生活还能继续。如果是大厂一带的退休工人，家里积蓄原本不多，工作也是辛苦钱，投资了这类“旁氏骗局”，带来的影响几乎是毁灭性的。这些人的钱没了，但人还在，这些事的影响并未完全消除，更像越积越多的干柴，一点就着。

钱宝只是众多爆雷骗局中的一例，其单个体量已经达到百亿级，还有很多金融骗局接连引爆，比如标榜高科技的“数字货币”，又如近似传销的“善

心汇”，再如自融自保（自己融资，自己担保）的各类融资平台，甚至还有骗会员充了值就跑路的健身房、骗加盟费的连锁店等，应接不暇，令人眼花缭乱。

既然已经崩盘，当知覆水难收，现在担心的是，输了钱的投资者想尽快扳回一局，把亏损的窟窿赶紧填上，最终选择铤而走险。近期踩雷的投资者中，已经有不少是连续入局的，在一家 P2P 亏了钱，再找另一家收益更高的 P2P 接着投资，结果另一家又亏了钱，手里资金损失殆尽。输到此时，青山尚在，只是没了柴烧，尚不足虑，更加血腥的是饮下网贷的毒药，那才是真正的不归路。

8 月 24 日，浙江乐清一名 20 岁的女孩乘坐滴滴顺风车遇害，凶手迅速伏法，网上对滴滴的声讨一浪高过一浪，但是很多朋友忽视了一个细节，媒体揭露凶手作案前曾在 57 家现金贷平台有申请记录，而且成功了 56 次！这些贷款平台放款条件宽松，无抵押方式盛行，利息当然也不低，一旦借款人有拖欠，现金贷平台首先会向借款人手机通讯录中的所有人发送短信，告知借款人欠款，给予舆论压力。中国人毕竟好面子，但反复几次，借款人很容易破罐子破摔，对欠钱多的人只好派人催收，类似“天安社”光头大金链的胖子就来了。内地没有个人破产法，只能一条道走到黑，想翻身实在太难了。

在此呼吁相关部门，对于陷入庞氏骗局中的受害者建立档案，后期他们再进行此类投资时应予以限制，对于网贷平台、小贷公司等进行全国联网，之前踩雷的投资者申请贷款时设置上限。比如一万元，满足其基本的生活需求，但是绝不允许拆东墙补西墙的方式套贷，类似乐清凶手短期就申请了五十次以上贷款的情况不应再出现。否则，这些踩了雷，输光了钱的普通老百姓，再沾上无良贷款，怕是回不了头。踩雷的投资者加上无门槛的网贷，其破坏性是核弹级的，很容易成为社会的不稳定因素，需要引起重视。

日常生活中，我们对小商小贩、快递师傅等多些包容，少点苛求，曾有人形容现在戾气遍地，毕竟苦钱也不容易，理财的坑却很多，摊谁身上都不好受，碰上性子急的更是一点就炸。

2. 现金流是致命伤

一场场爆雷风波，中产并非完全幸免，例如阜兴集团老板跑路，留下180亿逾期兑付资金，八千位投资者寝食难安。高息诱惑是对付底层的套路，拿来套在中产身上并不适用，毕竟缺了那么一点格调，要割中产的韭菜，准备的镰刀也必须有“蒂芙尼蓝”。

阜兴的男主角自带光环，2005年毕业于加拿大约克大学，和影星杨恭如是校友，考上名牌大学是中产硬件的标配，2009年推动公司并购，成为当地首富，2017年集团资产规模突破350亿，涵盖商业地产、资产管理、健康医疗等多个板块，商业帝国初见雏形，成为中产仰慕的成功人士。阜兴系以监管要求募集资金，产品起点就是一百万，底层被排除在外，参与认购的基本是中产。对比钱宝和阜兴，涉及人群有明显的不同，一把裹着钞票的镰刀割底层，一把染了“蒂芙尼蓝”的镰刀割中产。

然而，中产真正的竞争力不是存量财产，而在于人。职业经理人、小企业主、金领行业等，中产拥有令人艳羡的职业，获取不菲的收入，就算攒下的钱被骗光了，但是赚钱的能力还在，忍上几年又是一条好汉，不必像底层一样选择铤而走险，即使拆借资金，选择正规金融机构就行，有好的职业背书，借款额度更大，利率更低，不必走上循环贷款的不归路。

对中产来说，真正的杀伤力是现金流，他们大多有房贷压力，生活“刚性”支出比较高，小孩教育、定期旅行、保养健身等，在中产看来一样都不能少。但是，今年参杂的贸易战、国内政策、行业变化等因素，让不少中产感受到阵阵寒意，不少行业减员降薪，带来了一场消费降级。

我们衡量消费能力经常以车市举例，毕竟车买了就会贬值，可以视为纯消费的市场。今年7月，国内狭义乘用车零售销量为156.7万辆，环比降幅达7.1%，同比下降5.5%，创下近8年来同比降幅之最。难怪网友开玩笑说这届人民不行，说好的消费升级还没看见，就开始闹着要降级了，以实惠著称的拼多多一路攻城略地犹如砍瓜切菜。

现金流的重要性无论如何拔高都不为过，特别是对于家里只有一个人在工作的。比如老公是金领，老婆专心带娃，这类家庭财务结构是畸形的，在考虑现金流时要尽量宽松点，最好给老公买高额保障类保险，以防万一，毕竟维持中产不容易，但滑落到底层太简单了。

3. 家产都是折腾完的

上流阶层，往往拥有最好的社会资源，要钱有钱，要人脉有人脉，按理来说，有钱的会一直有钱，但是改革开放四十年，英雄辈出，一直红到现在的却凤毛麟角，更多的是落个家道中落的下场，究其原因，不作不折腾是关键之一。

李兆会是前山西首富、海鑫集团创始人李海仓之子，在父亲被人枪杀后，火速接班，初期依靠父辈打下的基础，抓住钢铁上涨行情的机遇，同时成功运作了民生银行等投资项目，2012 年以 120 亿资产位列胡润排行榜。但是资本运作赚快钱的诱惑太大了，此后他着了迷，同时尝试多元化投资，比如开设儿童体验馆等，耗费了不少家底，又碰上钢铁行业不景气，2014 年海鑫钢铁全面停产，债主上门，百亿财富灰飞烟灭，还因拒绝偿还两亿债务被限制出境。

近期，有一位知名企业家，在异乡卷入性侵案，案情扑朔迷离，虽然最终结果未知，但是给家庭、企业带来的创伤太大，人设也岌岌可危。企业主心骨一旦掉链子，后面破财只是时间问题。也有网友声称是碰上了仙人跳，被人做局，当然这类事情也不少见，曾经有位知名企业家的接班人，正是被赌场的人摆了一刀，沾上了赌博亏掉几个亿，最终企业控制权易主，辛苦打下的家业反倒为他人作嫁衣，唏嘘不已。由此可见，创造财富是一种能力，驾驭财富更是一种境界。

这些年，很多企业也进入了交接班阶段，父辈的财富能不能接得住，守得稳，非常考验双方的智慧。当然，已有企业家采取家族信托的方式，由信托公司管理财产，日后按约定条件支付给子女，先给后辈的生活托个底，起码衣食无忧，子女不管钱也就少了瞎折腾的机会。

马云曾说："今天很残酷，明天更残酷，后天很美好。但大多数人死在明天晚上，而看不到后天的太阳。"希望大家能避开此后的理财雷区，顺利度过这一轮的寒冬。

家族信托常见的问题和误区

友情提示:本文约 3 200 字,需占用您 4 分钟时间,初创于 2018 年 9 月 11 日

关键词:家族信托　如何“装”入

最近和朋友小聚,发现大家越来越关注财富传承,男同胞发愁的是子女不愿意接班怎么办,女同志操心的是坏人那么多,万一把孩子带坏了如何是好,做企业确实也不像之前那么容易了,有点疲于应对。

赚钱是一种能力,分钱是一类智慧。行情好的时候,分钱的重要性是看不出来的,反正很快能赚回来,市场难做的时候,分钱就显得格外关键,辛苦打拼的财富怎样合理地、有效地传给意中人,这是需要认真思考和学习的内容,毕竟会赚钱不一定会分钱。

家族信托作为传承工具之一,正被越来越多的朋友所熟识,遗憾的是,很多人缺乏了解的途径,一方面忙于工作,另一方面也有现实原因:只有信托公司才能设立家族信托,但是监管所限,信托公司不宜公开推介相关产品和服务,只能向“合格投资者”定向披露,受众很小;律所、保险公司等也会提及家族信托,但很多只是概念描述,对实际运作接触不多。我为不少客户提供过家族信托服务,从初始尽调,到监管报备,再到签约落地,积累了一些心得,梳理了一些常见的问题和误区,希望对大家有所帮助。

1. 常见角色

家族信托通常由委托人、受托人、受益人和事务管理人组成,其中委托人就是客户,受托人通常是信托公司,受益人是享受家族信托利益的人。比如客户的子女等,事务管理人的角色比较特殊,在权利上仅次于委托人,可以选择不设立,经过委托人授权,可以决定受益人每年能拿多少钱、剔除表现不好的受益人等,通常在解决一些复杂关系中会设置事务管理人。

实际操作中,委托人通常是一个人,受益人可以是多个人,受托人是信托公司,事务管理人可以是个人,也可以是律所、券商等法人单位。当然,监管也是重要的一环,家族信托报备通过后,会收到中国信托登记有限责任公司发出的《信托登记系统预登记完成通知书》,里面清楚标注了这笔家族信托的产品编码,就像大家的身份证一样,是独一无二的。

2. 国内 VS 海外

很多朋友是从海外的影视剧中认识家族信托,比如达斯汀·霍夫曼和汤姆·克鲁斯主演的《雨人》,近年来,国内《人民的名义》《西虹市首富》也有提及。家族信托是舶来品,从海外流传到国内。从功能上来看,两者越来越接近,但从运作方式来看,海外家族信托通常设立离岸公司来管理财产,国内只能由持金融牌照的信托公司设立,需要向银保监会报备通过才算最终成立家族信托,如果客户用于设立家族信托的财产存在瑕疵,当然无法通过信托公司和监管的双重审核。

经常有朋友纠结于海外家族信托和国内家族信托孰优孰劣,其实毫无意义,毕竟有外汇管制存在,想把国内大笔财产用常规手段转移出去几乎不可能,非常规手段风险又比较大,如果财产主要在国内,未来又不打算在海外生活,不熟悉海外的生活和法律环境,设立国内家族信托是更为现实的选择。

3. 主要内容

国内家族信托由两大方案组成,一方面是投资方案,当客户设立家族信托后,信托公司也会对这部分财产进行投资,实现保值增值。当然,信托公司也不能为所欲为,通常有两种方式,一种是每笔投资理财都经过客户批准认可,被称为咨询型,还有一种是根据客户的风险承受能力划定不同的投资范围,只要在约定范围内,信托公司可以自主决定具体的投资品种,不必征求客户的意见,被称为全权委托型,这也是国内高校教育基金会、慈善基金会更偏爱的方式。只要确定投资范围就不必再为每笔投资交易烦神了，信托公司会定期反馈投资报告，说明投资近况；另一方面是分配方案，遗嘱、保险等是常见的财产分配方式，主要实现一次分配。比如客户身故后，相应财产按照遗嘱内容或是保单条款一次性分给受益人，很难实现多次分配，更无法实现附加条件的多次分配，相比而言家族信托更加灵活，不必等到客户身故，活着的时候就可以按照约定方案分钱，由信托公司具体执行。一些朋友规划财产分配时不希望只是单纯的分钱，而是可以体现出对后代的期望，比如约定30岁前结婚奖励五百万，30岁后结婚只奖励五十万，以此鼓励后代早点结婚。还有朋友的想法更简单，希望家族信托给子女的生活"托个底"，比如约定每季度支付生活费到子女账户，保障未来衣食无忧，子女并非一次性继承所有财产，自然也没什么机会败光家业，对于特别低调的富豪，子女以为父母只是有些积蓄，但是不会想到竟然那么有钱，反而会踏实工作，也不容易沾染坏的生活习惯，可怜天下父母心。

4. 法律依据

国内家族信托背后是一揽子法律的支撑，类似《婚姻法》《继承权法》等。其中，2001年颁布的《信托法》是关键一环，比如：第十五条规定信托财产与委托人（即客户）未设立信托的其他财产相区别，委托人不是唯一受益人的，信托财产不作为其遗产或者清算财产，也就是说客户设立家族信托，同时自己又不是家族信托的受益人，那么放入家族信托中的财产与他的其余财产是隔离的，后期若遭遇破产，这部分财产也较难追偿，如果客户过世，家族信托财产也不属于他的遗产，将来征收遗产税也不应把家族信托财产计入。第十六条规定信托财产与属于受托人所有的财产相区别，不得归入受托人的固有财产或者成为固有财产的一部分。其中受托人就是信托公司，通俗地说，放入家族信托中的财产和信托公司财产也是互相隔离的，如果哪天信托公司倒闭了，也不能动客户家族信托财产里的一分钱。

《信托法》第十五条和第十六条体现了家族信托财产的独立性，实际操作中,客户设立的家族信托向监管备案通过后,还要开设专门的银行账户,独立核算,注意是每位客户都要开设对应的银行账户,所以,客户的资金管理不必担心被搞混。

5. 财产如何“装”入家族信托

经常有朋友疑惑:听说设立家族信托是要把财产装进去,但是家族信托又不是能装钞票的麻袋,既看不见又摸不着,这个“装”到底指的是什么?

首先,我们要了解哪些东西能装入家族信托,主要是两类,一类是现金,当然不是一沓一沓钞票,而是客户通过银行转账的方式,汇款到信托公司的指定账户,之后再设立家族信托,这个过程就是将现金装入了家族信托;另一类是财产权,内容更为宽泛,比如理财产品、房产、公司股权、保单等,这类财产已经在客户名下,受益人也是客户本人,通过办理受益权转让的方式,将受益人从客户变更为客户设立的家族信托,完成受益权变更的过程就是将这部分财产装入家族信托的过程。需要注意的是,如果客户购买的某款理财不能支持产品受益权转让,自然也就无法装入家族信托之中。

实际操作中,若客户要挑选成立家族信托的理财品种,最好选择现金或可转让的固定收益理财,阳光私募基金由于估值经常变化不太适合,当私募股权投资基金没有项目退出分配时,也可以考虑放入。

房产若放入家族信托,需要从客户名下过户到客户设立的家族信托名下,费用比较高,除非是核心房产,不然代价不小。股权放入家族信托也有交易成本的问题,但是涉及到企业的长远发展,企业主也愿意做,毕竟公司股权结构会更加稳固。在房产和股权的转让中,国内家族信托和海外家族信托的思路基本一致,即家族信托和客户一起出资设立有限合伙企业,完成过户之后,通过有限合伙企业持有客户的房产或股权,比如英属维京群岛的离岸公司 Max Smart Limited 持有京东 369,564,379 股普通股,持股比例为 18.4%,拥有 67.6%的投票权,Max Smart Limited 就是刘强东通过 VISTA 信托(《2003 年英属维尔京群岛特别信托法》(Virgin Islands Special Trusts

Act 2003))持有的，他也是信托公司的唯一股东，由于是在婚前设立的，所以和其妻子没有任何关系。

6. 37 号文对家族信托的影响

随着业务的发展，各项政策法规也在逐步完善，作为金融民工，要时刻保持对政策文件的关注。37 号文全称为《中国银行保险监督管理委员会信托函【2018】37 号》，有两点值得关注：一是进一步明确指出家族信托、公益（慈善）信托和资管产品、专户投资的区别，也就是说家族信托侧重资产保护和财富传承功能，并不是理财产品，也不是专户理财。二是明确一千万以上的家族信托不适用资管新规，它有两层含义，一方面是资管新规是否适用，涉及理财产品嵌套，适用资管新规会比不适用资管新规投资范围更窄一些；另一方面家族信托在不少信托公司六百万就可以设立，不必非要凑齐一千万，但是六百万起点的家族信托需要适用资管新规，可投资范围更窄，不像一千万起点的家族信托有更多的理财品种。

当然，也有一些细节更加规范，比如，文件提到“严把信托目的、信托资产来源及用途的合法合规性”，如果监管需要审核，客户要配合提供相应财产的合法性来源；再如，客户选择私生子作为家族信托的受益人，需要提供亲子鉴定，证明客户和受益人之间的关系，这类关系证明过往要求相对宽松。

步入“新常态”的不仅是国内经济，财富管理同样如此，过往赚快钱的时代已然走远，对财富传承工具的学习和使用成为新的课题，家族信托也逐渐揭开了神秘的面纱，被更多朋友所熟悉和了解，助力打破“富不过三代”的魔咒。

人到中年三不敢：不敢歇、不敢病、不敢死

友情提示：本文约 2 600 字，需占用您 4 分钟时间，初创于 2018 年 10 月 19 日

关键词：中年秃顶大肚腩　枸杞菊花保温杯

重回首，去时年，揽遍风雨苦亦甜。

夜阑珊，读无眠，听尽春言今胜昔。

刚整理好文稿资料，收到一条消息：上海财经大学副教授、经济学系主任金煜病逝，终年才 39 岁。真的太年轻了，金老师是 2012 年上财海外招聘计划中引进的优秀人才，距今不过短短六年，却穷尽一生。常言道，人到中年三不敢，不敢歇、不敢病、不敢死。

1. 扼住命运的咽喉

看到不少朋友在金老师病逝的帖子下方留言：不太理解他为什么如此拼命。也许这些朋友还年轻，人到中年第一个不敢，就是不敢歇，逆水行舟，不进则退，上有老下有小的年纪，歇了谁养家？不说别的，能在《The Review of Economic Studies》等国内外顶级期刊上多次发文，那是耗费极大精力的，不连着熬大夜根本搞不定。现在高校学术竞争如此激烈，评职称从讲师到副教授，再到教授，每一道关都是挑战。

想起去年送别南航经管学院副教授、院长助理陈其霆老师，去世时年仅 42 岁，本科时他教我们西方经济学，外语非常流利，兼任留学生工作，足球踢得很棒，跑起来有时我都追不上。同样是青年才俊，同样是英年早逝，一声叹息。还记得和同学去医院看望陈老师时，他突然出现了幻听幻视，眼睛是看不到我们的，以为还在学校授课，吩咐我们要准备好资料，具体到哪位学者的哪本著作，PPT 演示什么内容，他看到的是整个课堂，我们都忍不住哭了。“扼住命运的咽喉”是陈老师很喜欢的一句话，但无奈的是人到中年发现

天命难违。教学任务、科研压力、事务工作交织在一起，高校老师普遍身体被掏空，歇息其实很奢侈。

相隔数日，探索传媒发布讣告，公司董事长兼总经理董大伟因筹备公司上市劳累成疾，突发脑梗，医治无效逝世，终年 39 岁。多年的心血未能看到开花结果，只差一步就上市，人却先走了。今年的经济环境对创业者来说是很艰难的，各方面压力都不小，有时和朋友谈起来，我也不再像以往那样寒暄说不用太拼、注意身体，因为我明白，现在的形势，没人敢歇下来喘口气，老板手下那么多兄弟要养家吃饭，不是轻飘飘一句话能带过。

2. 每逢体检吓一跳

和不敢歇比起来，人到中年更不敢病、不敢死。疾病死亡是无法预测的，不发生在自己身上感受并不会太强烈，但是体检感觉是很直观的，不少单位也把员工体检作为基础福利。我还有个习惯，每年带父母去体检，买那种体检卡，可以自由选择体检机构，带着他们每年换一家。我也担心老在一家体检机构检查，万一这家机构仪器突然不准怎么办？那批检测试剂恰好有问题怎么办？多换着来，总归更稳妥。当然，每年的体检套餐也会变，一年基础套餐，一年升级套餐，交替着来性价比也高，覆盖的检查项目也更多。

不久前我自己去体检，故意挑了冷门的时间，竟然还有不少人排队，生意太好了，护士小姐看到我和看到人民币一样开心。现在体检项目也不少，每做一项其实心都是悬着的，特别是心电图之类的检查，检测完了总要追问一句："大夫我没什么事吧？"最郁闷的是碰上说话大喘气的医生，彩超刚做完问他有没有问题，他直接来一句有结节，好半天才补充一句："是小结节，不用管它，管了也治不好。"听到前半句我感觉眼前一黑，差点在床上没起来，听了后半句才长舒一口气，心想要每个医生都这样说话那不得吓死！

这些年体检机构生意好了，可惜服务普遍比之前逊色，不少细节需要改善，比如部分体检项目需要稍微宽衣解带，身旁医生护士却聚了不少，有串门的，有学习的，热情围观，搞得和动物园展览一样。

除了检查身体状况，体检最大的用处是给人提个醒，特别是拿到体检报告的时候，看到各类指标，总要感慨一番，心想着一定要改，锻炼身体、调整饮食、规律作息是常见的三板斧。曾有朋友看到报告之后痛定思痛，戒酒戒肉，每天跑一万米，最终瘦身20斤，把高血脂、高血压、高血糖成功降了下来，精神面貌焕然一新。

3. 轻松筹并不轻松

人到中年承载的责任最多，既是顶梁柱，又是挣钱人，万一生病了，工作没法干，家里收入就断了，还要花费一大笔钱看病，收入不足、支出增加，家庭瞬间就停摆了，特别是对一方挣钱多、一方顾家的类型。

2015年，轻松筹问世，得到很多朋友的认可。过去朋友圈经常看到有人发起捐款的链接，只要点击链接，输入捐款的金额，就能支付给发起筹款的人，操作简单，易于传播。但是很快发现了两个问题，一方面是有人骗钱，这些毕竟是互联网媒介，真实信息不容易查证，不少人夸大、甚至捏造病情，随意变更募集上限，还出现了代开医院病假条、诊断证明、病历本等全套资料的配套服务，几百块就能全部搞定，真真假假，眼花缭乱。另一方面是大家发现人情债难还，朋友圈发出来，愿意伸出援手的都是关系不错的，即使不被骗，经常推送这样的链接也会透支自己的信用。对于筹款者来说，除非有很强的故事性，或是人脉很广，不然筹款金额很难达到预期，与治疗费用相比其实杯水车薪。

原本出没朋友圈的筹款逐渐淡出，还有另一层原因，国内的保险产品性价比越来越高，种类越来越丰富，填补了之前的空白。曾有朋友问：买保险越年轻费用越便宜，为什么那些中年人不在年轻时就买好呢？等到现在才抹开面子去募捐，也是一件挺尴尬的事。其实有两点原因：一是这些中年人在年轻时能买到的保险产品性价比蛮低的，国内保险真正展示出竞争力的时间，是在2014年之后。2013年8月，保监会启动普通型人身保险费率改革，将定价权交给市场，俗称费率市场化改革，保险公司可以根据市场和自身经营情况，相对自由地推出保险产品，向监管部门报备后发行，激发了产品创新的活力。比如，同样是重大疾病类保险，改革之前涵盖的疾病能有25种就算不错了，费用也不便宜，现在的重疾险动不动就涵盖100种，保障病症更多，还额外划分出轻度、中度等保障内容，竞争越激烈，对消费者越划算，“改革释放红利”绝对不是一句空话；二是保障型保险的保费倒挂，即累计缴纳的保费甚至超过了保险理赔的金额，直观感受就是不划算，从保险原理来看，保险公司都喜欢身强力壮的小年轻，等活成了中年大叔，秃顶横肉大肚腩成了标配，枸杞菊花保温杯绝不离手，身体素质普遍下降，发病概率自然大了不少。这时候就要耐心挑选，多看看产品，尽可能选择高性价比的组合，不要轻易拒绝保险，毕竟我们要对自己负责、对家庭负责。

虽然，人近中年，日益油腻，明白了好死不如赖活着，但仍不妨碍我们致青春，仅以塞缪尔·厄尔曼书写、王佐良先生翻译的《青春》作为中年的注脚。

青春不是年华，而是心境；
青春不是桃面、丹唇、柔膝，
而是深沉的意志，恢宏的想象，炙热的感情；
青春是生命的深泉在涌流。
青春气贯长虹，勇锐盖过怯弱，进取压倒苟安。
如此锐气，二十后生而有之，六旬男子则更多见。
年岁有加，并非垂老，理想丢弃，方堕暮年。
岁月悠悠，衰微只及肌肤；
热忱抛却，颓废必致灵魂。
忧烦，惶恐，丧失自信，定使心灵扭曲，意气如灰。
无论年届花甲，抑或二八芳龄，
心中皆有生命之欢乐，奇迹之诱惑，孩童般天真久盛不衰。
人人心中皆有一台天线，
只要你从天上人间接受美好、希望、欢乐、勇气和力量的信号，你就青春永驻，风华常存。

一旦天线下降，锐气便被冰雪覆盖，玩世不恭、自暴自弃油然而生，

即使年方二十，实已垂垂老矣；

然则只要树起天线，捕捉乐观信号，

你就有望在八十高龄告别尘寰时仍觉年轻。

作者简介

武跃强，中共党员，南京大学 MBA，拥有十年以上金融投资经验，效力于国内顶尖金融机构，管理客户资产涵盖固定收益、阳光私募、股权投资、海外基金和保险等理财品种，在保险金信托、家族信托等方面有丰富的实践经验，被评为优秀导师、票选服务明星等。